Sermons d'un curé de Paris

1975-1977

DU MÊME AUTEUR

Pain de vie et peuple de Dieu, Critérion, Limoges, 1981.
Osez croire (Articles, conférences, sermons, interviews, 1981-1984, I), Le Centurion, Paris, 1985.
Osez vivre (Articles, conférences, sermons, interviews, 1981-1984, II), Le Centurion, Paris, 1985.
Six Sermons aux élus de la nation, 1981-1986, Éd. du Cerf, 1987.
Le Choix de Dieu, entretiens avec D. Wolton et J.-L. Missika, Éd. de Fallois, 1987.
La Messe, Bayard, 1988.
Le Sacrement de l'onction des malades, Éd. du Cerf, 1990.
Dieu merci, les droits de l'homme, Critérion, 1990.
Nous avons rendez-vous avec l'Europe, Mame, 1991.
Petites Paroles de nuit de Noël, Éd. de Fallois, 1992.
Devenez dignes de la condition humaine, Saint-Augustin-Flammarion, 1995.

Jean-Marie Lustiger est né en 1926. Il a fait ses études à la Sorbonne, puis au Séminaire des Carmes. Il a été ordonné prêtre en 1954. Aumônier d'étudiants (Centre Richelieu, puis Cep) jusqu'en 1969, il est alors devenu curé de la paroisse Sainte-Jeanne-de-Chantal à Paris. Il a été nommé évêque d'Orléans en 1979, puis archevêque de Paris en 1981 et cardinal en 1983. Il a été élu à l'Académie française en 1995.

Jean-Marie
cardinal LUSTIGER
de l'Académie française

Sermons d'un curé de Paris

1975-1977

Fayard

Nihil obstat
Paris, le 12 janvier 1978
Père Cl. CHOPIN

Imprimatur
Paris, le 12 janvier 1978
Père E. BERRAR

Les citations bibliques sont extraites de la *Bible de Jérusalem* (Éd. du Cerf).

ISBN : 978-2-213-59564-1

Avant-propos

Ne lisez pas ce qui suit comme un livre. Vous seriez très vite lassés. Ces textes ne sont que des traces d'un chemin spirituel parcouru par une communauté. J'espère qu'elles pourront vous être utiles de la même façon que des repères encouragent le promeneur à s'avancer sur un sentier qu'il découvre.

Il s'agit, en effet, de paroles qui ont été dites impromptu au cours de la célébration eucharistique à l'église Sainte-Jeanne-de-Chantal, à Paris. N'y cherchez pas un commentaire précis et ajusté de l'Évangile. N'y cherchez pas non plus ce que l'on s'attend à trouver dans un texte écrit : une pensée construite et logique. Ces paroles, enregistrées et transcrites, ont toujours été des paroles de circonstance. Tantôt, elles tournent court et rien ou presque ne semble dit, sinon parfois en trois phrases, à la fin. Tantôt, la pensée se rompt et part dans une autre direction que celle annoncée au début. Tantôt, dans un texte d'Évangile, un seul aspect est souligné, sans que ce choix soit expliqué. Le plus souvent, elles ne font qu'exprimer une unique intuition spirituelle, tenue immobile par le mouvement des mots et des phrases qui se répètent. A deux ans de distance, lisant pour la première fois ces transcriptions en vue de cette publication, je me suis trouvé devant un texte qui tirait de l'oubli le souvenir des paroles. Elles m'ont remis en mémoire l'intimité d'un Jeudi saint, où l'on ose à peine prononcer quelques mots, tellement les chrétiens assemblés se nourrissent du pain rompu, Parole livrée. J'ai revu en imagination telle assemblée hétéroclite et nombreuse, où aux croyants s'étaient joints, pour une circonstance, des gens qui ignorent presque tout du christianisme ou qui le récusent. Telle phrase a fait luire à nouveau l'éclat fugitif qui l'avait suscitée : un air du temps, une question devinée, tel événement tragique, connu ou caché, soudain présent dans l'assemblée dominicale par un croisement des regards. Tout cela était la vie, le sens, la respiration des paroles prononcées. Couchées sur papier, je les ai retrouvées inertes et souffle perdu : elles n'étaient plus que des mots.

Une difficulté plus sérieuse encore en résulte : publier ces mots, c'est prendre le risque d'un grave malentendu en leur accordant ainsi une autonomie, une existence propre qu'ils n'ont pas eues dans la célébration eucharistique. Ils n'ont été qu'un moment d'un événement spirituel vécu par une assemblée qui reçoit la Parole de Dieu dans l'action de grâces, par les paroles dites, par les chants proposés, par des signes multiples. Bien plus, l'assemblée elle-même devient signe de ce qui lui est donné, par la manière dont, de semaine en semaine, elle accueille cette grâce dans la foi, dans la prière silencieuse et la joie, parfois dans la lassitude ou l'accablement. Et, plus encore, le signe, source de tous les signes, c'est, en tout cela, l'action souveraine de l'Esprit de Dieu qui donne la vie pour faire, des chrétiens assemblés, une offrande eucharistique ; pour faire, du pain et du vin présentés, le corps vivifiant et le sang de l'alliance.

Quand, après avoir proclamé l'Évangile, le célébrant doit parler, il engage, sans la protection du rite, la responsabilité qu'il exerce depuis le début de la célébration. Il doit alors non pas dire ce qui lui plaît ou ce qui plaît à l'assemblée, non pas faire un exposé ou donner une leçon, mais intervenir spirituellement dans un acte spirituel d'Église, comme celui qui est chargé de manifester le signe du Christ, Parole vivante et Tête de son corps. Il a donc à être saisi lui aussi par l'événement qu'il est chargé de signifier. Il devra donc, docile à Dieu, savoir se taire devant la prière de l'assemblée ou, au contraire, avec elle et pour elle, entrer dans un combat pour ouvrir le sens de la foi. Il devra, souvent livré à la solitude de son intuition, toujours effrayé de parler ou de se tromper, courant le risque de se dérober à Dieu ou de s'imposer abusivement à ses frères, remplir sa mission propre en ce moment-là, qui est de soutenir l'acte de foi d'une assemblée qui reçoit, dans l'Esprit Saint, sa condition de corps du Christ.

Le plus souvent il ne dira pas l'essentiel avec des mots. Cet essentiel, le mystère du Christ manifesté dans sa richesse surabondante, apparaît avec une telle évidence comme le centre de la prière commune que, par respect pour cette Présence « au milieu de nous », le célébrant devra agir à partir d'elle sans la nommer, ménageant dans le silence de l'adoration le libre accès à la profondeur de Dieu, que seul l'Esprit permet à notre esprit de parcourir. Celui qui lit l'enregistrement des mots transcrits n'a plus sous les yeux qu'une coque : elle cerne un espace vide à l'intérieur duquel il y avait le tout, dont il ne semble rester qu'un presque rien.

Pourquoi les avoir transcrites, direz-vous ? Je n'y suis vraiment pour rien. Par aucune rebuffade je n'ai réussi à décourager la volonté obstinée qui, depuis 1971, tantôt en sténo, tantôt au magnétophone, a fixé et couché sur papier des paroles destinées à rester « purement verbales ». J'ai commencé par mettre l'embargo sur ces « textes ». Et j'ai fini par me laisser convaincre que ces transcriptions pouvaient être utiles en permettant à un lecteur de l'Évangile de retrouver dans sa méditation personnelle l'encouragement et l'écho de l'assemblée liturgique.

Pour choisir la cinquantaine de textes nécessaires, je m'en suis remis au jugement de quelques amis qui ont bien voulu lire l'ensemble. Comme cela est normal, les mouvements intimes de la pensée et de la prière, et les circonstances de la vie de l'Église font lentement évoluer les jeux d'accents d'une année à l'autre. Il a paru plus simple à ces amis de prendre la plus récente. Ils ont découpé un laps de temps d'octobre 1975 à janvier 1977, correspondant, en gros, à un peu plus d'une année scolaire. A l'exception de six transcriptions qui m'ont paru franchement illisibles et que j'ai éliminées, vous avez en main tous les autres textes recueillis. Quand il y a des interruptions, c'est ou que je n'ai pas prêché ou que l'enregistrement n'a pas fonctionné.

J'ai éliminé un certain nombre des lourdeurs et des incorrections du style oral et j'ai supprimé au moins une page de digressions par homélie. Ces passages m'ont semblé inintelligibles, parfois trop familiers, sortis de leur contexte. Souvent aussi, c'étaient des affaires de famille, internes à notre communauté. Il m'est arrivé d'ajouter une phrase corrective ou une précision, mais je n'ai pas récrit le texte.

J'ai pensé indispensable de faire précéder chaque sermon du passage de l'Évangile qu'il aide à méditer. La traduction imprimée ici n'est pas celle du lectionnaire qui a, le plus souvent, été utilisée au cours de la célébration.*

Il m'a semblé utile de faire figurer les paroles de quelques-uns des chants encore inédits qui ont jalonné la progression spiri-

* On lui avait substitué, pour la première édition, la traduction de Pierre de Beaumont. C'est celle de la *Bible de Jérusalem* qui est reprise pour cette réédition.

*tuelle. Ces paroles sont la mise en forme structurée des passages des Évangiles et de l'Écriture du lectionnaire. Elles ont été admirablement magnifiées par le langage musical respectueux et rigoureux d'Henri Paget, qui a été ainsi amené à composer une douzaine de « cantates brèves ». Ces chants, et quelques autres dont les paroles ne sont pas publiées ici, ont été simultanément édités en disque**. *La musique n'en est pas complaisante, mais forte. L'assemblée, qui l'a chantée, en dépit de difficultés plus apparentes que réelles, y a trouvé sa nourriture et sa joie. Certains des sermons transcrits ne sont qu'un écho parlé, une paraphrase du chant qui vient d'être chanté et qui le sera à nouveau une seconde fois après l'homélie. Les paroles de ces chants ne peuvent être assimilées par une lecture hâtive. Il faut les répéter longuement en laissant jouer leurs contrastes et les rapprochements qu'ils suggèrent.*

Je sais bien que les sons ne peuvent entrer dans les pages de ce livre. Vous n'avez en main, encore une fois, que les traces de paroles dites à un moment donné, en un lieu donné, à des hommes et des femmes déterminés. A vous de vous servir, s'il plaît à Dieu, de la nourriture véritable qui les a rassasiés : l'Évangile de Jésus-Christ.

J.-M. L.

Un dernier point, en post-scriptum. Comme ces paroles ont fait partie d'un acte liturgique de l'Église, il ne pouvait être revendiqué à leur égard aucun « droit d'auteur » : c'est pourquoi le contrat d'édition a été signé par une association, à charge pour elle d'en donner tout le produit à des communautés contemplatives dans le besoin.

---

* Ce disque (SEL 300-119) est malheureusement devenu difficile à se procurer près de vingt ans plus tard.

« Nul ne peut servir deux maîtres »

Voici le texte que nous avons chanté pour entrer dans la célébration (vingt-neuvième dimanche de l'année A). L'assemblée répète comme une litanie la phrase de Jésus : « Nul ne peut servir deux maîtres ». Trois moments de la vie de Jésus : le sermon sur la montagne, l'affrontement ultime dans le Temple et la Passion se répondent et s'éclairent. Celui que nous méditons aujourd'hui est au centre.

Jésus enseigne ses disciples sur la montagne.

Nul ne peut servir deux maîtres.
Ou bien il haïra l'un et aimera l'autre.
Nul ne peut servir deux maîtres.
Ou bien il s'attachera à l'un et méprisera l'autre.
Nul ne peut servir deux maîtres.
Vous ne pouvez pas servir Dieu et l'argent. (Mt 6, 24)
Nul ne peut servir deux maîtres.

Jésus répond aux provocateurs dans le Temple.

Nul ne peut servir deux maîtres.
Maître, est-il permis ou non de payer l'impôt à César ?
Dis-nous ce que tu penses.
Nul ne peut servir deux maîtres.
Hypocrites, pourquoi me tendez-vous un piège ?
Sur la monnaie de l'impôt, quelle effigie y a-t-il ? L'effigie de César.
Nul ne peut servir deux maîtres.
Donc, rendez à César ce qui est à César,
et à Dieu ce qui est à Dieu. (Mt 22, 15-22)
Nul ne peut servir deux maîtres.

Jésus est livré pour être crucifié.

Nul ne peut servir deux maîtres.
Les soldats du gouverneur enlevèrent à Jésus ses vêtements,
puis le couvrirent d'un manteau écarlate.
Nul ne peut servir deux maîtres.
Ayant tressé une couronne avec des épines, ils la posèrent sur sa tête,
avec un roseau dans sa main droite.
Nul ne peut servir deux maîtres.
Et, tombant à genoux devant lui,
ils le bafouèrent en disant : « Salut, roi des Juifs. » (Mt 27, 27-31)
Nul ne peut servir deux maîtres.

« Nul ne peut servir deux maîtres »

Vingt-neuvième dimanche pendant l'année A (19 octobre 1975.)

Isaïe 45, 1.4-6.

Première lettre de saint Paul aux Thessaloniciens 1, 1-5.

Évangile selon saint Matthieu 22, 15-22.

Alors les Pharisiens allèrent se concerter en vue de surprendre Jésus en parole; et ils lui envoient leurs disciples, accompagnés des Hérodiens, pour lui dire : « Maître, nous savons que tu es véridique et que tu enseignes la voie de Dieu en vérité sans te préoccuper de qui que ce soit, car tu ne regardes pas au rang des personnes. Dis-nous donc ton avis : Est-il permis ou non de payer l'impôt à César ? » Mais Jésus, connaissant leur perversité, riposta : « Hypocrites ! pourquoi me tendez-vous un piège ? Faites-moi voir l'argent de l'impôt. » Ils lui présentèrent un denier et il leur dit : « De qui est l'effigie que voici ? et l'inscription ? » Ils disent : « De César. » Alors il leur dit : « Rendez donc à César ce qui est à César, et à Dieu ce qui est à Dieu. » A ces mots ils furent tout surpris et, le laissant, ils s'en allèrent.

Jésus va bientôt être arrêté et mis à mort par les soldats de César. Il le sait et il l'a dit. Saint Matthieu nous rapporte ici les ultimes confrontations qui ont lieu à Jérusalem, dans le Temple. Jésus y dévoile la vocation d'Israël et le salut ouvert aux nations païennes en accomplissant lui-même la vocation du Serviteur souffrant. L'affrontement entre Jésus acclamé par la foule comme Roi-Messie et les représentants des différents groupes de notables ouvre un risque mortel pour Jésus, pour les chefs et surtout pour le peuple tout entier. L'enjeu, c'est l'avenir du peuple « élu », choisi par Dieu pour être le peuple prêtre parmi les païens, alors qu'il se trouve asservi, détourné de sa vocation par les païens. Car les païens ne forment plus qu'un empire, celui de Rome qui gouverne désormais l'ensemble de la terre, au point que puissent s'opposer comme deux partenaires Dieu et César. Et la force de César est visible : ses légions dominent le Temple. Dieu, lui, ne dit rien, ne fait rien. La question posée à Jésus revient à lui demander : « Que dis-tu, toi, au sujet de Rome ? Comment, sous son pouvoir, devons-nous accomplir fidèlement notre mission ? » Ce problème politique de la confrontation du sort d'Israël avec l'Empire romain est un problème absolument permanent. Il ne cessera pas d'être posé aux chrétiens et à l'Église jusqu'à la fin des temps.

Voyons en quoi cette question est un piège. Faut-il, oui ou non, payer l'impôt à César ? Si Jésus répond : « Non, il ne faut pas payer l'impôt », il adopte la position des gens les plus radicaux qui disent : « Comme peuple appartenant à Dieu, nous ne devons pas nous soumettre à l'empereur. Notre liberté doit manifester que nous n'appartenons qu'à Dieu. » Mais si Jésus dit cela, il se fait immédiatement arrêter et condamner pour rébellion politique. Et s'il dit : « Oui, il faut payer l'impôt », il se déconsidère comme représentant du messianisme d'Israël ; il avoue qu'il n'est pas le Messie puisque, au lieu de libérer Israël, il l'enfonce dans l'asservissement ; car payer l'impôt à César, c'est montrer qu'on n'est pas libre. Le piège est parfait parce qu'il s'appuie sur l'imbrication complète du peuple élu dans le système de référence et de pensée de l'empereur César. Il n'y a aucune issue.

La réponse de Jésus est non seulement habile et très élégante, mais elle est aussi d'une profondeur confondante : « Rendez donc à César ce qui est à César et à Dieu ce qui est à Dieu. » L'argent est la propriété de César. Ce n'est pas un signe monétaire conventionnel et convertible comme aujourd'hui, dans l'économie moderne. A cette époque, l'argent est un bien réel, marqué d'une effigie qui désigne son propriétaire. L'argent reste, d'une certaine façon, la propriété de celui qui l'a émis. Et prendre l'argent marqué à l'effigie de quelqu'un, c'est entrer dans son système de possession, c'est recevoir de lui quelque chose qu'il possède. Jésus dit donc : « Montrez-moi la pièce d'argent. De qui porte-t-elle la marque ? Et donc à qui appartient-elle ? » Elle appartient à César puisqu'elle porte la marque de César. Dans la loi donnée au Sinaï, vous le savez, quand on a emprunté quelque chose à quelqu'un, il faut le lui rendre ; cela ne vous appartient pas. « Eh bien ! rendez à César ce qui est à César et à Dieu ce qui est à Dieu ! » Au premier degré, la réponse est déjà très habile. En appliquant la loi juive, elle évite le traquenard.

Mais, au second degré, la réponse de Jésus accule ses contradicteurs à prendre conscience qu'ils sont eux-mêmes devenus prisonniers d'une logique qui n'est plus celle du règne de Dieu, mais de César. Ils voulaient tendre un piège à Jésus. Sa réponse les oblige à voir qu'ils s'étaient eux-mêmes laissés piéger. La profondeur à laquelle les atteint la réplique de Jésus leur enlève la parole : « A ces mots, ils furent tout surpris et, le laissant, ils s'en allèrent. » A leur question, en effet, ils ne voyaient que deux réponses possibles : ne pas payer et se révolter ou bien payer et se soumettre. Mais, soit qu'on se révolte, soit qu'on paie, on est entré dans la logique de César. Se révolter, cela veut dire : proclamons notre indépendance; nous serons les plus forts contre César avec ses propres armes. Accepter de payer, cela veut dire : jouons le jeu de César, payons-lui l'impôt. Mais, en échange, qu'il nous donne des privilèges et des franchises pour accomplir notre mission de peuple élu. Et, qui sait, peut-être un jour y aura-t-il un ministre qui croira au vrai Dieu ? Et, qui sait, peut-être un jour César sera-t-il converti ? Et, grâce à l'argent de César, nous construirons de belles synagogues et de belles églises. Cette manière de penser est un piège parfait : la mission propre du peuple de Dieu est complètement évacuée, elle est ramenée à celle de César; il n'y a donc pas d'autre issue que celle de César. Se révolter, c'est prendre sa place de l'extérieur. Entrer dans son système, c'est conquérir le pouvoir de l'intérieur. Dans les deux cas, Dieu est ramené à la mesure de César. Et c'est ainsi que nous raisonnons bien souvent...

Jésus répond : « Rendez à César ce qui est à César et à Dieu ce qui est à Dieu. » Vous vous en rendez bien compte, cette réponse vertigineuse de Jésus nous oblige à nous arracher à la logique de César. Nous sommes appelés à faire partie du peuple élu, porteur de l'amour de Dieu pour tous les hommes, porteur de la liberté et de l'absolu donnés par Dieu, porteur de la vie alors que l'argent mène à la mort — deux fois dans les Évangiles, l'argent est démasqué par l'événement : la mort du Christ et la mort de Judas, car l'argent est le symbole du pouvoir que l'homme s'octroie à lui-même. Nous qui, par grâce, faisons partie du peuple élu, comment pouvons-nous rendre à Dieu ce qui appartient à Dieu ? Pour le découvrir, il faudrait d'abord nous laisser réduire au silence par la réponse de Jésus et comprendre à quel point elle nous enlève tout moyen de puissance pour accomplir notre mission. Il faudrait d'abord accepter qu'elle nous ferme la bouche en nous faisant mesurer par notre absolue faiblesse la puissance de Dieu. Sa réponse nous oblige à découvrir notre maître véritable et l'idée que nous nous faisons de César et de Dieu. A qui nous sommes-nous vendus ? De qui nous sommes-nous reçus ? Est-ce César et l'Argent qui nous ont créés et qu'avons-nous à leur rendre ? Est-ce nous qui avons donné l'existence à Dieu pour pouvoir mesurer ce qui lui revient ?

Bientôt, Jésus va rendre à César ce qui est à César et à Dieu ce qui est à Dieu. Ce double hommage sera d'abord mimé par les fonctionnaires de César. Prophètes qui s'ignorent, ils deviennent pour nous la parole que Dieu prononce dans le silence de Jésus pour nous faire comprendre comment nous sommes appelés à rendre à chacun selon son dû : « Les soldats du gouverneur prirent Jésus avec eux. [...] L'ayant dévêtu, ils lui mirent une chlamyde écarlate. Puis, ayant tressé une couronne avec des épines, [les soldats de César] la posèrent sur sa tête, avec un roseau dans la main droite. Et, ployant le genou devant lui, ils se moquèrent de lui en disant : "Salut, roi des Juifs." » (Matthieu 27, 27-30.)

« Où est ton trésor, là aussi sera ton cœur »

Nous avons chanté ce dimanche (trentième pendant l'année A) un second texte dont la structure est identique au précédent. Les trois mêmes moments de la vie de Jésus se répondent et s'éclairent : le sermon sur la montagne, l'affrontement ultime dans le Temple (auquel appartient le passage lu aujourd'hui) et la Passion. L'assemblée répète comme une litanie la phrase de Jésus : « Où est ton trésor, là aussi sera ton cœur. »

Jésus enseigne ses disciples sur la montagne.

Où est ton trésor, là aussi sera ton cœur. (Mt 6, 21)
Ne vous amassez pas de trésor sur la terre
où les mites et les vers font tout disparaître,
où les voleurs percent les murs et dérobent.
Où est ton trésor, là aussi sera ton cœur.
Mais amassez-vous des trésors dans le ciel
où ni les mites ni les vers ne font de ravages,
où les voleurs ne percent ni ne dérobent. (Mt 6, 19-21)
Où est ton trésor, là aussi sera ton cœur.
Ne vous inquiétez pas pour le lendemain,
le lendemain s'inquiétera de lui-même.
A chaque jour suffit sa peine. (Mt 6, 34)
Où est ton trésor, là aussi sera ton cœur.

Jésus répond aux provocateurs dans le Temple.

Où est ton trésor, là aussi sera ton cœur.
Maître, quel est dans la loi le commandement le plus grand ?
Dis-nous ce que tu penses.
Où est ton trésor, là aussi sera ton cœur.
Tu aimeras le Seigneur ton Dieu
de tout ton cœur, de toute ton âme et de tout ton esprit :
c'est là le grand, le premier commandement.
Où est ton trésor, là aussi sera ton cœur.
Un second lui est semblable :
Tu aimeras ton prochain comme toi-même.
Où est ton trésor, là aussi sera ton cœur. (Mt 22, 34-40)

Jésus est livré pour être crucifié.

Où est ton trésor, là aussi sera ton cœur.
A Béthanie, Jésus était à table,
une femme versa sur sa tête un parfum d'un très grand prix.
Où est ton trésor, là aussi sera ton cœur.

« OÙ EST TON TRÉSOR... »

« A quoi bon cette perte ?
On aurait pu vendre cela très cher et donner l'argent à des pauvres. »
Où est ton trésor, là aussi sera ton cœur.
« A quoi bon tracasser cette femme ?
En répandant ce parfum sur mon corps,
elle a préparé mon ensevelissement. » (Mt 26, 6-13)
Où est ton trésor, là aussi sera ton cœur.

« Où est ton trésor, là aussi sera ton cœur »

Trentième dimanche pendant l'année A (26 octobre 1975.)

Exode 22, 20-26.

Lettre de saint Paul aux Thessaloniciens 1, 5-10.

Évangile selon saint Matthieu 22, 34-40.

Apprenant que Jésus avait fermé la bouche aux Sadducéens, les Pharisiens se réunirent en groupe, et l'un d'eux lui demanda pour l'embarrasser : « Maître, quel est le plus grand commandement de la Loi ? » Jésus lui dit : « Tu aimeras le Seigneur ton Dieu de tout ton cœur, de toute ton âme et de tout ton esprit : voilà le plus grand et le premier commandement. Le second lui est semblable : Tu aimeras ton prochain comme toi-même. A ces deux commandements se rattache toute la Loi, ainsi que les Prophètes. »

Ce que Jésus dit, bien des rabbins de son époque le disaient aussi : « Tu aimeras le Seigneur ton Dieu de tout ton cœur, de toute ton âme et de tout ton esprit. » Voilà le grand commandement. C'est le début du « Écoute, Israël », que Jésus cite à maintes reprises et que tout juif prononce plusieurs fois par jour. De même, rapprocher ce texte du Deutéronome de celui du Lévitique : « Tu aimeras ton prochain comme toi-même », était une réponse d'école partagée par bien des pharisiens. Pour eux comme pour Jésus, la loi de Dieu est une loi de bienveillance. Il est évidemment exclu que Dieu prescrive de haïr. Jésus ne dit probablement pas autre chose dans sa réponse que des rabbins de son temps. Mais c'est lui qui le dit. Et cela change le contenu de la parole.

Ce qui importe, ce n'est pas seulement la réponse, c'est de savoir qui a parlé. Si moi je vous dis, de mon propre cru : « il n'y a pas de plus grand amour que de livrer sa vie pour ceux qu'on aime », vous pourrez dire : « il parle bien », ou : « quelle pensée profonde ! » Mais quand cette parole est dite par celui qui livre sa vie, le sens de la parole se dévoile dans son acte. Elle n'est plus cette parole démonétisée, vaguement flottante, exhortative devant laquelle on baisse la tête en disant : « Oui,

oui, il a raison. » Cette parole cesse d'être « des mots » et devient un événement. Et un événement unique, car il ne s'agit plus d'une opinion dont on peut discuter, mais il s'agit de l'Amour qui se donne. La parole devient forte de l'événement produit par Celui qui l'accomplit.

Le grand, le premier commandement, c'est d'aimer le Seigneur notre Dieu de tout notre cœur, de toute notre âme, de tout notre esprit. Voici quel est le débat. La loi divine se présente comme une suite de prescriptions qui nous ont été rappelées en partie dans la première lecture. Devant chacune d'elles, nous pouvons nous reconnaître pécheurs. (Si vous avez besoin d'un guide pour examen de conscience, utilisez donc ce que nous avons lu du livre de l'Exode, au chapitre 22, des versets 20 à 26*.) Ces commandements multiples peuvent être ressentis par nous comme une chape pesante. Dieu nous les commande; nous devons obéir. Il est le Maître qui nous dit l'interdiction et l'obligation et qui manie la récompense et la sanction. Quel sens y a-t-il donc à vouloir désigner l'un des commandements comme le « grand »? Ce n'est pas celui qui dispense des autres comme s'ils étaient secondaires. C'est le commandement qui donne l'intelligence de tous les commandements. Il propose un point de vue central grâce auquel cet éparpillement d'obligations devient quelque chose d'unifié et grâce auquel nous pouvons comprendre Celui qui nous commande. Jésus nous le dit : ce centre de gravité, c'est : « Tu aimeras le Seigneur ton Dieu de tout ton cœur, de toute ton âme, de tout ton esprit. »

---

* *Exode* 22, 20-26 :

« Tu ne molesteras pas l'étranger ni ne l'opprimeras car vous-mêmes avez été étrangers dans le pays d'Égypte. Vous ne maltraiterez pas une veuve ni un orphelin. Si tu le maltraites et qu'il crie vers moi, j'écouterai son cri; ma colère s'enflammera et je vous ferai périr par l'épée : vos femmes seront veuves et vos fils orphelins.

Si tu prêtes de l'argent à un compatriote, à l'indigent qui est chez toi, tu ne te comporteras pas envers lui comme un prêteur à gages, vous ne lui imposerez pas d'intérêts.

Si tu prends en gage le manteau de quelqu'un, tu le lui rendras au coucher du soleil. C'est sa seule couverture, c'est le manteau dont il enveloppe son corps, dans quoi se couchera-t-il? S'il crie vers moi je l'écouterai, car je suis compatissant, moi! »

Dans sa formulation même, il est à l'opposé de l'idée que nous nous faisons d'une obligation. Car Celui qui s'est présenté à nous comme la source de l'obligation contraignante, difficile, exigeante, voici qu'il devient le centre de l'amour absolu que je dois lui porter. Absolu, puisqu'il réclame toutes mes forces, toute mon âme, tout mon esprit. Et comment puis-je aimer Celui qui me l'ordonne ? Qu'est donc un amour qui se présente comme un commandement ?

En recevant ce commandement, il m'est demandé d'aimer Dieu non pas comme un objet que je veux posséder, mais en un don absolu de reconnaissance, d'ouverture à Celui dont je viens et qui m'aime. Aimer le Seigneur mon Dieu, c'est accepter d'aimer non plus en voulant m'emparer de ce que je crois pouvoir posséder ou aimer, mais accepter d'aimer en me livrant complètement à Celui qui est mon Seigneur et mon Dieu.

Le reconnaître comme mon Seigneur et mon Dieu, c'est me reconnaître moi-même comme aimé et créé par cet amour. C'est me découvrir moi-même non pas un objet dans la main de Dieu, non pas un objet dérisoire, ballotté dans l'existence, soumis à l'arbitraire de Dieu, mais c'est me découvrir moi-même le terme d'un amour dont la fécondité est insurpassable. Nous sommes le fruit de l'amour que Dieu porte à ce qui n'est pas encore et qu'il fait naître. Nous sommes la fécondité de Dieu. Recevant le commandement de l'aimer, en sortant de nous, nous découvrons que nous existons et que nous sommes aimés en sortant de lui. Cet amour qu'il nous commande est la suprême liberté de l'homme, et nous découvrons que l'homme est le fruit de la suprême gratuité de Dieu.

Cela est à l'opposé du désir qui nous habite quand nous croyons aimer des trésors périssables. Nous prétendons les saisir, ils nous rendent prisonniers. Aimer Dieu, c'est s'ouvrir à Celui qui est souverainement libre, à Celui qu'on ne peut pas posséder, mais qu'on ne peut que recevoir comme un don gratuit. C'est accepter d'entrer dans un amour qui trouve son achèvement dans l'oubli de lui-même, comme la mère qui enfante, mais qui accepte que l'enfant aille au-delà d'elle-même et plus loin. L'amour se révèle comme venant de la liberté, accueillant la liberté, don absolu et sans retour. Et aimer ainsi, c'est entrer dans le Royaume de Dieu. Aimer ainsi, c'est accomplir la parole de Jésus : « Où est ton trésor, là aussi sera ton cœur. » Et notre trésor, ce ne peut être que Dieu, l'Unique, seul trésor qui, au lieu de captiver notre cœur, de le rendre esclave, le rend libre.

Et du coup, dans cette liberté reçue et rendue, dans cette action de grâces accomplie, nous pouvons découvrir que la fécondité par laquelle Dieu nous fait être et nous aime s'adresse à tous ceux qui nous sont donnés comme frères. Aimer son prochain ou aimer Dieu, ce n'est pas un difficile arbitrage entre deux préceptes entre lesquels il faudrait prendre parti et qui correspondraient à des tempéraments ou des spiritualités différentes. Dire cela, c'est manifester que nous n'avons pas encore compris de quel amour il est question ni pour Dieu ni pour l'homme. Car aimer son prochain comme nous devons aimer Dieu, c'est l'aimer de l'amour même dont nous aimons Dieu et dont Dieu nous aime. C'est le même commandement ; c'est faire entrer dans notre amour celui-là même que Dieu aime.

Un tel amour, qui nous arrache à nous-mêmes, nous dépasse et nous heurte non seulement dans nos limites de créatures, mais parce qu'il rencontre sur son chemin la crucifiante expérience de la haine, du mépris, de l'injustice, la nôtre et celle des autres. Il rencontre sur son chemin l'impossible pardon, il rencontre sur son chemin les blessures faites qu'on ne peut pas oublier, celles que nous avons faites aussi et que, peut-être, nous oublions trop vite, il rencontre sur son chemin la mort, la nôtre et celle des autres, il rencontre le péché.

Un tel amour, nous ne pouvons le recevoir que dans le corps de Jésus qui prononce ce commandement et qui se livre lui-même, mettant dans notre condition mortelle la souveraine puissance de la liberté créatrice. Quand la femme brise le flacon de parfum très précieux sur le corps de Jésus, ce n'est pas une perte, c'est au contraire une bonne action, une bonne œuvre en vue de son ensevelissement, car ce corps livré est le gage et le sacrement de l'amour qui nous est demandé et proposé : « Où est ton trésor, là aussi sera ton cœur. » Si Celui qui nous donne ces deux commandements est notre trésor, en lui est notre cœur reçu de Dieu, donné à Dieu. Par lui qui s'est fait notre prochain, nous pouvons nous recevoir les uns les autres comme prochains de la main de

Dieu. Avec lui, nous voudrons aimer, même ceux qu'il nous est impossible de ne pas regarder comme nos ennemis, mais que Dieu aime et nous donne pour frères.

Les morts ou les saints?

Les morts sont la blessure inguérissable de la vie. Et plus l'on veut retenir, par le souvenir, les richesses à jamais enfouies du passé, plus on appauvrit le présent de la vie, l'entraînant en arrière dans un en deçà insaisissable comme notre ombre. Et, à la fin, les morts eux-mêmes nous échappent. Car nous finissons par en perdre la mémoire, fût-ce par notre propre mort : « L'homme, ses jours sont comme l'herbe des champs... Sur lui qu'un souffle passe, il n'est plus et nul ne connaît sa place. »

Pour qui espère, les saints projettent vers l'avenir. Ils ne sont plus les défunts qui anticipent notre mort, mais les témoins qui attestent la vie sans cesse et pour toujours donnée. « Oui, j'en ai l'assurance : ni la mort ni la vie, ni les anges ni les dominations, ni le présent ni l'avenir, ni les puissances, ni les forces des hauteurs ni celles des profondeurs, ni aucune autre créature, rien ne pourra nous séparer de l'amour de Dieu manifesté en Jésus-Christ notre Seigneur. » (Romains 8, 38-39.) Cette exclamation de saint Paul nous donne la figure de notre espérance.

Le souvenir des morts, en effet, quand il est retenu par des âmes mortes, semble ouvrir entre Dieu et nous l'immense charnier de l'histoire. Cette nostalgie d'une espèce mortelle, au lieu de faire vivre l'homme, l'emprisonne, l'étouffe et le tue à son tour.

La communion des saints transfigure la nostalgie et la tristesse du souvenir des morts en une force puissante : celle de l'amour qui nous consacre à la vie, et nous fait voir dans l'hécatombe universelle de nos histoires (tous, nous mourrons) la fécondité sans mesure de la grâce donnée par le Seigneur, Dieu des vivants et non des morts.

Mais si telle est bien la liberté que Dieu donne à ceux qu'il rassemble pour être l'Église de son Fils, quelle figure novatrice, souverainement libre et créatrice, devra prendre l'action de cette Église sous la puissance de l'Esprit? Puisqu'elle est l'Église des saints, nous ne devons pas ramener à la fidélité stérile de notre souvenir des morts, sa fidélité au présent de l'Esprit dans lequel nous pouvons communier, en attendant l'achèvement de toutes choses dans le Christ.

« Heureux ceux qui tu invites au festin du royaume »

Fête de Tous les Saints, année A (1er novembre 1975.)

Apocalypse 7, 9-12.

Première lettre de saint Jean 3, 1-3.

Évangile selon saint Matthieu 5, 1-12.

Voyant les foules, Jésus gravit la montagne, et quand il fut assis, ses disciples s'approchèrent de lui. Et prenant la parole, il les enseignait en disant :
Heureux ceux qui ont une âme de pauvre,
car le Royaume des cieux est à eux.
Heureux les doux,
car ils posséderont la terre.
Heureux les affligés,
car ils seront consolés.
Heureux les affamés et assoiffés de la justice,
car ils seront rassasiés.
Heureux les miséricordieux,
car ils obtiendront miséricorde.
Heureux les cœurs purs,
car ils verront Dieu.
Heureux les artisans de paix,
car ils seront appelés fils de Dieu.
Heureux les persécutés pour la justice,
car le Royaume des cieux est à eux.

Heureux êtes-vous quand on vous insultera, qu'on vous persécutera, et qu'on dira faussement contre vous toute sorte d'infamie à cause de moi.

Soyez dans la joie et l'allégresse, car votre récompense sera grande dans les cieux : c'est bien ainsi qu'on a persécuté les prophètes, vos devanciers.

Permettez-moi une confidence : ce texte, pendant longtemps, m'a fait peur. J'imagine qu'il en est de même pour la plupart des chrétiens, car comment pourrions-nous nous reconnaître dans ces Béatitudes ? Même celui qui, innocent, serait dans une situation de détresse, comment oserait-il s'estimer assez pur, assez rigoureusement dans la main de Dieu, assez intègre jusque dans sa souffrance, pour oser penser que ces paroles lui sont adressées ? Et comment celui qui est accablé par le malheur pourrait-il alors se réjouir sans être pris dans une contradiction insupportable ? Car on ne peut pas se dire — je parle humainement : « Heureux ceux qui pleurent, ils seront consolés », si l'on est soi-même dans les pleurs. On ne peut pas se dire : « Heureux les artisans de paix », si l'on est soi-même victime de la haine et détruit par l'agression.

Eh bien ! frères, il faut que nous osions, courageusement, nous emparer de ces paroles de Jésus et les faire nôtres. Il faut nous les appliquer à nous-mêmes pour être vraiment les disciples de Jésus.

Pourtant, nous ne faisons pas partie de la race des héros. Si un jour Dieu daigne nous rassembler dans sa miséricorde, cela ne pourra être que par une faveur qui nous paraît inconcevable. Or, s'il existe une cohérence dans la foi qui est la nôtre, si elle a un objet qui puisse s'énoncer, c'est que Dieu nous donne de communier à sa sainteté. Si nous ne croyons pas qu'un jour Dieu fera sa demeure parmi les hommes et que tous ceux qu'il aime seront enveloppés par son pardon et sa miséricorde, si nous ne croyons pas que le corps de l'humanité, fait de nos esprits et nos corps mortels, sanglants, enfouis, broyés, défigurés, deviendra le corps glorieux de Jésus, le Fils en qui habite la plénitude, alors notre foi n'a pas d'objet et notre espérance est vaine.

Croire au Christ, c'est croire que cette demeure de Dieu parmi les hommes est réalisable et que le temple véritable de Dieu est fait de cette chair anonyme, fragile, pécheresse. La sainteté de Dieu, c'est la sainteté des hommes quand Dieu vient faire sa demeure parmi nous. Et sa demeure parmi nous est faite de pardon et de miséricorde.

La vision de l'Apocalypse que nous avons entendue au début de cette célébration n'est pas une espérance lointaine, inaccessible, réservée à quelques héros exceptionnels. Elle est au contraire le terme que nous anticipons tous quand nous acceptons de voir ce monde-ci avec les yeux de l'espérance chrétienne. Nous sommes ceux qui, en ce monde, tiennent cette espérance pour réelle.

Quel est le moyen de cette espérance? C'est la figure du Christ. Et puisque nous, chrétiens, nous avons été par grâce appelés, élus, à être en ce monde les porteurs et les témoins de cette espérance, nous sommes donc aussi appelés à être semblables à lui en ce monde-ci. Rappelez-vous ce qu'a dit l'Apôtre Jean : « Voyez quel grand amour le Père nous a donné pour que nous soyons appelés enfants de Dieu — car nous le sommes. Si le monde ne nous connaît pas, c'est qu'il ne L'a pas reconnu. »

Dans ce temps de l'histoire, ce temps de l'espérance, tant que Dieu n'est pas manifesté à la totalité des hommes, tant que le jugement du monde n'est pas achevé, nous sommes nécessairement méconnus comme fils de Dieu, comme enfants de Dieu.

Mais nous devons accomplir cette vocation d'enfants de Dieu parce que Dieu aime le monde, et que c'est par son Fils et les frères du Fils que le monde est sauvé et ne sombre pas dans le désespoir. Nous avons à accepter d'être méconnus comme l'amour de Dieu accepte d'être enfoui en ce monde jusqu'à ce que le monde connaisse Dieu et nous reconnaisse, et que nous nous reconnaissions en lui :

« Bien-aimés, dès maintenant nous sommes enfants de Dieu, et ce que nous serons n'a pas encore été manifesté. Nous savons que lors de cette manifestation nous Lui serons semblables parce que nous Le verrons tel qu'Il est. Quiconque a cette espérance en Lui se rend pur comme Jésus est pur. » (1 Jean 3, 2-3.)

Comment pouvons-nous donc entendre les Béatitudes et oser les prendre pour nous? Nous devons le faire, car Jésus les prononce sur nous, ses disciples. Et nous sommes donc les dépositaires de la bénédiction du Christ et de la joie du Père. Nous sommes ceux qui peuvent exulter, être envahis d'une joie que rien ne peut nous enlever en ce monde périssable, divisé, insupportable ou désespérant. Nous sommes les garants de la joie parce que la joie nous est donnée de Dieu.

« Heureux ceux qui ont une âme de pauvre », c'est-à-dire ceux qui fondent toute la logique de leur vie non sur la force de l'homme et sa richesse, et ce qu'il peut posséder, mais sur la force de Dieu, et qui, dans la pauvreté, dans la dépossession de leurs moyens, dans la dépossession volontaire de leurs moyens acceptent de s'appuyer en tout sur Dieu, car « le Royaume des cieux est à eux ». Comment pouvons-nous être disciples de Jésus si, par sa grâce, nous n'acceptons pas de nous déposséder de la logique, de la richesse ou de la puissance de l'homme, pour nous remettre entre les mains de Dieu ?

« Heureux les doux », ceux dont l'espérance est non dans la force des hommes, mais dans la douceur du Messie qui vient, « car à eux est la Terre promise ».

« Heureux les affligés », car ils sont comme la Veuve — Israël, la fille de Sion — qui attend que se manifeste son Époux, qui est Dieu. « Ils seront consolés » et la consolation, c'est l'Esprit Saint donné à l'Église pour qu'elle vive dans la joie de la sainteté.

Ceux qui « sont affamés et assoiffés de la justice », de la sainteté que Dieu donne, car nous sommes rassasiés de cette sainteté, comme d'un don surabondant.

Ceux qui « sont miséricordieux », car Dieu seul est miséricordieux. Bienheureux les cœurs purs à qui Dieu donne ce cœur nouveau où la loi d'Amour est inscrite puisqu'ils verront Celui que l'homme n'a vu ni ne peut voir.

Bienheureux ceux qui font la paix, ils seront appelés fils de Dieu, comme le Messie, puisqu'ils font une œuvre divine : « Heureux les persécutés pour la justice, car le Royaume des cieux est à eux. »

« Heureux êtes-vous quand on vous insultera, qu'on vous persécutera et qu'on dira faussement contre vous toute sorte d'infamie à cause de moi. Soyez dans la joie et l'allégresse, car votre récompense sera grande dans les cieux : c'est bien ainsi qu'on a persécuté les prophètes, vos devanciers. »

« Qui nous séparera de l'Amour de Dieu ? »

Commémoration des défunts (dimanche 2 novembre 1975.)

Lettre de saint Paul aux Romains 8, 31-39.

Évangile selon saint Matthieu 16, 24-28.

Alors Jésus dit à ses disciples : « Si quelqu'un veut venir à ma suite, qu'il se renie lui-même, qu'il se charge de sa croix, et qu'il me suive. Qui veut en effet sauver sa vie la perdra, mais qui perdra sa vie à cause de moi la trouvera. Que servira-t-il donc à l'homme de gagner le monde entier, s'il ruine sa propre vie ? Ou que pourra donner l'homme en échange de sa propre vie ?

C'est qu'en effet le Fils de l'homme doit venir dans la gloire de son Père, avec ses anges, et alors il rendra à chacun selon sa conduite. En vérité je vous le dis : il en est d'ici présents qui ne goûteront pas la mort avant d'avoir vu le Fils de l'homme venant avec son Royaume. »

La plaie fait mal. Elle est ancienne. La mort est la maladie la plus ancienne de l'homme, la maladie inguérissable avec laquelle l'homme naît. Et cette plaie, même lorsqu'elle semble fermée par l'oubli, l'homme n'ose pas y toucher. Les hommes, partout, aussi loin que s'étend notre espèce et aussi loin que nous puissions remonter à son origine, constamment ont tenté d'exorciser et de couvrir cette blessure. La mort, les morts sont l'expression constante d'une angoisse que nous nous masquons et d'une mauvaise conscience que nous tentons de calmer.

Il est étrange que du culte des morts, culte célébré par les vivants pour les vivants, presque rien ne soit dit dans la Bible, et peut-être encore moins dans le Nouveau Testament. Les phrases les plus fortes dites par Jésus, nous venons de les entendre. Les autres nous parlent de la résurrection, de l'espérance de la résurrection toujours liée à sa Passion.

Nous allons donc, frères — et c'est peut-être le service que nous pouvons nous rendre les uns aux autres —, ne pas toucher à la plaie et à la blessure. Que chacun supporte comme il peut, car ce n'est déjà pas si commode de vivre, les douleurs, les regrets et les nostalgies qu'il peut cacher en lui-même. Acceptons aujourd'hui de nous laisser reprendre par les souvenirs, et les tristesses, même si demain elles doivent être à nouveau oubliées. Qu'importe tout cela.

Mais maintenant nous sommes ici rassemblés par la parole du Christ, nous célébrons le sacrifice de sa mort et de sa résurrection. Maintenant ce qui nous rassemble, ce n'est pas le culte des morts, mais la célébration de l'eucharistie de Celui qui est vivant. Il nous faut donc, avec nos souvenirs et nos fardeaux, nous présenter devant lui, et accepter d'entendre ce qu'il a à nous dire à nouveau et une fois de plus. Car ce qu'il a à nous dire, c'est aussi ce que nous avons à faire pour que vive notre espèce mortelle.

Que nous dit-il? Que la vie de l'homme ne peut pas être assurée par lui-même, car rien ne peut payer la vie de l'homme. Et cela, nous le savons bien. C'est l'une des tristesses dont nous n'arrivons pas à nous défaire. Quel que soit notre courage, quel que soit notre amour, quelle que soit notre force ou notre réussite ou nos moyens, finalement, devant la limite de notre vie, nous sommes impuissants. Quelles que soient les richesses que l'homme accumule, rien ne peut valoir une vie, la vie, don irremplaçable, suprême gratuité. L'homme peut mesurer, devant cette impuissance radicale, que la vie est un don radical accordé par Dieu.

La vie, sa vie, c'est précisément ce qui ne lui appartient que lorsqu'il la reçoit. Nous ne pouvons la posséder que quand nous acceptons qu'elle nous soit donnée. Nous ne la reconnaissons comme nôtre et vraiment nôtre que lorsque nous faisons l'expérience qu'elle est une grâce, un don gratuit, car rien ne peut la payer.

Jésus nous dit que celui qui veut gagner sa vie, c'est-à-dire la payer avec ses moyens, il la perdra, quels que soient les exorcismes et les assurances que ses ressources peuvent lui faire espérer. Celui qui fait l'acte de foi en Dieu, qui consent à ce risque de donner sa vie, celui-là l'assurera.

Que veut dire donner sa vie à cause de Jésus? Non pas faire face au problème de la mort, mais au problème de la vie; accepter que la vie soit faite non de la conquête, mais de l'acceptation de ce qui nous est donné avec Jésus; conformer sa vie au mouvement de l'amour qui la lui donne. Car Jésus reçoit sa vie de l'amour du Père, source de tout don. Celui qui acceptera donc d'ouvrir ainsi sa vie en une générosité sans limites, dût-il l'éprouver comme une perte et une mort, puisque dans ce don tout semble lui échapper hormis cette force qu'il reçoit de tout donner, celui-là assurera sa vie. Il ne l'assure pas comme on prend une garantie sur l'au-delà, il l'assure maintenant dans la foi. Et cela lui permet de partager la mort du Christ, Verbe de Dieu qui vient partager notre mort.

Au moment où nous affronterons — où nous affrontons — ce combat, peut-être n'aurons-nous pas d'autres paroles sur nos lèvres que celles de Jésus (psaume 21) : « Mon Dieu, mon Dieu, pourquoi m'as-tu abandonné ? » Telle sera peut-être notre prière. Mais, nous en recevons l'assurance, la force à laquelle il nous est donné de communier, c'est celle de Jésus, notre frère, en qui notre mort s'ouvre comme chemin de vie et de résurrection.

Que donnera l'homme qui ait la valeur de sa vie ? Rien, si ce n'est sa vie elle-même. La seule chose que nous puissions donner qui ait valeur de notre vie, c'est notre vie. Et avoir la foi, c'est croire que ce n'est pas un suicide. C'est croire que Dieu nous aime et qu'il est la source de notre vie : dans le Christ, il nous donne de vivre quand, en échange de notre vie, nous donnons notre vie. Voilà ce qu'est l'amour. Et avoir la foi, c'est recevoir cette expérience de l'amour comme la Révélation visible de Dieu invisible. « Qui nous séparera de l'amour de Dieu manifesté en Jésus-Christ ? Oui, j'en ai l'assurance, ni la mort, ni la vie... » (Romains 8, 38-39.)

« Mais le temple dont il parlait, c'était son corps »

Fête de la Dédicace de Saint-Jean-de-Latran (dimanche 9 novembre 1975.)

(Au cours de cette messe plusieurs enfants ont reçu le baptême.)

Apocalypse de saint Jean 21, 1-5.

Première lettre de saint Paul aux Corinthiens 3, 9-17.

Évangile selon saint Jean 2, 13-22.

La Pâque des Juifs était proche et Jésus monta à Jérusalem. Il trouva dans le Temple les vendeurs de bœufs, de brebis et de colombes et les changeurs assis. Se faisant un fouet de cordes, il les chassa tous du Temple, et les brebis et les bœufs; il répandit la monnaie des changeurs et renversa leurs tables, et aux vendeurs de colombes il dit : « Enlevez cela d'ici. Ne faites pas de la maison de mon Père une maison de commerce. » Ses disciples se rappelèrent qu'il est écrit :

« Le zèle pour ta maison me dévorera. »

Alors les Juifs prirent la parole et lui dirent : « Quel signe nous montres-tu pour agir ainsi ? »

Jésus leur répondit : « Détruisez ce sanctuaire et en trois jours je le relèverai. » Les Juifs lui dirent alors : « Il a fallu quarante-six ans pour bâtir ce sanctuaire, et toi, en trois jours tu le relèveras ? » Mais lui parlait du sanctuaire de son corps. Aussi, quand il ressuscita d'entre les morts, ses disciples se rappelèrent qu'il avait dit cela, et ils crurent à l'Écriture et à la parole qu'il avait dite.

Comment Jésus explique-t-il son geste? Écoutez bien la phrase : « Enlever cela d'ici. Ne faites pas de la maison de mon Père une maison de commerce. » Il n'a pas dit « du Temple de Dieu, de la maison de Dieu », il a dit « de la maison de mon Père ». Il se comporte dans le Temple comme l'héritier légitime, le représentant de Celui à qui appartient le Temple.

Les gens, choqués et indignés, lui disent : « Mais que fais-tu là ? Au nom de quoi ? » Eux savent très bien ce qu'ils ont fait : ils ont fait de leur mieux. Il a déjà fallu quarante-six ans pour construire ce Temple et il n'est pas encore achevé. Ils y ont mis toutes leurs richesses, tout leur effort, c'est le Temple le plus beau qu'il soit possible de faire.

Mais ce n'est pas le Temple que Dieu s'est construit, c'est le Temple que des hommes ont construit pour Dieu. Je répète : c'est le Temple que des hommes ont construit pour Dieu. Avec bonne intention; avec désir de bien faire; comme des gens qui diraient : « Nous allons bâtir une très belle église. Nous allons faire de notre mieux. Voici ce que nous avons de plus précieux. Nous voulons que le Temple de Dieu soit le plus beau possible, que l'église soit la plus belle possible. » Quand c'est fait, ils disent : « Elle est très belle notre église. Dieu n'a plus qu'à y venir. D'autant que nous sommes des chrétiens scrupuleux. Nous avons tout fait exactement comme il est d'usage de faire. Tout est en ordre. Nous n'attendons plus que Dieu dans notre église. »

Mais si Dieu voulait se bâtir à soi-même une maison? Vous comprenez la différence? Cela voudrait dire que Dieu prend l'initiative. Non comme quelqu'un qui, de loin, donne des ordres ou fait connaître ses préférences. Dieu ne souscrit pas un appartement sur plan dans l'humanité; même à prix garanti, ferme et définitif. Quand Dieu veut se faire une demeure, que fait-il? C'est là où paraît l'inattendu.

Jésus vient et dit : « La maison de mon Père, vous en avez fait ce que vous pouviez en faire, vous les hommes : vous en avez fait une maison de trafic, d'échange entre vos affaires, telles que vous les concevez. Mais la maison de mon Père, c'est celle que mon Père se choisit. Ce que mon Père se choisit comme demeure, c'est la liberté de l'homme fidèle et saint. » Le Temple véritable que Dieu choisit, c'est le Christ.

Comprenons bien : Jésus se présente, lui et son corps. Qu'est-ce que le corps du Christ dont il dit : « Détruisez ce Temple, et en trois jours je le relèverai. » Bien sûr, c'est son existence physique; c'est, il y a deux mille ans, la vie charnelle de Jésus de Nazareth. Mais est-ce seulement cela? Le corps du Christ, c'est aussi l'eucharistie que nous célébrons, ce corps donné sous forme de sacrement. Il est le signe d'une vie partagée, partageable, répandue, et constitue ainsi un corps avec les hommes qui ne font qu'un avec le Christ. Et cela pour le salut de l'humanité entière. Donc, le corps du Christ, c'est Jésus, il y a deux mille ans, qu'on a pu blesser, crucifier, à qui l'on pouvait faire mal, que l'on pouvait embrasser. C'est ce signe, ce sacrement eucharistique que nous partageons, que nous partagerons tout à l'heure. Ce corps, c'est aussi, en ces visages multiples et impossibles à dénombrer tous ceux qui par la foi et le baptême sont au Christ. Nous tous, nous en sommes ainsi que ces trois petits enfants. Le corps du Christ, c'est enfin la foule, dont nous ne voyons pas l'horizon, des hommes et des femmes de toutes races, de toutes langues, souffrants ou heureux, à la vie absurde ou pleine de sens ; ces hommes, parfois bons, souvent lâches, mesquins ou inconsciemment cruels. Inutile d'allonger la litanie ; nous les connaissons bien les hommes : c'est nous, nous tous, pardonnés, aimés, sauvés par le Christ... Or, la demeure de Dieu, la voilà.

Et comment Dieu vient-il faire sa demeure dans ce Temple qu'il se choisit ? Il vient se saisir de la liberté, de la vie des êtres que nous sommes pour la rendre semblable à ce qu'il est lui-même. Il nous prend pour nous transformer en êtres capables d'aimer comme il nous aime, pour nous transformer en nous rendant semblables au Christ. Ce peuple ainsi choisi par Dieu est chargé, en ce monde, d'accomplir la mission du Christ. Le peuple des chrétiens est le peuple sacerdotal. Ce qui veut dire : capable de s'offrir soi-même comme signe de l'amour pour tous les hommes. Le peuple chrétien est appelé à être « christ » en ce monde.

Quand nous baptisons les petits enfants, nous les consacrons, nous les présentons à Dieu pour qu'ils soient les pierres vivantes de ce temple, pour que Dieu vienne habiter leur liberté, leur conscience. Notre édifice et notre sécurité, c'est le temple vivant que Dieu se construit avec nos vies. Et la croix dont nous avons marqué tout à l'heure le front de ces enfants est beaucoup plus sacrée que n'importe quelle croix sur n'importe quelle pierre : elle appelle à un destin combien plus haut. Car, avoir marqué une croix sur le front d'un enfant, c'est dire que Dieu met en lui l'espérance qu'il saura en ce monde remplir cette vocation d'être le signe et le sacrement de l'amour du Christ.

Nous ne savons pas ce que seront ces enfants. Les baptiser, c'est leur ouvrir un destin, leur offrir une vocation. Car on ne baptise pas un enfant comme on accomplit une formalité. Marquer cette croix sur son front, c'est dire que nous tous, non seulement les parents, les parrains, marraines, mais aussi tous les chrétiens, nous prenons la responsabilité de cet appel ; c'est dire que jusqu'au bout de l'humanité, nous allons nous porter les uns les autres pour nous aider à répondre à cette vocation destinée au salut de tous.

Voilà, frères, la portée presque incommensurable de ce que nous célébrons ce matin. Au-delà de l'événement familial, heureux, charmant d'un petit enfant qui naît et d'une famille qui se rassemble avec l'espérance d'un peu de bonheur, d'un peu de paix qu'apporte toujours un enfant, se joue ici, parmi nous, grâce au Christ, le sort de toute l'humanité.

« Veilleur, où en est la nuit ? »

(Dimanche 16 novembre 1975.)

Le chant dont le texte suit a unifié par l'attente de l'accomplissement de toutes choses — en termes savants : une perspective eschatologique — les trois dernières lectures de saint Matthieu (fin du chapitre 24, parabole des talents, jugement dernier) et la lecture du premier dimanche de l'Avent en saint Marc (fragment du discours sur la fin des temps). Le refrain est un oracle d'Isaïe. Chaque couplet correspond à un dimanche et est scandé par l'assemblée qui répète l'ordre du Christ : « Veillez ! »

Veilleur où en est la nuit ? Veilleur où en est la nuit ?
Le matin vient, puis vient la nuit.
Interrogez si vous voulez. Interrogez et revenez. (Is 21, 11-12)

1. Le jour du Seigneur vient comme un voleur dans la nuit. (1 Th. 5, 2)
— *Veillez.*
Si le maître avait su l'heure où vient le voleur, — *Veillez.*
il aurait protégé la maison de l'effraction. (Mt 24, 42-43)
— *Veillez.*
Le jour du Seigneur vient comme un voleur dans la nuit.
— *Veillez.*

Veilleur où en est la nuit ? Veilleur où en est la nuit ?
Le matin vient, puis vient la nuit.
Interrogez si vous voulez. Interrogez et revenez.

2. Vous ne savez ni le jour ni l'heure
où le Maître revient réclamer des comptes.
— *Veillez.*
Cinq talents confiés, cinq autres gagnés,
deux talents confiés, deux autres gagnés,
un talent enfoui.
— *Veillez.*
Tu savais que je moissonne où je n'ai pas semé.
Tu savais que je ramasse où je n'ai rien répandu.
— *Veillez.*
Vous ne savez ni le jour ni l'heure
où le Maître revient réclamer des comptes. (Mt 25, 13-30)
— *Veillez.*

Veilleur où en est la nuit ? Veilleur où en est la nuit ?
Le matin vient, puis vient la nuit.
Interrogez si vous voulez. Interrogez et revenez.

3. Vous ne savez pas quand le Fils de l'homme viendra dans sa gloire.
— *Veillez.*
Vous ne savez pas quand vous m'avez vu avoir faim.
— *Veillez.*
Vous ne savez pas quand vous m'avez vu malade et en prison.
— *Veillez.*
Vous ne savez pas quand le Fils de l'homme viendra dans sa gloire. (Mt 25, 31-46)
— *Veillez.*

Veilleur où en est la nuit ? Veilleur où en est la nuit ?
Le matin vient, puis vient la nuit.
Interrogez si vous voulez. Interrogez et revenez.

4. Vous ne savez pas quand vient le Seigneur de la maison.
— *Veillez.*
Le soir ou à minuit, au chant du coq ou le matin — *Veillez.*
De peur qu'il ne vous trouve endormi si tout à coup il vient.
— *Veillez.*
Vous ne savez pas quand vient le Seigneur de la maison. (Mc 13, 35-36)
— *Veillez.*

« Ces petits qui sont mes frères »

Fête du Christ, Roi de l'univers, année A (dimanche 23 novembre 1975.)

Ézéchiel 34, 11-17.

Lettre de saint Paul aux Corinthiens 15, 20-26, 28.

Évangile selon saint Matthieu 25, 31-46.

« Quand le Fils de l'homme viendra dans sa gloire, escorté de tous les anges, alors il prendra place sur son trône de gloire. Devant lui seront rassemblées toutes les nations, et il séparera les gens les uns des autres, tout comme le berger sépare les brebis des boucs. Il placera les brebis à sa droite, et les boucs à sa gauche. Alors le Roi dira à ceux de droite : "Venez, les bénis de mon Père, recevez en héritage le Royaume qui vous a été préparé depuis la fondation du monde. Car j'ai eu faim et vous m'avez donné à manger, j'ai eu soif et vous m'avez donné à boire, j'étais un étranger et vous m'avez accueilli, nu et vous m'avez vêtu, malade et vous m'avez visité, prisonnier et vous êtes venus me voir." Alors les justes lui répondront : "Seigneur, quand nous est-il arrivé de te voir affamé et de te nourrir, assoiffé et de te désaltérer, étranger et de t'accueillir, nu et de te vêtir, malade ou prisonnier et de venir te voir ?"

Et le Roi leur fera cette réponse : "En vérité je vous le dis, dans la mesure où vous l'avez fait à l'un de ces plus petits de mes frères, c'est à moi que vous l'avez fait." Alors il dira encore à ceux de gauche : "Allez loin de moi, maudits, dans le feu éternel qui a été préparé pour le Diable et ses anges. Car j'ai eu faim et vous ne m'avez pas donné à manger, j'ai eu soif et vous ne m'avez pas donné à boire, j'étais un étranger et vous ne m'avez pas accueilli, nu et vous ne m'avez pas vêtu, malade et prisonnier et vous ne m'avez pas visité."

Alors ceux-ci lui demanderont à leur tour : "Seigneur, quand nous est-il arrivé de te voir affamé ou assoiffé, étranger ou nu, malade ou prisonnier, et de ne te point secourir ?" Alors il leur répondra : "En vérité je vous le dis, dans la mesure où vous ne l'avez pas fait à l'un de ces plus petits, à moi non plus vous ne l'avez pas fait." Et ils s'en iront, ceux-ci à une peine éternelle, et les justes à une vie éternelle. »

L'oracle d'Isaïe que nous venons de chanter, « Veilleur, où en est la nuit ? », porte un titre dans la Bible que l'on pourrait traduire ainsi : « Oracle sur le silence. » C'est le silence de Dieu, c'est la nuit de notre histoire. Dans la fureur des bruits qui nous envahissent de toutes parts, et du fond des millénaires, c'est un grand silence qui nous répond, et une nuit impénétrable. Dans ce silence et dans cette obscurité, où sont les veilleurs qui vont tenir dans l'espérance d'une aube, d'une lumière, capables de vaincre et d'exorciser le malheur et la mort ? Quand, dans la nuit du monde, des hommes interrogent : « Où en est la nuit ? », où sont les veilleurs qui pourront leur répondre : « Interrogez, si vous voulez. Interrogez et revenez » ? Revenez pour interroger plus encore, ou revenez comme on se convertit. A vous de savoir.

Nous ne pouvons pas nous dérober. Il faut que nous le disions : nous sommes les veilleurs. Nous sommes chargés dans ce monde de répondre à la question des hommes : « Quand finira la nuit ? » Portant en nous cette question, nous nous tournons vers le Seigneur que nous, nous connaissons, et nous lui disons : « Quand reviendras-tu ? » Et sa réponse, c'est : « Veillez, car vous ne savez pas l'heure à laquelle votre Maître reviendra. »

Dans quelle intention Jésus dit-il cette grande parabole du jugement dernier à ses disciples et à eux seuls ? Il vient de prononcer dans le Temple le grand discours apocalyptique qui déchire le mystère de l'histoire et annonce aux disciples la persécution. Il va bientôt recevoir sur son corps le parfum précieux répandu par la femme en signe de son ensevelissement : il entre dans sa Passion. En cet instant où se clôt son premier enseignement, il s'adresse à ses disciples, à ceux à qui il a remis la charge du veilleur. Et pour leur donner la force et l'espérance d'être à leur poste jusqu'au jour, il leur fait entrevoir à l'avance ce qui apparaîtra alors aux yeux de tous.

Les disciples qui veillent se demandent, en effet : « Pourquoi un tel silence dans la nuit du monde ? Pourquoi la voix de Dieu ne se fait-elle pas entendre ? Pourquoi cette parole et cette lumière dont nous devons rendre compte et témoigner se font-elles ténèbres et silence ? Et pourquoi aussi devons-nous être nus, avoir faim, être en prison, être étrangers, être pourchassés ? »

C'est donc à cette double question et à ce double silence — les élus qui souffrent en se demandant jusqu'à quand Dieu se taira, et les païens qui ignorent le salut venu parmi eux —, c'est donc à ce mutisme apparent de Dieu dans cette nuit de l'histoire que Jésus veut répondre pour nous encourager à veiller, pour nous donner de l'espérance et de la joie.

Il annonce le jugement de tous les païens, de toutes les nations. Qui sont ces païens, ces nations ? Comment les définir ? Les deux mots désignent les mêmes hommes. Les païens, ce sont tous ceux qui ne connaissent pas Dieu et celui qu'il a envoyé, Jésus-Christ ; ceux qui, visiblement, n'ont pas eu part à l'alliance. C'est une définition simple que Jésus emploie. Pour parler très crûment et sans raffiner, disons aujourd'hui les non-chrétiens. « Les païens » sont tous ceux qui ignorent l'histoire par laquelle Dieu se manifeste en ce monde pour donner à ce monde la vie.

Et tous les païens, quand paraîtra la fin des temps, se retrouveront devant le Maître et le Seigneur de l'histoire qu'ils n'ont pas connu. Et il les jugera. Sur quoi ? Sur les gestes d'amour qu'ils auront faits à son propre égard : quand il était nu, quand il avait faim, quand il était en prison, quand il avait soif, quand il était étranger. Et alors ils le reconnaîtront, comme le dit ce passage de l'Apocalypse que nous avons chanté, « même ceux qui l'ont transpercé », c'est-à-dire les païens, les Romains, les ennemis persécuteurs. Tous le reconnaîtront et seront jugés sur les bonnes œuvres qu'ils auront accomplies à son égard. Mais ils seront surpris. Ils ne savaient pas qu'ils avaient fait cela ou qu'ils ne le lui avaient pas fait. Ils diront : « Quand est-ce que nous avons fait cela ? » ou : « Quand est-ce que nous n'avons pas fait cela ? — Chaque fois que vous l'avez fait à l'un de ces plus petits qui sont mes frères ou chaque fois que vous ne l'avez pas fait à l'un de ces plus petits qui sont mes frères. — Mais nous ne le savions pas. » Cette excuse est enlevée aux païens. Ce n'est pas une excuse valable. Voilà pour eux.

Et maintenant, voyons pourquoi ces paroles concernant les païens sont adressées aux disciples de Jésus. Où est la place des disciples de Jésus dans ce jugement ? Où est-elle ? Peut-être avec les païens, peut-être... s'ils ne sont disciples de Jésus que de nom, s'ils ne sont dans leur intelligence, dans leur cœur, dans leur âme, par leur manière d'être, par leur obscurité, que des païens. Dieu seul jugera. Mais s'il y a des disciples fidèles de Jésus, où sont-ils ? Eh bien ! les disciples de Jésus sont ceux qui ont accepté de se faire petits avec lui pour être de ses frères.

Quelle est leur mission en ce monde ? Ils ont à être en ce monde ceux à propos de qui, grâce à qui s'exerce le salut des nations, des païens. Comme Jésus, ils seront dénudés, ils seront affamés, ils seront assoiffés, ils seront exclus, ils seront persécutés. S'ils sont disciples de Jésus, ils seront comme Jésus ; car lui, dans sa Passion, est affamé, assoiffé, dénudé, exclu de la société des hommes et de ses frères, transpercé. Ces petits ce sont bien ses frères, ses disciples, ceux dont il dit : « Je te bénis, Père, Maître du ciel et de la terre, d'avoir révélé cela, ce mystère, aux pauvres et aux petits. » Ses frères, ceux-là, comme lui, seront bienheureux. Bienheureux ceux qui ont faim et soif de la justice. Bienheureux ceux qui pleurent, ils recevront la consolation. Bienheureux les artisans de paix. Bienheureux les miséricordieux, ce qu'il est lui-même et ce qu'il invite ses disciples à être... Et c'est bien là-dessus que les disciples seront jugés : sur leur fidélité à devenir comme leur Maître et à partager sa vocation, sa mission.

Il nous faut donc reconnaître notre place dans le jugement de l'histoire, dans cette nuit, selon la vocation à laquelle nous sommes appelés. Quel appel avons-nous reçu en naissant ou en devenant chrétiens ? Puisque nous avons la grâce, aujourd'hui et maintenant, d'entendre cette parole de Jésus, nous sommes d'avance invités à prendre notre place dans l'accomplissement des temps et de l'histoire.

« Dans le désert, préparez un chemin »

Deuxième dimanche de l'Avent, année B (dimanche 7 décembre 1975.)

Isaïe 40, 1-11. (Nous avons lu ce passage en entier, sans omettre les versets 6 à 8 comme le fait le lectionnaire.)

« Consolez, consolez mon peuple, dit votre Dieu,
parlez au cœur de Jérusalem et criez-lui
que son service est accompli,
que sa faute est expiée,
qu'elle a reçu de la main du Seigneur
double punition pour tous ses péchés. »
Une voix crie : « Dans le désert, frayez
le chemin du Seigneur;
dans la steppe, aplanissez
une route pour notre Dieu.
Que toute vallée soit comblée,
toute montagne et toute colline abaissées,
que les lieux accidentés se changent en plaine
et les escarpements en large vallée;
alors la gloire du Seigneur se révélera
et toute chair, d'un coup, la verra,
car la bouche du Seigneur a parlé. »

Une voix dit : « Crie », et je dis : « Que crierai-je ? »
« Toute chair est de l'herbe
et toute sa grâce est comme la fleur des champs.
L'herbe se dessèche, la fleur se fane,
quand le souffle du Seigneur passe sur elles;
(oui, le peuple, c'est de l'herbe)
l'herbe se dessèche, la fleur se fane,
mais la parole de notre Dieu subsiste à jamais. »

Monte sur une haute montagne,
messagère de Sion :
élève et force la voix,
messagère de Jérusalem;
élève la voix, ne crains pas, dis aux villes de Juda :
« Voici votre Dieu ! »
Voici le Seigneur Dieu qui vient avec puissance,
son bras assure son autorité;
voici qu'il porte avec lui sa récompense,
et son salaire devant lui.
Tel un berger il fait paître son troupeau,

de son bras il rassemble les agneaux,
il les porte sur son sein,
il conduit doucement les brebis mères.

Deuxième lettre de saint Pierre 3, 8-14.

Évangile selon saint Marc 1, 1-8.

Commencement de l'Évangile de Jésus-Christ, Fils de Dieu. Selon qu'il est écrit dans Isaïe le prophète :

« Voici que j'envoie mon messager en avant de toi
pour préparer ta route.
Voix de celui qui crie dans le désert :
Préparez le chemin du Seigneur,
rendez droits ses sentiers. »

Jean le Baptiste fut dans le désert, proclamant un baptême de repentir pour la rémission des péchés.

Et s'en allaient vers lui tout le pays de Judée et tous les habitants de Jérusalem, et ils se faisaient baptiser par lui dans les eaux du Jourdain, en confessant leurs péchés.

Jean était vêtu d'une peau de chameau et mangeait des sauterelles et du miel sauvage. Et il proclamait : « Vient derrière moi celui qui est plus fort que moi, dont je ne suis pas digne, en me courbant, de délier la courroie de ses sandales. Moi, je vous ai baptisés avec de l'eau, mais lui vous baptisera avec l'Esprit Saint. »

A quoi bon entretenir le souvenir de Jean-Baptiste, celui que l'on appelle le Précurseur ? Dépassées, les réalisations des précurseurs n'ont plus qu'un intérêt rétrospectif. Jean-Baptiste annonçait la venue de Jésus. Maintenant c'est fait. A quoi bon revenir en arrière ?

Question judicieuse si l'expérience de Dieu était de l'ordre du bricolage ou de la technique, si l'accession à la Bonne Nouvelle était de l'ordre de l'apprentissage des vérités successives où l'une périme l'autre.

Mais il n'en va pas ainsi. Et voilà pourquoi l'Église nous donne comme chemin de notre propre découverte d'entendre la voix qui crie : « Préparez le chemin du Seigneur. »

Accueillir ce commencement, ce n'est pas revenir vers quelque chose qui n'est plus et qui ne nous concerne plus, vers un passé dépassé, c'est, au contraire, dans notre présent, découvrir la racine de notre salut et le tréfonds de notre existence.

C'est cela l'enjeu du commencement de l'Évangile et de la conversion qui est demandée.

Suivre l'appel de Jean-Baptiste et aller ainsi à la racine de soi-même, ce n'est pas non plus répondre au besoin que nous éprouvons parfois de sortir de l'éparpillement et revenir à l'essentiel. Ce n'est pas satisfaire un goût de l'ordre qui nous oblige à élaguer les excès et les erreurs de notre vie. C'est remplir une condition nécessaire pour pouvoir accueillir le Christ. Car si nous ne touchons pas ce tréfonds, si nous ne reconnaissons pas ce début du chemin, si nous n'acceptons pas cette première parole, nous n'entendrons pas davantage les paroles suivantes. Cela, c'est Jésus lui-même qui le dit quand il explique la mission de Jean-Baptiste.

Enfin, dernière remarque : nous pouvons recevoir cet appel de Jean-Baptiste d'une manière très personnelle. C'est le chemin secret de chacune de nos vies, c'est l'abîme caché de nos propres existences qui, souvent, nous est à nous-mêmes inaccessible.

Mais il n'en reste pas moins vrai que ce commencement et ce tréfonds, c'est ce qui nous fait tous solidaires et frères ; car c'est là l'origine de l'histoire du salut où tous les hommes se tiennent, non pas parce qu'ils l'ont décidé, mais parce qu'ils sont sortis de la même volonté, qu'ils sont destinés au même amour et qu'ils sombrent dans le même péché.

Ce n'est pas sans intention que dans ce passage très soigneusement écrit de l'Évangile le mot « tous » (« tous venaient se faire baptiser ») revient avec insistance. Dans cette démarche accomplie par chacun, tous sont impliqués. Il n'est pas possible d'en faire le geste solitaire d'un mystique qui voudrait se sauver seul. De même qu'il n'est pas possible de se mettre à l'abri de l'expérience des hommes pour vivre sa vie d'homme.

Quelle est donc cette expérience radicale ? Quel est donc ce commencement, cette origine d'une Bonne Nouvelle qu'il nous faut accueillir ? Quelle est donc cette profondeur où nous découvrons la solidarité qui nous lie les uns aux autres dans la perte comme dans le salut ?

Le prophète Isaïe cité par saint Marc et tous les évangélistes, à propos de la prédication de Jean qui baptise — nous venons de le lire —, évoque en nous plusieurs profondeurs, plusieurs solitudes, plusieurs déserts dans lesquels Dieu vient nous chercher.

La première profondeur et le premier désert, c'est celui de l'exil, de la dispersion. « Consolez, consolez mon peuple, dit votre Dieu. Parlez au cœur de Jérusalem et criez-lui que son service est accompli et que sa faute est expiée. » (Isaïe 40, 1-2.)

Comme tous ceux qui acceptent d'écouter la Parole de Dieu, au regard de la fidélité qui nous est promise et qui vient de Dieu, nous avons fait l'expérience de notre infidélité. Cette expérience nous rend la promesse de la venue de Dieu encore plus invraisemblable et inaccessible.

Le désert dans lequel nous nous trouvons, c'est le désert que nous devons bien nommer notre péché et que nous vivons comme une punition. Car là est le paradoxe : cette condition de l'homme pécheur, est-ce son crime ou est-ce son châtiment ? Est-ce un esclavage ou est-ce un enlisement ? A qui la faute : à nous ou à Dieu ? Et qui va la réparer ? A ces questions, le prophète ne répond pas directement ; il n'entame pas un procès, il ouvre une espérance. Dieu ne cherche pas à se justifier devant l'homme qui l'accuserait. Dieu ne cherche pas à excuser l'homme qu'il serait en droit de juger. Il trace dans le désert, où l'homme n'ose plus espérer, le chemin direct et royal par où va passer sa présence et venir son amour. Il trace une voie dans le désert, car Dieu précède son peuple, car Dieu va faire sa demeure parmi son peuple : « Consolez mon peuple, dit votre Dieu. Parlez au cœur de Jérusalem et proclamez que son service est fini. »

Il faut donc accepter de clore ce mauvais procès intenté à Dieu, comme Dieu accepte de clore ce procès intenté à l'homme en faisant grâce. Non pas que Dieu ait à se faire pardonner de nous. Mais Dieu consent à aller au-delà de notre propre ressentiment. La grâce qu'il nous faut accepter comme une joie et une liberté, c'est celle qui, définitivement, arrête le procès que nous intentons à Dieu et devant lequel Dieu ne peut répondre.

Car si nous voulons poursuivre le procès de Dieu, nous n'aurons devant nous que la parole muette et livrée qui ne peut rien dire, Jésus. Et si nous acceptons, au contraire, que la grâce soit la grâce et que nous soyons démunis, débordés par la grâce de Dieu, alors nous comprendrons qu'il est venu et qu'il vient, celui qui est la consolation de Jérusalem.

La première profondeur, c'est donc le désert de la dispersion, le désert du procès de Dieu et du péché, ce désert sans horizon et ce refus sans issue que Dieu vient habiter pour y tracer un chemin.

La deuxième profondeur, c'est cette précarité que nous n'osons pas regarder en face. « Toute chair est de l'herbe et toute sa grâce est comme la fleur des champs : l'herbe se dessèche, la fleur se fane quand le souffle du Seigneur passe sur elles; oui, le peuple, c'est de l'herbe; mais la Parole de notre Dieu subsiste à jamais. » (Isaïe 40, 6-8.)

Est-ce le constat de notre mort devant lequel Dieu triomphe comme un Dieu meurtrier parce que, lui, demeure vivant? Ou n'est-ce pas plutôt l'acte de foi par lequel nous reconnaissons que la vie nous est offerte et donnée, même dans notre mort, quand nous osons croire et accueillir la Parole de Dieu qui demeure à jamais?

Lorsque nous nourrissons notre existence mortelle de la Parole de vie faite chair, lorsque nous recueillons en notre cœur, en notre esprit, cette Parole vivante de Jésus que nous transmet l'Évangile, lorsque nous la partageons en une parole fraternelle, n'est-ce pas alors le début de cette espérance qui nous est donné? Ne voyons-nous pas alors que même si l'existence de la multitude des hommes est comme l'herbe, cette Parole demeure à jamais, elle qui nous fait vivre?

Il nous faut donc aller dans cette double profondeur du péché et de la mort, de notre péché et de notre mort — la nôtre et celle de toute l'espèce humaine — pour comprendre quelle voie royale et souveraine nous est ouverte par le Baptiste quand il nous annonce qu'en ce monde impitoyable une grâce est donnée. Le péché comme la mort sont irrémissibles, ce sont des expériences irrévocables. Mais devant cet irrémissible (c'est-à-dire qu'on ne peut pas remettre), devant cet irrévocable (c'est-à-dire qu'on ne peut pas recommencer et qui est à jamais clos), une grâce est donnée. Et si nous n'osons pas le croire, nous ne pouvons pas accueillir celui qui fait grâce.

Se convertir, c'est oser respirer, c'est oser espérer, c'est oser rendre grâce devant le don qui nous est annoncé.

Se convertir, c'est reconnaître ainsi ce péché qui est nôtre et en même temps la grâce qui nous est faite. C'est oser croire que le règne de Dieu est là puisque celui qui nous baptise nous fait entrer dans ce règne.

Et alors, si nous acceptons que l'amour nous soit donné comme une totale gratuité, nous pourrons commencer à suivre notre frère, Jésus, le Fils de Dieu, qui va nous faire marcher notre chemin comme un chemin de l'espérance du règne de Dieu jusqu'à la fin des temps.

Alors, nous allons pouvoir le suivre, même en trébuchant, même en protestant, même en criant, même en trahissant parfois, mais toujours dans le pardon et la fidélité, sa fidélité, dans ce chemin du Fils de l'homme qui est l'espérance du monde, même si elle prend cette figure déconcertante de l'un d'entre nous.

Alors, nous pourrons croire à l'espérance qui nous est donnée, même si elle n'est pas conforme à nos rêves.

Alors, nous comprendrons ce que veut dire la parole de l'Apôtre : « Le Seigneur ne retarde pas l'accomplissement de ce qu'Il a promis, comme certains l'accusent de retard, mais Il use de patience envers vous, voulant que personne ne périsse, mais que tous arrivent au repentir. Il viendra, le jour du Seigneur, comme un voleur. » (Deuxième lettre de saint Pierre 3, 9-10.)

« Au milieu de vous se tient Celui que vous ne connaissez pas »

Troisième dimanche de l'Avent, année B (14 décembre 1975.)

Isaïe 61, 1-2; 10-11.

Première lettre de saint Paul aux Thessaloniciens 5, 16-24.

Évangile selon saint Jean 1, 6-8; 19-28.

Il y eut un homme envoyé de Dieu.
Son nom était Jean.
Il vint pour témoigner,
pour rendre témoignage à la lumière,
afin que tous crussent par lui.
Celui-là n'était pas la lumière,
mais il avait à rendre témoignage à la lumière.

Et voici quel fut le témoignage de Jean, quand les Juifs lui envoyèrent de Jérusalem des prêtres et des lévites pour lui demander : « Qui es-tu ? » Il confessa, il ne nia pas, il confessa : « Je ne suis pas le Christ. » — « Qu'es-tu donc ? lui demandèrent-ils. Es-tu Élie ? » Il dit : « Je ne le suis pas. » — « Es-tu le prophète ? » Il répondit : « Non. » Ils lui dirent alors : « Qui es-tu, que nous donnions réponse à ceux qui nous ont envoyés ? Que dis-tu de toi-même ? » — Il déclara : « Je suis la voix de Celui qui crie dans le désert : Rendez droit le chemin du Seigneur, comme a dit Isaïe, le prophète. » On avait envoyé des Pharisiens. Ils lui demandèrent : « Pourquoi donc baptises-tu, si tu n'es ni le Christ, ni Élie, ni le prophète ? » Jean leur répondit : « Moi, je baptise dans l'eau. Au milieu de vous se tient quelqu'un que vous ne connaissez pas, Celui qui vient derrière moi, dont je ne suis pas digne de dénouer la courroie de sandale. » Cela se passait à Béthanie au-delà du Jourdain, où Jean baptisait.

Devant des questions précises, Jean-Baptiste a l'air de prendre la fuite comme si, une fois pour toutes, l'enjeu de notre existence — le Royaume de Dieu, la connaissance du Christ — ne pouvait pas être exposé nettement et clairement.

Pourquoi faudrait-il donc que la vérité se présente toujours de façon insaisissable et que les témoins de la vérité soient toujours en train de se dérober ? Que signifie ce jeu de cache-cache ?

Même s'il y a là autre chose qu'un art de l'exposition ou de piquer la curiosité, même si c'est là un chemin par lequel il nous faut passer, ce caractère énigmatique de la vérité nous paraît peu convaincant et suspect.

Car nous prétendons savoir ce qu'est la vérité et pouvoir la reconnaître : si elle est, elle n'a qu'à montrer ses preuves, décliner sa propre identité.

Telle est bien l'attitude de ceux qui viennent interroger Jean-Baptiste ; ils veulent savoir à quoi s'en tenir : « Qui es-tu ? » Et le nombre de réponses possibles est répertorié. C'est comme dans les sondages : « Vous croyez en Dieu ? Oui — Non — Ne sait pas. » « Il existe ? Oui — Non — Ne sait pas. » Moyennant quoi, l'ordinateur peut classer les résultats pour déterminer votre profil de foi. Ils ne raisonnaient pas autrement que nous ne raisonnons. Ils ont fait le tour des hypothèses.

Jean-Baptiste ne se dérobe pas : « Vous posez des questions précises ? Eh bien ! je réponds comme vous questionnez. Non et c'est tout. Vous avez la réponse que vous avez voulue. Repartez avec votre questionnaire. »

Et si, par hasard, les questions étaient mauvaises ? Si, par hasard, les questions que nous nous posons au sujet de Dieu, au sujet du Christ, n'étaient pas les bonnes questions ? Si, après tout, nous étions des imbéciles ?... C'est une hypothèse qu'il ne faut pas absolument exclure. Si, après tout, nous n'étions pas capables, pour des raisons qu'il faudrait que nous trouvions nous-mêmes, de saisir quelque chose qui nous déborde et qui nous dépasse ?

Et si, après tout, la Vérité était une surprise ? Une surprise ; non pas quelque chose qui pique l'attention selon l'art du publicitaire, quelque chose dont on se dit après coup : « Ah ! c'était malin et bien trouvé ; c'était ingénieux ; ça nous a amusés. » Mais quelque chose qui nous laisse sans voix, non seulement parce que nous n'étions pas assez éveillés, spirituels, intelligents, profonds pour le découvrir, mais parce que c'était plus grand que nous.

Et si, par hasard, la Vérité était la vie et si, devant la vie, nous découvrions qu'en nous il y avait le refus de la vie ?

Et si, par hasard, Celui qui vient et que nous ne connaissons pas était la Vérité et qu'il fallait découvrir devant la Vérité que nous sommes dans le mensonge ou de mauvaise foi ?

Et si, par hasard, la Vérité qui se présente était amour et don, et que, devant cet amour et ce don qui nous touchent et nous concernent, nous devions avouer que nous ne savons pas ce que c'est qu'aimer, que nous ne voulons pas aimer et encore moins être aimés ainsi ?

Et si, par hasard, la Vérité était telle que nous soyons incapables de l'interroger ? « Au milieu de vous se tient Celui que vous ne connaissez pas; et moi, je ne suis pas digne de dénouer la courroie de sa sandale. » Ce qui veut dire : « Je ne suis même pas digne de me faire son disciple », puisque le disciple était celui qui rendait à son maître ce service du serviteur, du soin quotidien.

Celui qui doit venir devrait-il donc se faire connaître selon notre attente, à partir de nous-mêmes ? Voilà qu'il se donne à reconnaître à nous à partir de ce qu'il est et de ce qu'il nous donne : « Au milieu de vous se tient Celui que vous ne connaissez pas. L'Esprit m'a dit : "Celui sur qui tu verras l'Esprit descendre, c'est lui." » Jean atteste et dit : « Voici l'Agneau de Dieu. » Titre mystérieux, titre inattendu, titre peut-être incompréhensible : « Celui qui porte le péché du monde. » Et les disciples de Jean, quand ils vont vers Celui qui est ainsi désigné, n'ont pour seule réponse de Celui que nous appellerons le Christ et le Fils de Dieu : « Venez voir. »

Après tout, la Vérité, ce n'est pas ce que nous jugeons à partir de nous-mêmes, mais c'est Celui qui nous juge à partir de son amour.

Après tout, pouvoir le connaître, c'est accepter d'être plongés, baptisés en lui de telle sorte que nous reconnaissions Celui qui nous précède et dont la connaissance est un don.

Après tout, le connaître, c'est d'abord le suivre.

« L'Enfant qui va naître »

Quatrième dimanche de l'Avent, année B (21 décembre 1975.)

Deuxième livre de Samuel 7, 1-16.

Quand le roi habita sa maison et que le Seigneur l'eut débarrassé de tous les ennemis qui l'entouraient, le roi dit au prophète Natân : « Vois donc ! J'habite une maison de cèdre et l'arche de Dieu habite sous la tente ! » Natân répondit au roi : « Va et fais tout ce qui te tient à cœur, car le Seigneur est avec toi. »

Mais, cette même nuit, la parole du Seigneur fut adressée à Natân en ces termes :

« Va dire à mon serviteur David : Ainsi parle le Seigneur. Est-ce toi qui me construiras une maison pour que j'y habite ? Je n'ai jamais habité de maison depuis le jour où j'ai fait monter d'Égypte les Israélites jusqu'aujourd'hui, mais j'étais en camp volant sous une tente et un abri. Pendant tout le temps où j'ai voyagé avec tous les Israélites, ai-je dit à un seul des Juges d'Israël, que j'avais institués comme pasteurs de mon peuple Israël : "Pourquoi ne me bâtissez-vous pas une maison de cèdre ?" Voici maintenant ce que tu diras à mon serviteur David : Ainsi parle le Seigneur Sabaot. C'est moi qui t'ai pris au pâturage, derrière les brebis, pour être chef de mon peuple Israël. J'ai été avec toi partout où tu allais ; j'ai supprimé devant toi tous les ennemis. Je te donnerai un grand nom comme le nom des plus grands de la terre. Je fixerai un lieu à mon peuple Israël, je l'y planterai, il demeurera en cette place, il ne sera plus ballotté et les méchants ne continueront pas à l'opprimer comme auparavant, depuis le temps où j'instituais des juges sur mon peuple Israël ; je te débarrasserai de tous tes ennemis. Le Seigneur t'annonce qu'il te fera une maison. Et quand tes jours seront accomplis et que tu seras couché avec tes pères, je maintiendrai après toi le lignage issu de tes entrailles (et j'affermirai sa royauté. C'est lui qui construira une maison pour mon Nom) et j'affermirai pour toujours son trône royal. Je serai pour lui un père et il sera pour moi un fils : s'il commet le mal, je le châtierai par les coups que donnent les humains. Mais ma faveur ne lui sera pas retirée comme je l'ai retirée à Saül, que j'ai écarté de devant toi. Ta maison et ta royauté subsisteront à jamais devant moi, ton trône sera affermi à jamais. »

Lettre de saint Paul aux Romains 16, 25-27.

Évangile selon saint Luc, 1, 26-38.

Le sixième mois, l'ange Gabriel fut envoyé par Dieu dans une ville de Galilée, du nom de Nazareth, à une vierge fiancée à un homme du nom de Joseph, de la maison de David; et le nom de la vierge était Marie. Il entra et lui dit : « Réjouis-toi, comblée de grâce, le Seigneur est avec toi. » A cette parole elle fut toute troublée, et elle se demandait ce que signifiait cette salutation. Et l'ange lui dit : « Sois sans crainte, Marie; car tu as trouvé grâce auprès de Dieu. Voici que tu concevras dans ton sein et enfanteras un fils, et tu l'appelleras du nom de Jésus. Il sera grand, et sera appelé Fils du Très-Haut. Le Seigneur Dieu lui donnera le trône de David, son père; il régnera sur la maison de Jacob pour les siècles et son règne n'aura pas de fin. » Mais Marie dit à l'ange : « Comment cela sera-t-il, puisque je ne connais pas d'homme? » L'ange lui répondit : « L'Esprit Saint viendra sur toi, et la puissance du Très-Haut te prendra sous son ombre; c'est pourquoi l'être saint qui naîtra sera appelé Fils de Dieu. Et voici qu'Élisabeth, ta parente, vient, elle aussi, de concevoir un fils dans sa vieillesse, et elle en est à son sixième mois, elle qu'on appelait la stérile; *car rien n'est impossible à Dieu.* » Marie dit alors : « Je suis la servante du Seigneur; qu'il m'advienne selon ta parole! » Et l'ange la quitta.

Nous disons que le monde implore un Sauveur. Ce n'est pas sûr. Il est même certain qu'aujourd'hui une bonne partie de la culture et des hommes ne cherche pas un Sauveur là où nous, nous le désignons.

Et nous disons qu'un Sauveur est promis au monde. Il n'est pas promis à tout le monde, c'est-à-dire à n'importe qui. Il a été promis, comme descendance à David, il y a à peu près trois millénaires.

Qu'avons-nous à faire avec cette histoire lointaine et particulière? En quoi concerne-t-elle le destin de tous les hommes, y compris de ceux qui se sentent parfaitement étrangers dans le temps et dans l'espace à ces événements?

Ces temps de Noël sont les temps des origines. Ils nous proposent le plus troublant que nous ne pouvons pas effacer : le particularisme, la mémoire millénaire, d'où surgit le fils de David, Jésus. Quand il est annoncé à Marie, il est bien annoncé comme l'accomplissement de cette prophétie faite par Natân.

Première question : Celui que nous recevons a été promis à David; son histoire prend son origine en ce point particulier du passé de l'humanité; pouvons-nous faire comme s'il n'était le fils de personne, comme s'il était né nulle part ou partout, comme s'il n'avait aucune histoire, comme si n'importe quel homme pouvait lui forger un visage à sa ressemblance, comme si chacun pouvait se faire son petit Jésus à lui? Ou bien, sommes-nous contraints de reconnaître une mémoire qui n'est peut-être pas la nôtre, une histoire à laquelle nous sommes étrangers, mais dans laquelle il nous faut entrer si nous voulons accueillir la Promesse et le Don? Pouvons-nous accueillir Jésus sans l'accueillir tel qu'il nous est donné?

Si nous revenons à cette promesse initiale, telle que le livre de Samuel que nous avons lu au début nous la donne, et qui est reprise dans l'annonce faite à Marie, nous voyons comme un renversement de situation. Dans ce texte, en effet, le roi ayant réussi à établir sa demeure veut construire une demeure pour Dieu. Ainsi, Dieu qu'il honore par-dessus tout et qu'il veut servir sera véritablement présent et saisissable au milieu de la cité et de l'histoire qu'il construit. Alors, Dieu répond : « Est-ce toi qui me bâtiras une maison pour que j'y habite? » Est-ce à l'homme de bâtir une maison pour Dieu? Est-ce à David de construire un temple pour celui qui l'a créé? Et la promesse, la voici : « Le Seigneur te fait savoir qu'il te fera lui-même une maison. » Quand l'homme veut bâtir une demeure pour Dieu, Dieu refuse, mais promet à David de lui bâtir une maison. C'est donc un renversement complet. Et promettre à David de lui bâtir une maison, c'est lui promettre une descendance; c'est lui promettre que ce qu'il a commencé de faire prendra une forme inimaginable pour lui, puisque le trône du roi promis sera stable pour toujours et que, dit Dieu : « Moi, je serai pour lui un père, et lui sera pour moi un fils... Ta maison et ta royauté subsisteront toujours devant toi, ton trône sera stable pour toujours. » Telle est donc la Promesse faite à David. Si nous voulons la faire nôtre, il nous faut accepter de croire qu'elle nous est faite à nous aussi. Alors, seulement, nous pourrons croire et voir qu'elle est effectivement accomplie en Jésus de Nazareth et qu'ainsi Dieu comble notre espérance.

Il y a une deuxième question qu'il nous faut poser : si Jésus de Nazareth accomplit cette Promesse — comme il est dit à la Vierge Marie : « Il sera grand, il sera appelé Fils du Très-Haut; le Seigneur Dieu lui donnera le trône de David son père; il régnera pour toujours sur la maison de Jacob et sa royauté n'aura pas de fin » —, si donc nous pensons que cette Promesse est effectivement accomplie en Jésus de Nazareth, est-elle aussi accomplie en nous? Ne sommes-nous pas aussi ceux qui attendent l'accomplissement d'une Promesse pour un futur à venir ? Ne sommes-nous pas aussi ceux en qui cette Promesse s'accomplit ? En effet, nous avons été appelés à recevoir le titre de fils de Dieu, à nommer Dieu « notre Père » en Jésus le Fils, à recevoir le règne, objet de l'espérance et de la Promesse en ce monde, à recevoir une royauté qui n'a pas de fin, une royauté que l'épreuve de la mort et de la destruction ne peut pas anéantir.

Penser cela, est-ce bercer notre rêverie dans un mythe vaguement consolant ? C'est bien plutôt nous inscrire dans une histoire que nous avons à vivre avec la force de Dieu. Car, héritiers de la Promesse dans le Christ, nous sommes chargés de l'accomplir en ce monde. Nous ne sommes pas en train de fouiller péniblement le passé pour déterrer un objet incertain, enfoui dans la mémoire des hommes, et le sortir avec émotion une fois par an. Nous sommes au contraire chargés d'accomplir la Promesse de Dieu. Si, du moins, nous croyons que Jésus est le Messie promis à David, si nous croyons que, selon la parole de Jésus, nous sommes ses frères et qu'à notre tour nous sommes enfants de Dieu. Cette prophétie nous désigne aussi et nous avons à l'accomplir. « Nous », c'est-à-dire les chrétiens, « les disciples de Jésus ».

Et, dans ce cas, troisième question : comment pouvons-nous accomplir cette prophétie ? Et quel destin, quelle mission, recevons-nous en cette histoire et en ce monde ?

Pour répondre, nous devons maintenant oser nous appliquer cette prophétie à nous-mêmes. « Est-ce toi qui me bâtiras une maison ? C'est moi qui te bâtirai une maison », dit Dieu. Notre maison, c'est le temple vivant que Dieu construit par l'amour et la grâce de son Fils. C'est lui qui nous bâtit pour être une demeure de Dieu dans nos libertés. C'est lui qui nous donne d'entrer dans l'épreuve d'un règne qui n'a pas de fin et dont Jésus nous a dit dans les Béatitudes ce qu'en était la logique ; et, dans l'épreuve du Christ, nous voyons quelle est cette royauté sur le monde. Et nous avons à entendre cette parole dite à Marie : « Rien n'est impossible à Dieu. » Si c'est en nous que s'accomplit cette Promesse par la force du Christ et la puissance de l'Esprit, nous ne pouvons que répondre avec elle : « Voici (dit l'Église que nous sommes) la servante du Seigneur. Qu'il m'advienne selon ta parole. »

« Ne craignez pas »

Nativité du Sauveur, messe de la nuit (25 décembre 1975.)

Nous avons chanté *Isaïe*, 9, 1-6 : « Un Enfant nous est né. »

Lettre de saint Paul à Tite 2, 1-14.

Évangile : par mégarde — se trompant de page —, le célébrant a commencé par lire le récit de l'Annonciation, *Luc* 1, 26-38 (cf. ci-dessus, p. 51-52), auquel il a aussitôt ajouté le récit de la Nativité, *Luc* 2, 1-14. D'où le tour pris par cette homélie*.

> Or, il advint, en ces jours-là, que parut un édit de César Auguste, ordonnant le recensement de tout le monde habité. Ce recensement, le premier, eut lieu pendant que Quirinius était gouverneur de Syrie. Et tous allaient se faire recenser, chacun dans sa ville. Joseph aussi monta de Galilée, de la ville de Nazareth, en Judée, à la ville de David, qui s'appelle Bethléem — parce qu'il était de la maison et de la lignée de David —, afin de se faire recenser avec Marie, sa fiancée, qui était enceinte. Or, il advint, comme ils étaient là, que les jours furent accomplis où elle devait enfanter. Elle enfanta son fils premier-né, l'enveloppa de langes et le coucha dans une crèche, parce qu'ils manquaient de place dans la salle.
>
> Il y avait dans la même région des bergers qui vivaient aux champs et gardaient leurs troupeaux durant les veilles de la nuit. L'Ange du Seigneur se tint près d'eux et la gloire du Seigneur les enveloppa de sa clarté; et ils furent saisis d'une grande crainte. Mais l'ange leur dit : « Soyez sans crainte, car voici que je vous annonce une grande joie, qui sera celle de tout le peuple : aujourd'hui vous est né un Sauveur, qui est le Christ Seigneur, dans la ville de David. Et ceci vous servira de signe : vous trouverez un nouveau-né enveloppé de langes et couché dans une crèche. » Et soudain se joignit à l'ange une troupe nombreuse de l'armée céleste, qui louait Dieu, en disant :
>
> « Gloire à Dieu au plus haut des cieux et sur la terre paix aux hommes objets de sa complaisance ! »

Nous avons chanté : « Un Enfant nous est né, un Fils nous est donné. » Si nous n'étions pas assez attentifs spirituelle-

---

* Cette homélie a été reproduite dans *Petites Paroles de nuit de Noël*, Éditions de Fallois, 1992, p. 27-32.

ment, cette phrase d'Isaïe, avec la charge d'émotion qu'elle contient, pourrait évoquer seulement pour nous la grâce de l'enfance et son innocence.

Mais nous avons entendu aussi, comme en prélude, l'annonce faite à Marie. Nous ne pouvons pas oublier que ce don gratuit de l'Enfant, du Fils qui accomplit la Promesse, ne peut être accueilli que dans un peuple croyant et que par un peuple croyant. L'Enfant donné au monde n'est pas une étincelle de joie incroyable jetée pour un instant dans la nuit de l'humanité qui, le moment passé, s'en détourne aussitôt. L'Enfant qui naît est un accomplissement. Il ne peut être reçu que par celui qui croit à la Promesse. Pour celui qui ne sait pas qu'il y a une Promesse, aucun enfant n'est né ce soir. Il ne peut être reçu que là où il est attendu. Et là où il est reçu, il dépasse toute attente. Et il dépassera toute attente.

Cet Enfant est né pour le salut de toutes les nations, pour le salut de tous les peuples. Il accomplit le salut, il procure la paix en s'offrant lui-même comme juste, comme saint, comme innocent. Et le voici victime de la méchanceté de tous. Ainsi toute méchanceté, toute puissance du mal épuise sa force sur Celui qui se livre volontairement, librement à l'agression fratricide des hommes.

L'Enfant est donné parce que le Fils se livre. En ce sens, on peut dire que l'Enfant est donné à tous les hommes, comme lorsqu'un don est fait, y compris à ceux qui le gaspillent. Oui, l'Enfant est donné à tous les hommes parce qu'il doit être livré pour tous les hommes.

Une première attitude nous est donc suggérée ce soir : demander à Dieu qui nous voit et qui nous rassemble, quels que soient par ailleurs nos convictions ou nos doutes, demander à Dieu, devant qui nous nous plaçons, d'oser croire qu'une Promesse est faite et qu'elle nous concerne, et d'oser croire que cette Promesse puisse être accomplie.

Cet Enfant, ce Fils qui est donné, c'est aussi celui qui veut appeler de par le monde une multitude de frères venus de partout, de toutes les nations, de tous les peuples, de toutes les conditions. Venus de partout, cela veut dire non pas constituant maintenant le rassemblement unanime de tous les hommes, mais venus de n'importe où, sans que qui que ce soit au monde puisse préjuger de sa vocation. Nous ne savons pas, nous ne pouvons pas savoir qui est appelé à devenir frère du Christ parmi tous les hommes de la terre, parmi ceux qui paraissent « bien » et ceux qui ne paraissent « pas bien », parmi ceux qui paraissent instruits et ceux qui paraissent ignorants, parmi ceux qui paraissent moralement sains et ceux qui paraissent déchus, ceux qui sont éclairés et ceux qui doutent, ceux qui connaissent explicitement la foi chrétienne et les autres, ceux qui sont installés dans une certitude et ceux que, sans cesse, tenaille l'interrogation.

Nous ne savons pas qui, parmi nous et parmi la multitude, est appelé à devenir frère du Christ. Mais ce que nous savons, c'est que ces « élus » constituent le peuple que Dieu se choisit à travers l'histoire du monde. Et ce peuple est appelé à être pour le monde, aujourd'hui, cet Enfant qui naît. Nous sommes (nous le disions précédemment) ceux qui doivent espérer et attendre dans la foi l'Enfant promis et donné. Nous sommes aussi ceux qui, d'une certaine façon, constituent l'Enfant donné au monde.

Je dis bien tous ceux que l'Esprit appelle à être frères du Christ, parce qu'ils partagent sa condition, parce qu'ils sont membres de son corps, parce qu'ils ont cette grâce et cette chance de communier à sa parole, de recevoir le pardon de leurs péchés, de croire que la vie est donnée par Dieu, de reconnaître qu'ils peuvent un peu aimer en dépit de leur peu d'amour, tous ceux qui osent accepter cette lumière venue de Dieu sont appelés à être, eux aussi, dans le Christ, fils livrés pour le salut des hommes.

Nous ne sommes pas des profiteurs de l'Enfant-Jésus, nous sommes des frères du Christ. Et ce que nous avons à partager ce soir, ce n'est pas la chaleur de notre rassemblement, mais la solitude de Jésus. Ce que nous avons à partager ce soir, c'est la joie intime, foudroyante, de ceux qui savent qu'une telle parole est possible, mais qui vont être obligés, dans la nuit du monde, de porter comme une flamme fragile cette espérance; ceux qui savent que, sortis de ce lieu où la Parole est donnée et partagée, nous allons nous trouver dehors, non pas en communion, mais en dissonance profonde. Car ce message secret qui retentit dans notre nuit, qui l'entend et qui l'écoute?... Et nous n'avons pas à nous en plaindre. Nous avons à porter cette Parole et cette espérance avec la force que Dieu nous donne pour cela, car c'est notre mission. Et si

Dieu nous donne d'être obligés de donner sans attendre aucun retour, il faut lui rendre grâce, car c'est ce que le Christ fait pour nous et pour tous. Et si Dieu nous donne de croire à cette espérance et de recevoir cette paix faite de persécutions, de pleurs et de pardon, il faut l'en remercier, car c'est ainsi que le Serviteur est traité et que sont inscrites dans l'histoire les Béatitudes.

Et si, livrés à cette Parole, nous nous dérobons parce que nous trouvons que c'est trop dur et si, cependant, nous nous retournons vers lui et recevons réconfort, pardon, espérance, il faut nous réjouir : car le peuple rassemblé, l'Église, n'est fait que de pêcheurs pardonnés, de lâches réconciliés, de fuyards rassemblés, de gens de peu de foi qui reçoivent une force qui ne leur appartient pas.

Et si nous mesurons que nous n'avons rien — je ne parle pas des biens de ce monde, le meilleur usage que nous puissions en faire c'est de les remettre selon la générosité de Dieu ; mais je dis que nous ne sommes rien et que nous n'avons rien parce que nous sommes mortels —, il faut nous réjouir, car nous sommes porteurs de la richesse de Dieu, et notre vie prend tout son poids et tout son sens, que personne ne peut nous enlever, de cet amour dont nous sommes désormais les témoins.

Frères, dans le Christ, deux figures nous sont présentées, ce soir, qui sont la forme de notre propre existence :

celle de la Vierge, la fille de Sion, qui reçoit la Promesse et qui l'attend et qui sait qu'elle s'accomplit ;

et celle du Fils, du Serviteur en qui nous sommes frères et qui est livré au monde pour la paix du monde.

Que chacun, selon ce qu'il ose croire, accepte de se placer dans l'une ou l'autre de ces figures : celle de la Mère, celle de l'Enfant.

Et si quelqu'un n'ose pas encore faire ce pas, qu'au moins il soit comme le petit pauvre qui, dans la nuit, entend la grande nouvelle et voit les cieux ouverts. Et qu'il ose alors reprendre l'action de grâces, car à lui aussi la paix est donnée puisqu'il fait partie de ceux que Dieu aime.

La vocation et l'engagement de Dieu

Une communauté de religieuses de l'Assomption participe à la vie de la paroisse. Le **25 décembre 1975**, dans l'après-midi de Noël, deux religieuses, sœur Bénédicte et sœur Nicole, prennent leur premier engagement à une vie consacrée par les vœux de pauvreté, de chasteté et d'obéissance, en présence de la communauté de leurs sœurs.

Même si les raisons humaines de votre décision semblent assurées : vous n'êtes pas entrées avant-hier dans la congrégation de l'Assomption, vous avez pris le temps de réfléchir; ce n'est pas seulement sur votre propre jugement, mais aussi sur le jugement de vos sœurs que s'appuie votre décision; même si vous avez été mises à rude épreuve; même si l'opinion de ceux qui vous connaissent permet de vous dire : « Après tout, c'est plausible, vous êtes probablement à votre place et vous ne faites pas un acte de folie », même dans ce cas la démarche qu'aujourd'hui vous faites demeure une démarche difficile et obscure.

Non tellement en raison de l'incertitude de la liberté humaine, car bien d'autres sont dans votre cas. J'assiste en témoin privilégié aux engagements que prennent des gens jeunes quand ils se marient. Ils se trouvent dans une situation comparable à la vôtre. Dans ce cas-là, la question est posée de savoir qui est capable d'anticiper son existence au point de prétendre engager dans l'instant et le moment la totalité de son avenir. Qui est capable, dans le présent, de mobiliser sa liberté et d'anticiper son propre destin? La liberté humaine est toujours une chose fragile, et quand elle s'engage, elle se risque. Il n'y a pas d'autre manière de s'engager, sinon ce n'est plus une liberté, c'est une mécanique. Seuls, les wagons s'arriment de façon sûre. Et encore... Quand on n'est pas un wagon mais un homme, on est obligé de s'offrir, avec sa fragilité; s'offrir à Dieu, s'offrir à ses frères; c'est toujours avec une liberté dont il faut assumer la faiblesse.

Ce n'est donc pas là-dessus que porte l'inconnu. L'engagement religieux, c'est la fragilité humaine livrée à sa propre nudité, parce que cette fragilité s'éprouve devant celui qui l'a vécue tout entière. Il ne s'agit même pas de s'engager à quelque chose dont on peut tracer à l'avance les limites et les contours, même pas de se donner à soi-même une assurance, mais de se remettre de façon inconditionnelle à celui qui est le tout de la vie; et se remettre ainsi est éprouvant parce que l'on sait fort bien que l'on ne peut pas le faire : on ne peut, devant l'absolu de Dieu, que reconnaître son incapacité même à se donner. Au moment où vous allez prononcer cette promesse d'une vie consacrée, peut-être éprouvez-vous l'impuissance, non seulement des mots pour dire véritablement ce qui est au fond de vous-mêmes, mais l'impuissance de la liberté à se donner.

Mais si cet engagement est ainsi obscur, pourquoi pensez-vous qu'il soit nécessaire de le faire, à quoi cela rime-t-il ? Si des hommes et des femmes à travers l'histoire prennent un tel chemin, c'est parce qu'ils osent croire que Dieu le leur demande. Car tout autre chose est de prendre des décisions qui reposent sur sa propre liberté, et tout autre chose est d'appuyer sa décision sur la liberté du Christ. C'est d'oser croire non pas que Dieu a décidé à votre place, mais que Dieu veut que vous preniez librement cette décision, ce qui est encore tout à fait différent. Car, à ce moment-là, il ne s'agit plus du choix d'une profession ni d'une détermination de soi-même à l'égard d'un autre être humain, mais d'une vocation. Le mot vocation signifie alors non pas quelque chose que l'homme possède, mais un appel de Dieu auquel l'homme répond : « Je suis là, j'accepte, Seigneur. » Vocation veut dire se fier à Dieu qui appelle.

La question, à ce moment-là, n'est plus : « Vais-je être capable de répondre ? » parce que, si c'est Dieu qui appelle, c'est à lui de savoir pourquoi il appelle et comment il appelle. Quand Dieu prend ce risque avec nous, nous devons accepter de prendre ce risque avec lui. Nous n'avons plus à poser des conditions, mais à faire un geste de remise de nous-mêmes entre les mains de Dieu.

La crainte que nous pouvons avoir alors, c'est celle de l'illusion, la crainte de penser que nous sommes appelés alors que personne ne nous parle, de croire que nous avons été appelés par notre nom alors qu'il n'y avait que le silence; la seule faille possible, c'est de parler à la place de Dieu et de se faire à soi-même son propre appel. Ce que j'appelais en commençant « les raisons humaines de votre décision », si elles sont accueillies dans l'Esprit Saint et inscrites dans un discernement ecclésial, peuvent permettre de trancher cette épreuve.

Si c'est Dieu qui parle, c'est lui qui prend les risques. L'obéissance de la foi dans la vocation prend alors la forme de la remise du Christ entre les mains du Père. C'est ce que nous avons chanté tout à l'heure avec le deuxième psaume : « Tu m'as façonné une oreille de disciple, tu m'as ouvert l'oreille. Alors, voici, je viens pour faire, ô Dieu, ta volonté. » La faiblesse absolue de l'homme se remet à la puissance de Dieu.

Cette option aussi clairement posée, c'est maintenant qu'il faut la poser, car elle ne se posera jamais en d'autres termes tout au long de votre vie. Votre fidélité au long de votre existence, même au jour où Dieu viendra vous prendre dans l'épreuve de la mort, ne se posera pas autrement. Vous avez le droit de douter de vous-mêmes. Mais si vous doutez de Dieu, il ne faut pas vous engager. Vous allez vous appuyer sur Dieu et sur lui seul ou bien vous appuyer sur votre faiblesse et voir qu'elle ne peut vous être d'aucun secours. Car si vous vous êtes donné à vous-mêmes les appuis de votre vocation, vous êtes bien malheureuses. Vous êtes comme les hommes qui s'appuient sur un piquet et qui se percent la main — quand on n'appuie pas très fort, cela peut tenir, mais dès qu'il y a un choc, c'est fini... Il est le seul enjeu possible de votre engagement et de votre vocation. S'il ne vous est pas possible de vous appuyer maintenant sur Dieu seul, cela ne vous sera pas davantage possible plus tard.

Poser la question en ces termes, c'est toucher du doigt l'extrême obscurité d'une pareille épreuve, c'est reconnaître à quel point, à chaque moment d'une existence, nous sommes appelés à une attitude qui s'appelle la foi. C'est reconnaître que cette attitude de remise de soi-même entre les mains de Dieu, c'est celle du Christ, et qu'en dehors d'une communion à sa propre existence il ne peut pas y avoir de vocation accomplie.

Et cela, après tout, c'est le sort de n'importe quel chrétien. Car ce que j'ai à l'instant évoqué comme l'enjeu de la vocation consacrée, c'est aussi celui de la vocation croyante.

Si la vocation croyante paraît à beaucoup moins risquée,

c'est parce qu'ils la sous-estiment ou s'arrangent pour ne pas trop y penser. Mais si le disciple du Christ met quelque peu en cohérence son existence avec ce à quoi il veut croire, la question est exactement la même pour lui. Le croyant qui veut participer au Christ se retrouve dans la même solitude et la même rigueur et le même défaut d'autre assurance que la Parole de Dieu. Car, quelle est la vocation du croyant si ce n'est d'accomplir en sa vie l'élection des Béatitudes ? Et comment pouvons-nous le faire si ce n'est en nous appuyant sur Dieu seul ?

Et c'est pourquoi nous est promise une paix paradoxale. Autant l'appel que nous avons tous reçu, chacun à notre place, si nous l'accueillons dans l'étroitesse de notre subjectivité ou de notre vie personnelle, peut souvent nous apparaître difficile à tenir, obscur, onéreux, autant, si nous le regardons comme une vocation ecclésiale, c'est-à-dire de l'Église tout entière, pour l'Église et pour le monde, doit-il nous apparaître comme une grâce et une joie sans mesure.

En effet, si nous sommes appelés, chrétiens, à être disciples du Christ, consacrés à être « comme lui », configurés à sa Passion dans la pauvreté comme il le voudra, dans l'obéissance ou la dépossession de soi comme il le voudra, dans la chasteté et la solitude comme il le voudra, c'est pour réaliser maintenant dans l'Église et par l'Esprit la figure du Christ pour le monde; c'est pour que nous portions visiblement la joie des Béatitudes. Cette vocation n'est pas un choix subjectif et personnel de quelqu'un qui a cette idée et qui est pris intérieurement d'un désir de se consacrer à Dieu ou de se livrer à telle ou telle expérience spirituelle, comme d'autres seraient portés par une passion esthétique ou par une ambition politique, ou par le désir du pouvoir, de l'argent. Ce n'est pas un goût qui habite le cœur de l'homme et que l'homme accomplit comme il lui plaît.

Si Bénédicte et Nicole, aujourd'hui, répondent « oui » à cet engagement qu'elles ont décidé de prendre, si cet engagement est inscrit dans l'engagement de l'Église, dans la vocation de l'Église, ce n'est pas parce que cela leur plaît ou les intéresse, parce que cela nous fait plaisir ou nous réjouit, mais parce que Dieu veut bien les choisir et nous choisir, tous autant que nous sommes, pour être dans ce monde ses élus chargés de porter l'espérance de Dieu et le visage de son Christ.

Si donc nous dépassons le caractère individuel et subjectif de leur vocation, ce n'est pas pour dédramatiser le problème de la fragilité humaine. Inscrivant leur engagement dans la vocation commune à tous les chrétiens, nous devons admettre que ce qu'elles sont appelées à vivre de façon singulière, exemplaire, est aussi un appel qui vaut absolument pour tous collectivement.

Ou alors le christianisme n'a pas de sens propre, le catholicisme n'est que la religion de certains peuples comme le bouddhisme est la religion d'autres peuples. Ce que nous croyons n'est pas cela. Nous croyons que Dieu s'est choisi de par le monde qui il veut pour porter dans le monde la figure de son Christ.

Voilà ce qu'est la foi chrétienne. Ceux qui sont ainsi appelés gratuitement doivent en recevoir une très grande joie, car, dans leur faiblesse, c'est la Béatitude qui continue, et elle s'exerce en eux pour le salut de tous, et ils n'ont pas d'autre espérance que de réaliser en eux la figure du Christ, non pas à cause de leur force mais par la puissance de Dieu. Et désormais, à travers le monde, nous avons à être le sacrement de Dieu.

Telle est la volonté de Dieu ; ce n'est pas que nous soyons contraints de faire ceci ou que nous réalisions cela, mais c'est que le monde soit sauvé par le don qu'il fait de lui-même en la figure du Christ. Nous sommes les frères du Christ et nos destinées individuelles prennent du coup un poids considérable, un poids qui est à la mesure de la totalité du monde. Nous ne pouvons pas porter le monde comme si nous étions coupables de son malheur, ce serait un poids écrasant. Nous ne sommes pas chargés de la misère du monde, ce serait une pensée présomptueuse. Mais nous sommes chargés de l'espérance donnée par celui qui est accablé de nos souffrances ; ce n'est pas la même chose. Nous recevons en nos mains, pour le partager, le pardon donné par celui qui porte le péché du monde ; nous recevons en nos mains l'espérance de la paix de celui qui réconcilie le monde par le sang de la croix. Nous portons la richesse de celui qui s'est fait pauvre pour nous enrichir de la richesse de Dieu.

Du coup, nos vocations particulières et singulières ne sont que des signes et des sacrements dans l'Église de cette vocation commune à laquelle nous sommes appelés. Vous ne vous enfoncez donc pas comme des solitaires dans un choix difficile, même si votre fidélité, vous aurez effectivement à la vivre seules, dans la solitude de Dieu. Mais cette solitude que vous partagez, c'est celle du Christ et celle de tous les élus. Vous aurez à partager le bonheur du Christ dans les larmes. Vous aurez à partager la miséricorde du Christ dans la miséricorde reçue. Vous aurez à partager le rassasiement du Christ dans la faim. Et vous aurez à partager la paix du Christ peut-être dans la persécution. Telle est la Parole du Seigneur. Mais cela, loin de nous effrayer, doit nous rassurer.

Nous devons nous recevoir les uns les autres dans l'Église avec nos vocations singulières et particulières comme autant de dons que Dieu nous fait, pour qu'ensemble nous soyons donnés au monde afin que par nous, s'il plaît à Dieu, se réalise la Promesse.

Tel est le sens de cette vocation particulière qui n'est qu'une des faces de l'unique appel auquel nous sommes tous consacrés. C'est pourquoi nous rendons grâce à Dieu qui a daigné vous appeler, et nous prions que vous serviez sa joie pour le salut de vos frères.

A propos de la lecture continue de saint Marc

La date tardive de Pâques nous a permis de consacrer huit dimanches consécutifs à l'Évangile selon saint Marc que nous avons lu intégralement jusqu'à la fin du chapitre 4.

Le chant met en évidence l'espérance, les questions et les affrontements que suscite l'apparition de Jésus. Chaque strophe correspond à la lecture d'un dimanche. L'assemblée chante comme refrain principal un oracle d'Isaïe et comme refrain secondaire le « titre » de l'Évangile de saint Marc.

Refrain : Ne vous rappelez pas les premiers commencements.
Ne vous répétez pas les souvenirs du passé.
Voici que je fais une création nouvelle :
Elle apparaît déjà, ne la voyez-vous pas ? (Is 43, 18-19.)

1. Jésus est sorti proclamer la Parole ;
le semeur est sorti semer la semence.
Et tous, stupéfaits, s'interrogent les uns les autres :
« Mais qu'est-ce que cela ?
Un enseignement nouveau d'une puissance divine ! »
« *Commencement de la Bonne Nouvelle de Jésus, Messie, Fils de Dieu :*
La plus petite semence du monde,
les branches les plus grandes pour les oiseaux du ciel. »
Et, bouleversé, tout le peuple rend gloire à Dieu :
« Jamais nous n'avons vu rien de pareil ! »

Ne vous rappelez pas les premiers commencements.
Ne vous répétez pas les souvenirs du passé.
Voici que je fais une création nouvelle :
Elle apparaît déjà, ne la voyez-vous pas ?

2. Jésus avec puissance guérit les malades,
il commande aux démons qui lui obéissent.
Et l'esprit mauvais pousse un grand cri :
« Mais de quoi te mêles-tu, Jésus de Nazareth !
Tu es venu pour nous perdre ! »
« *Commencement de la Bonne Nouvelle de Jésus, Messie, Fils de Dieu :*
Le vin nouveau va faire éclater les vieilles outres ! »
Et, bouleversé, tout le peuple rend gloire à Dieu :
« Jamais nous n'avons vu rien de pareil ! »

Ne vous rappelez pas les premiers commencements.
Ne vous répétez pas les souvenirs du passé.
Voici que je fais une création nouvelle :
Elle apparaît déjà, ne la voyez-vous pas ?

3. Jésus, voyant leur foi, dit au paralysé :
« Mon fils, tes péchés sont pardonnés. »
Or, quelques scribes raisonnent en leurs cœurs.
« Mais qu'est-ce qu'il dit : il blasphème !
Qui peut remettre les péchés, sinon Dieu seul ? »
« *Commencement de la Bonne Nouvelle de Jésus, Messie, Fils de Dieu :*
Le Fils de l'homme a la puissance de pardonner les péchés sur la terre. »
Et, bouleversé, tout le peuple rend gloire à Dieu :
« Jamais nous n'avons vu rien de pareil ! »

Ne vous rappelez pas les premiers commencements.
Ne vous répétez pas les souvenirs du passé.
Voici que je fais une création nouvelle :
Elle apparaît déjà, ne la voyez-vous pas ?

4. Jésus voit Lévi, lui dit : « Suis-moi »,
puis l'invite à sa table avec des pécheurs.
Or, des pharisiens interpellent ses disciples :
« Mais qu'est-ce que cela !
Il mange avec les pécheurs et les publicains ! »
« *Commencement de la Bonne Nouvelle de Jésus, Messie, Fils de Dieu :*
Je suis venu appeler non pas les justes, mais les pécheurs ! »
Et, bouleversé, tout le peuple rend gloire à Dieu :
« Jamais nous n'avons vu rien de pareil ! »

Ne vous rappelez pas les premiers commencements.
Ne vous répétez pas les souvenirs du passé.
Voici que je fais une création nouvelle :
Elle apparaît déjà, ne la voyez-vous pas ?

Jésus voit le ciel se déchirer

Baptême du Seigneur, année B (dimanche 11 janvier 1976.)

Première lecture : nous avons pris dans *Isaïe* la magnifique prière à laquelle fait allusion le récit du baptême dans l'Évangile de Marc : *Isaïe* 63, 15 à 64, 3.

Regarde du ciel et vois,
depuis ta demeure sainte et glorieuse.
Où sont ta jalousie et ta puissance ?
Le frémissement de tes entrailles
et ta piété pour moi se sont-ils contenus ?
Pourtant tu es notre père.
Si Abraham ne nous a pas reconnus,
si Israël ne se souvient plus de nous,
toi, Seigneur, tu es notre père,
notre rédempteur, tel est ton nom depuis toujours.
Pourquoi, Seigneur, nous laisser errer loin de tes voies
et endurcir nos cœurs en refusant ta crainte ?
Reviens, à cause de tes serviteurs
et des tribus de ton héritage.
Pour bien peu de temps ton peuple saint a joui de son héritage ;
nos ennemis ont piétiné ton sanctuaire.
Nous sommes, depuis longtemps, des gens sur qui tu ne règnes plus
et qui ne portent plus ton nom.

Ah ! si tu déchirais les cieux et descendais
— devant ta face les montagnes seraient ébranlées ;
comme le feu enflamme des brindilles,
comme le feu fait bouillir l'eau —
pour faire connaître ton nom à tes adversaires,
devant ta face les nations trembleraient
quand tu ferais des prodiges inattendus.
(Tu es descendu : devant ta face les montagnes ont été ébranlées.)

Jamais on n'avait ouï dire,
on n'avait pas entendu, et l'œil n'avait pas vu
un Dieu, toi excepté, agir ainsi
en faveur de qui a confiance en lui.

Évangile selon saint Marc 1, 1-13.

Commencement de l'Évangile de Jésus-Christ, Fils de Dieu. Selon qu'il est écrit dans Isaïe le prophète :

« Voici que j'envoie mon messager en avant de toi
pour préparer ta route.
Voix de celui qui crie dans le désert :
Préparez le chemin du Seigneur,
rendez droits ses sentiers. »

Jean le Baptiste fut dans le désert, proclamant un baptême de repentir pour la rémission des péchés. Et s'en allaient vers lui tout le pays de Judée et tous les habitants de Jérusalem, et ils se faisaient baptiser par lui dans les eaux du Jourdain, en confessant leurs péchés.

Jean était vêtu d'une peau de chameau et mangeait des sauterelles et du miel sauvage. Et il proclamait : « Vient derrière moi celui qui est plus fort que moi, dont je ne suis pas digne, en me courbant, de délier la courroie de ses sandales. Moi, je vous ai baptisés avec de l'eau, mais lui vous baptisera avec l'Esprit Saint. »

Et il advint qu'en ces jours-là Jésus vint de Nazareth de Galilée, et il fut baptisé dans le Jourdain par Jean. Et aussitôt, remontant de l'eau, il vit les cieux se déchirer et l'Esprit comme une colombe descendre vers lui, et une voix vint des cieux : « Tu es mon Fils bien-aimé, tu as toute ma faveur. »

Et aussitôt, l'Esprit le pousse au désert. Et il était dans le désert durant quarante jours, tenté par Satan. Et il était avec les bêtes sauvages et les anges le servaient.

Dieu veut se manifester à nous. Pourquoi alors la Parole de Dieu est-elle si obscure ? Pourquoi semble-t-il faire des mystères avec nous, ne pas dire franchement les choses ? Ou bien, au contraire, cette incapacité où nous sommes à entrer dans ce qui est dit ne fait-elle que mesurer le chemin que nous avons à parcourir ? Ce n'est pas l'obscurité des textes qu'il faudrait accuser, mais notre éloignement.

En voulant se manifester, Dieu ne peut que se livrer à nous. Il le fait complètement dans le Christ. Si nous le méconnaissons, c'est parce que nous n'acceptons pas d'ouvrir les yeux ou encore que nous n'avons pas permis à Dieu de plonger dans la profondeur de notre propre péché et de nous convertir.

Il faut donc accepter de ne pas comprendre pour suivre Dieu sur des chemins qui nous sont encore inconnus. Quand Isaïe dit : « Pourquoi nous fais-tu errer Seigneur, loin de tes chemins, et endurcis-tu nos cœurs qui sont loin de te craindre ? Reviens, pour la cause de tes serviteurs, pour la cause des tribus que tu as choisies pour toi », il mesure que la manifestation de Dieu et la possibilité pour l'homme de l'accueillir ne peuvent être qu'une grâce redoublée et inimaginable. La seule manière d'accueillir la manifestation de Dieu, c'est que l'homme à son tour se livre sans défense, absolument, au mystère de générosité suprême et sans limites qu'est Dieu lui-même.

C'est donc un chemin que nous propose cet Évangile. Quand il nous dit le « commencement de la Bonne Nouvelle de Jésus-Christ », il nous introduit dans un secret où nous ne pourrons avancer que si nous acceptons de nous rendre attentifs et disponibles à ce qu'il veut nous dire.

Nous sommes, aujourd'hui, introduits dans un secret, celui des cieux déchirés et de l'Esprit qui descend; secret qui appartient au Christ, et au Christ seul, d'après cet évangéliste. En effet, si l'action de Jean qui baptise Jésus est publique, devant tout le peuple de Judée et de Jérusalem, par contre, l'accomplissement de la Promesse — les cieux déchirés et l'Esprit qui descend — n'est connu que de Jésus seul.

Et si, aujourd'hui, cela nous est dit à nous qui sommes assemblés ici, ce n'est pas pour assurer sa publicité à cet événement; pour en faire un événement à la portée et à la merci des bateleurs d'estrade, pour en faire une vérité facilement universelle, une vérité de lieux communs, une évidence : « Tout le monde le dit... Donc c'est vrai. » Bien au contraire, cela nous est confié comme un secret que nous sommes invités à partager. Nous ne le pouvons que si nous acceptons de devenir disciples de Jésus. Puisque, aussi bien, cet événement secret du baptême de Jésus par Jean le Baptiste, c'est aussi le même événement qui nous constitue comme chrétiens. Puisque, nous aussi, nous avons été baptisés et que notre propre baptême consiste à partager le secret du baptême du Christ, à entrer dans ce mystère de la Révélation de Dieu en devenant semblables à Jésus notre frère. Nous pouvons alors communiquer le secret de Dieu aux autres frères du Christ auxquels le Père nous envoie en nous donnant part à l'Esprit Saint. Le mystère du Christ nous est révélé, comme un mystère de réciprocité dans le don et dans la vocation.

Quelle est donc cette manifestation de Dieu? Dans cette prière qui se trouve à la fin d'Isaïe, le prophète abandonne toute revendication auprès de Dieu, même celle qui formait comme la substance de la Promesse. Il dit : « Abraham ne nous connaît pas. Israël ne nous reconnaît plus. Nous ne voulons pour seul Père que toi, ô Dieu. » Et la substance même de la Promesse, la terre et l'habitation de Dieu dans cette terre, cela même est remis entre les mains de Dieu. La seule demande, le seul objet de la fidélité qui a coûté tant de temps et tant de peine et tant d'amour, c'est dans ce monde où le peuple vit seulement de la Promesse, que se manifeste la présence même de Dieu — dans ce monde qui paraît vide et où Dieu paraît muet — puisque sa Parole repose seulement dans le secret de la foi de qui la reçoit. Si, en ce monde, Dieu pouvait déchirer les cieux et descendre... Le seul bien que demande la foi, c'est de recevoir Dieu lui-même et son amour et de reconnaître qu'il est, lui, notre Père et nul autre.

L'audace de cette prière fait qu'elle abandonne tout ce que Dieu peut promettre pour ne demander que Dieu seul. C'est d'accepter de ne plus rien avoir si ce n'est d'oser demander que Dieu lui-même vienne se livrer à ceux qui ne peuvent pas douter de son amour.

Le commencement de la Bonne Nouvelle de Jésus-Christ, Fils de Dieu, comme l'a dit le prophète Isaïe : « Une voix crie dans le désert : "Préparez le chemin du Seigneur" », c'est que Dieu lui-même vient se manifester et se livrer, qu'il veut exaucer cette prière. Jean, tel le prophète Élie, se présente vêtu du vêtement du prophète, il refait les gestes du prophète. Il invite tout le peuple non pas seulement à confesser ce qu'ils croient et savent être leur propre péché, mais à se reconnaître, tous, comme sans droit, comme sans alliance, n'ayant plus Abraham ni Israël pour père, comme des païens devant Dieu, et à se faire baptiser pour que Dieu lui-même soit leur Père. C'est un cri sans limites : que Dieu déchire les cieux et descende vers eux ! Leur seul espoir, c'est sa fidélité à leur propre égard, eux qui reconnaissent avoir rompu l'alliance et n'avoir plus aucun droit à exiger quoi que ce soit de lui.

Car le don que Dieu fait de lui-même à l'homme va le chercher en une profondeur que l'homme lui-même ne peut pas mesurer. Si Dieu vient parmi nous et au fond de nous-mêmes, il ira chercher beaucoup plus que la surface banale et satisfaite, égoïste et sotte dans laquelle nous vivons : il ira plonger et mesurer une profondeur de refus et de méconnaissance de Dieu dont nous n'avons même pas conscience. Il révélera une profondeur de péché qui sera à la mesure de la profondeur de son amour.

Et c'est pourquoi nous ne pouvons que nous reconnaître pécheurs quand nous implorons Dieu de se manifester. Même quand nous sommes incapables de dire ce qu'est notre péché et de le mesurer. Même si le sentiment de notre péché, c'est d'abord l'impuissance à le dire et à le reconnaître. Même si le sentiment de notre péché, c'est purement et simplement la confusion de ne plus rien y comprendre et d'être sans voix devant un vide et une obscurité.

Ce désarroi de l'homme que seule peut combler la puissance de Dieu, cet aveu d'impuissance, cette remise totale de soi-même entre les mains de Dieu pour qu'enfin les cieux se déchirent et que Dieu se livre, tel est le sens de ce baptême où le peuple se reconnaît sans alliance pour recevoir de Dieu une alliance nouvelle.

Or, voici que Jésus vient et est baptisé par Jean. Il se fait baptiser par Jean.

Celui qui vient d'En Haut pénètre au plus profond de l'abîme.

Celui qui est l'amour vient prendre la place de l'aimé.

Celui qui est le pardon vient prendre la place du pécheur.

Celui qui se livre et se donne vient prendre la place de celui qui n'est pas capable de se donner.

Celui qui est la lumière vient prendre la place de l'aveugle.

Celui qui est la Parole, sans dire un mot, vient prendre la place des muets que nous sommes pour que du ciel se fasse entendre la Voix.

Et sur lui l'Esprit est répandu. Sur lui le pardon des péchés est accompli, car le pardon des péchés, c'est l'effusion de l'Esprit.

Et à nous, la grâce est faite de connaître cette délivrance et cette joie et, dans le mystère du Christ, de recevoir le même baptême et le même pardon.

Tous s'interrogeaient : « Qu'est-ce que cela veut dire ? »

Troisième dimanche pendant l'année B (25 janvier 1976.)

Isaïe 42, 1-9.

Évangile selon saint Marc 1, 21-39.

Jésus et ses premiers disciples pénètrent à Capharnaüm. Et aussitôt, le jour du sabbat, étant entré dans la synagogue, il enseignait. Et ils étaient frappés de son enseignement, car il les enseignait comme ayant autorité, et non pas comme les scribes.

Et aussitôt il y avait dans leur synagogue un homme possédé d'un esprit impur, qui cria en disant : « Que nous veux-tu, Jésus le Nazarénien ? Es-tu venu pour nous perdre ? Je sais qui tu es : le Saint de Dieu. » Et Jésus le menaça en disant : « Tais-toi et sors de lui. » Et le secouant violemment, l'esprit impur cria d'une voix forte et sortit de lui. Et ils furent tous effrayés, de sorte qu'ils se demandaient entre eux : « Qu'est cela ? Un enseignement nouveau, donné d'autorité ! Même aux esprits impurs, il commande et ils lui obéissent ! » Et sa renommée se répandit aussitôt partout, dans toute la région de Galilée.

Et aussitôt, sortant de la synagogue, il vint dans la maison de Simon et d'André, avec Jacques et Jean. Or la belle-mère de Simon était au lit avec la fièvre, et aussitôt ils lui parlent à son sujet.

S'approchant, il la fit se lever en la prenant par la main. Et la fièvre la quitta, et elle les servait.

Le soir venu, quand fut couché le soleil, on lui apportait tous les malades et les démoniaques, et la ville entière était rassemblée devant la porte.

Et il guérit beaucoup de malades atteints de divers maux, et il chassa beaucoup de démons. Et il ne laissait pas parler les démons, parce qu'ils savaient qui il était.

Le matin, bien avant le jour, il se leva, sortit et s'en alla dans un lieu désert, et là il priait.

Simon et ses compagnons le poursuivirent et, l'ayant trouvé, ils lui disent : « Tout le monde te cherche. » Il leur dit : « Allons ailleurs, dans les bourgs voisins, afin que j'y prêche aussi, car c'est pour cela que je suis sorti. » Et il s'en alla à travers toute la Galilée, prêchant dans leurs synagogues et chassant les démons.

Comment se fait-il que ceux qui écoutent cette Parole s'en trouvent déconcertés et décontenancés ? C'est que se manifeste dans la parole de Jésus quelque chose qui dépasse l'homme et que l'homme ne peut pas nommer : c'est une puissance divine. Ce serait trop peu de chose que de l'identifier avec ce que nous appelons l'autorité ou une certaine manière souveraine de parler. Cela ne relève pas de l'éloquence, pas plus que de la conviction de l'esprit. C'est précisément ce que l'homme ne peut pas nommer et ne peut pas apprécier.

Pourquoi Jésus semble-t-il se dissimuler et ne pas accepter que ce qu'il est soit manifesté avec une clarté qui nous soit accessible ? Comment se fait-il que ce qu'il est, quand l'esprit impur qui habite l'homme veut le nommer et le dévoiler, Jésus lui interdise de le dire ? C'est qu'en vérité il ne s'agit pas d'un savoir quelconque sur Jésus. Car reconnaître le Christ c'est, de la part de ceux à qui cette parole est adressée, faire un geste de conversion. Savoir qui est Jésus ne peut être le fait que de celui qui le reconnaît et, le reconnaissant, se trouve changé. La Bonne Nouvelle de Jésus, c'est une nouvelle de délivrance ; personne ne peut l'accueillir s'il n'accepte d'être délivré.

Par conséquent, Jésus va refuser de laisser ce que l'on dit de lui se répandre inconsidérément. Ne peut le reconnaître et le nommer que celui qui accepte d'être nommé par lui. Plus nous le connaîtrons, plus qui il est nous apparaîtra comme un secret incompréhensible. Parce que, en le reconnaissant, nous avançons à sa suite dans un chemin inconnu et déconcertant. Il nous entraîne là où nous ne serions pas allés de nous-mêmes pour nous découvrir ce que les yeux de l'homme n'ont jamais vu, ce que ses oreilles n'ont jamais entendu.

Ainsi, l'évangéliste, quand il nous présente ce commencement de la Bonne Nouvelle de Jésus, dresse devant nous, non pas un souvenir du passé, qui serait la figure de Jésus dont il faudrait que nous nous rappelions les moindres détails, pour nous échapper par l'imagination, comme en un rêve, il y a deux mille ans. Il dresse, dans le récit de ces événements, le présent de notre rapport au Christ. Et cette première journée de Capharnaüm qu'il raconte forme, à travers ces menus événements, comme un tout complet qui est la figure de notre propre jour, du propre jour de notre vie.

L'Évangile en son entier est un récit des événements de la vie de Jésus qui font surgir les événements de notre vie, à condition de l'entendre et de le recevoir. Sinon, c'est un livre fermé qui n'a aucun intérêt. Si c'est un livre ouvert, cet événement doit permettre d'entendre l'événement nouveau que nous sommes appelés à vivre jour après jour. Car si un jour n'est pas nouveau pour vous, c'est que vous êtes morts. Et non seulement morts de la mort du corps, mais morts de la mort de l'âme. C'est que vous êtes une âme morte.

Or, quand surgit Jésus dans leur synagogue, dans leur rassemblement, l'esprit impur qui habite l'homme se sent comme agressé et proteste. Quelle est cette intrusion du Saint de Dieu ? Est-il venu pour nous perdre ? Quand surgit la puissance créatrice de Dieu, l'esprit de l'homme qui n'est pas habité par la plénitude de Dieu se dérobe et a peur et craint d'être perdu. Mais cette puissance que nous ne connaissons pas s'empare de cet esprit, le fait taire, le muselle et le fait sortir.

Mais il y a l'autre réaction. Jésus, avec ceux qui l'accompagnent et qu'il choisit, vient dans la maison où on l'invite et dont il fait sa maison. Aux cris d'agression, succède la parole des quatre qui lui parlent de la femme malade. Alors, elle est délivrée de la fièvre qui l'habite et qui l'immobilise. Jésus l'éveille, la fait surgir en la prenant par la main. Et voici qu'elle les sert, comme le serviteur sert son seigneur, comme le serviteur de Dieu sert son Seigneur, comme l'Église servante est appelée à servir son Seigneur.

Jésus vient et traverse, en ce sabbat, la demeure des hommes, celle où ils se rassemblent et celle où il choisit d'aller. Au coucher du soleil, quand s'achève cette journée, ce jour de sa vie et ce jour de notre vie, voici qu'affluent vers lui la pitié, la supplication, que viennent de lui la tendresse et le pardon. Alors, Jésus s'enfonce dans sa nuit, dans notre nuit. Au matin, avant le jour, il surgit et s'en va ailleurs, vers son Père pour prier. Un ailleurs qui nous échappe, l'ailleurs de sa résurrection, l'ailleurs de notre avenir. Et l'Église qu'il a rassemblée part à sa recherche : « Où vas-tu, Seigneur ? Tout le monde te cherche. » Et au lieu qu'il soit ramené à nous, c'est nous qu'il entraîne à sa suite pour que surgisse sans cesse le commencement de la Bonne Nouvelle de Jésus, Messie, Fils de Dieu.

La puissance de pardonner les péchés sur la terre

Quatrième dimanche pendant l'année B (1er février 1976.)

Ézéchiel 37, 1-14.

Psaume 29.

Évangile selon saint Marc 2, 1-12.

> Comme Jésus était entré de nouveau à Capharnaüm, après quelque temps on apprit qu'il était à la maison. Et beaucoup se rassemblèrent, en sorte qu'il n'y avait plus de place, même devant la porte, et il leur annonçait la Parole. On vient lui apporter un paralytique, soulevé par quatre hommes. Et comme ils ne pouvaient pas le lui présenter à cause de la foule, ils découvrirent la terrasse au-dessus de l'endroit où il se trouvait et, ayant creusé un trou, ils font descendre le grabat où gisait le paralytique. Jésus, voyant leur foi, dit au paralytique : « Mon enfant, tes péchés sont remis. » Or, il y avait là, dans l'assistance, quelques scribes qui pensaient dans leurs cœurs :
>
> « Comment celui-là parle-t-il ainsi ? Il blasphème ! Qui peut remettre les péchés, sinon Dieu seul ? »
>
> Et aussitôt, percevant par son esprit qu'ils pensaient ainsi en eux-mêmes, Jésus leur dit : « Pourquoi de telles pensées dans vos cœurs ? Quel est le plus facile, de dire au paralytique : Tes péchés sont remis, ou de dire : Lève-toi, prends ton grabat et marche ? Eh bien ! pour que vous sachiez que le Fils de l'homme a le pouvoir de remettre les péchés sur la terre, je te l'ordonne, dit-il au paralytique, lève-toi, prends ton grabat et va-t'en chez toi. » Il se leva et aussitôt, prenant son grabat, il sortit devant tout le monde, de sorte que tous étaient stupéfaits et glorifiaient Dieu en disant : « Jamais nous n'avons rien vu de pareil. »

Pour la première fois le mot « péché » est prononcé dans cet Évangile.

Jusqu'à présent, il nous était possible de rester en dehors de l'Évangile sous prétexte que nous n'y comprenions rien. Chacun pouvait se dire, par exemple : « L'esprit impur qui possède l'homme, c'est bien étrange. Je n'ai jamais vu cela. » Mais, aujourd'hui, nous avons l'illusion de comprendre. Car le péché, « nous connaissons ». Et nous sommes prêts à ressasser notre propre mémoire étroite, à nous emprisonner un peu plus dans notre propre sécheresse de cœur, dans ce que nous croyons être notre péché.

Oui, c'est bien la première parole de Jésus que nous entendons sur le péché. Mais ce n'est pas n'importe quelle parole dite n'importe comment. Et il nous faut faire un grand effort pour l'entendre. En effet, il ne s'agit pas du péché selon la conscience que nous pouvons en avoir. Il ne nous est pas demandé de mesurer notre faute pour en obtenir un pardon à notre mesure.

Le paralysé n'a pas dit un mot. Il ne s'est pas jugé lui-même. Ou, plutôt, nous n'en savons rien. L'intimité subjective de la conscience de cet homme nous échappe complètement, autant que la conscience intime et les pensées secrètes des quatre qui portent l'homme et qui vont s'installer jusqu'au cœur de la maison, là où est Jésus.

En quels termes Jésus parle-t-il du péché ? Il en parle en termes de vie, en termes de résurrection, en termes de force nouvelle donnée à un homme. La mesure du péché, c'est la puissance de vie que donne Jésus, et non la conscience malheureuse de l'homme. La mesure du pardon, c'est ce geste du Christ qui fait qu'un homme nouveau surgit, se lève et prend son brancard. C'est une création, non selon l'idée que l'homme peut en avoir d'abord, mais le surgissement gratuit d'une espérance au moment où l'homme n'avait plus d'espérance.

C'est ce que décrit Ézéchiel : ces ossements desséchés dans une vallée de mort, ce désespoir radical et désertique d'un peuple tué et achevé, dépossédé de tout avenir. Et s'il y a un souvenir de la Promesse de Dieu, elle ne peut se changer qu'en blasphème ou en espérance tellement obscure qu'elle équivaut à une passion et un reniement. Car qui osera tenir l'espérance de la vie dans la vallée des morts, là où il n'y a plus de chair, plus de nerfs, plus de peau, plus de souffle, plus d'hommes ?

Et pourtant, la Parole en laquelle il faut espérer, c'est une puissance de Dieu, la puissance de l'Esprit qui fait surgir une immense, immense armée pour la faire entrer dans la terre des vivants. Mais il est clair qu'une telle Promesse et une telle espérance, c'est le surgissement créateur de la puissance de Dieu. Quand l'homme mesure son péché, il ne fait que prendre la mesure de sa mort et de son cercueil. Quand la grâce de Dieu mesure le pardon, il arrache l'homme à la mort et lui fait don de sa propre vie.

La première parole de Jésus sur le péché, c'est : « Mon fils, mon enfant, tes péchés sont pardonnés. » Ce qui signifie : « Dieu le Père te pardonne ton péché. » C'est la puissance divine du Père dont dispose le Fils de l'homme sur cette terre. Car Dieu seul, le Créateur, peut créer un tel surgissement.

Et alors, le vrai péché nous est découvert. Non pas le ressassement stérile de notre conscience malheureuse et coupable. Non pas la nausée de nos faux remords. Non pas la lassitude épuisante de nos reprises et de nos médiocrités. Mais voilà que Dieu fait surgir une vie nouvelle par la puissance de son Christ. Nous mesurons alors que notre vie, avant, n'en était pas une, c'était une vie morte. En le suivant, maintenant, nous mesurons quelle valeur peut avoir notre vie offerte pour lui qui nous fait vivre.

Le vrai pardon est création, surgissement, résurrection. L'homme ne peut pas pardonner, car l'homme ne peut pas ressusciter les morts. Dieu seul a le pouvoir de pardonner les péchés. Et quand il pardonne, c'est une résurrection des morts. Une espérance nous est rendue. Une histoire nous est donnée. Une vie nous est proposée. Espérance, histoire et vie que nous lisons dans le visage de ce Fils de l'homme qui, sur terre, dispose de la puissance divine et paternelle de pardonner les péchés.

Croire en cette nouvelle création, c'est vouloir vivre ; c'est accepter de recevoir la vie de qui la donne, le Père des cieux. Croire, c'est accepter d'entendre la Parole qui dit : « Tes péchés sont pardonnés » ou « Lève-toi, prends ton grabat et marche. » C'est accepter de fier sa vie morte en celui qui fait de notre mort une vie. Et c'est aussi accepter que cette vie soit portée par la communion de l'Église, d'un peuple, comme les quatre portent le paralysé. C'est accepter que cette merveille faite par Dieu soit donnée gratuitement pour que le peuple entier s'émerveille et reconnaisse : jamais nous n'avons vu rien de pareil.

Mais c'est peut-être aussi profiler le destin de Celui qui prendra sur lui notre grabat, sa croix, qui se lèvera et qui marchera pour qu'avec lui nous entrions dans la vie.

« Vous ne saisissez pas cette parabole ? »

Huitième dimanche pendant l'année B (29 février 1976.)

Isaïe 55, 10-13.

Évangile selon saint Marc 4, 1-34.

Jésus se mit de nouveau à enseigner au bord de la mer et une foule très nombreuse s'assemble auprès de lui, si bien qu'il monte dans une barque et s'y assied, en mer; et toute la foule était à terre, près de la mer. Il leur enseignait beaucoup de choses en paraboles et il leur disait dans son enseignement : « Écoutez ! Voici que le semeur est sorti pour semer. Et il advint, comme il semait, qu'une partie du grain est tombée au bord du chemin, et les oiseaux sont venus et ont tout mangé. Une autre est tombée sur le terrain rocheux où elle n'avait pas beaucoup de terre, et aussitôt elle a levé, parce qu'elle n'avait pas de profondeur de terre; et lorsque le soleil s'est levé, elle a été brûlée et, faute de racine, s'est desséchée. Une autre est tombée dans les épines, et les épines ont monté et l'ont étouffée, et elle n'a pas donné de fruit.

D'autres sont tombés dans la bonne terre, et ils ont donné du fruit en montant et en se développant, et ils ont produit l'un trente, l'autre soixante, l'autre cent. » Et il disait : « Entende, qui a des oreilles pour entendre ! »

Quand il fut à l'écart, ceux de son entourage avec les Douze l'interrogeaient sur les paraboles.

Et il leur disait : « A vous le mystère du Royaume de Dieu a été donné; mais à ceux-là qui sont dehors tout arrive en paraboles, afin qu'ils aient beau regarder et ils ne voient pas, qu'ils aient beau entendre et ils ne comprennent pas, de peur qu'ils ne se convertissent et qu'il ne leur soit pardonné. »

Et il leur dit : « Vous ne saisissez pas cette parabole ? Et comment comprendrez-vous toutes les paraboles ? Le semeur, c'est la Parole qu'il sème. Ceux qui sont au bord du chemin où la Parole est semée, sont ceux qui ne l'ont pas plus tôt entendue que Satan arrive et enlève la Parole semée en eux. Et de même ceux qui sont semés sur les endroits rocheux, sont ceux qui, quand ils ont entendu la Parole, l'accueillent aussitôt avec joie, mais ils n'ont pas de racine en eux-mêmes et sont les hommes d'un moment : survienne ensuite une tribulation ou une persécution à cause de la Parole, aussitôt ils succombent. Et il y en a d'autres qui sont semés dans les épines : ce sont ceux qui ont entendu la Parole, mais les soucis du monde, la séduction de la richesse et les autres convoitises les pénètrent et étouffent la Parole, qui demeure sans fruit. Et il y a ceux qui ont été semés dans la bonne terre : ceux-là écoutent la Parole, l'accueillent et portent du fruit, l'un trente, l'autre soixante, l'autre cent. »

Et il leur disait : « Est-ce que la lampe vient pour qu'on la mette sous le boisseau ou sous le lit ? N'est-ce pas pour qu'on la mette sur le lampadaire ?

Car il n'y a rien de caché qui ne doive être manifesté et rien n'est demeuré secret que pour venir au grand jour. Si quelqu'un a des oreilles pour entendre, qu'il entende ! »

Et il leur disait : « Prenez garde à ce que vous entendez ! De la mesure dont vous mesurez, on mesurera pour vous, et on vous donnera encore plus. Car celui qui a, on lui donnera, et celui qui n'a pas, même ce qu'il a lui sera enlevé. »

Et il disait : « Il en est du Royaume de Dieu comme d'un homme qui aurait jeté du grain en terre : qu'il dorme et qu'il se lève, nuit et jour, la semence germe et pousse, il ne sait comment.

D'elle-même, la terre produit d'abord l'herbe, puis l'épi, puis plein de blé dans l'épi. Et quand le fruit s'y prête, aussitôt il y met la faucille, parce que la moisson est à point. »

Et il disait : « Comment allons-nous comparer le Royaume de Dieu ? ou par quelle parabole allons-nous le figurer ? C'est comme un grain de sénevé qui, lorsqu'on le sème sur la terre, est la plus petite de toutes les graines qui sont sur la terre ; mais une fois semé, il monte et devient la plus grande de toutes les plantes potagères, et il pousse de grandes branches, au point que les oiseaux du ciel peuvent s'abriter sous son ombre. »

C'est par un grand nombre de paraboles de ce genre qu'il leur annonçait la Parole selon qu'ils pouvaient l'entendre ; et il ne leur parlait pas sans parabole, mais, en particulier, il expliquait tout à ses disciples.

Mais de qui Jésus parle-t-il ? Il parle du mystère du Royaume de Dieu, direz-vous. Et le mystère du Royaume de Dieu ? Le mystère du Royaume de Dieu, c'est ce qui nous est livré, à savoir Jésus lui-même. Toutes ses paroles le désignent lui-même très clairement comme ce mystère.

Vous vous souvenez de la première lecture : nous avons entendu Isaïe désigner la Parole de Dieu comme une semence qui tombe en terre et qui vient faire germer la terre. Et ce mystère du Christ comme semence, l'interprétation en est clairement donnée par l'évangéliste Jean quand Jésus, parlant de lui-même, dit : « Si le grain tombé en terre ne meurt pas, il ne germe pas et ne produit pas de fruit. Si, tombé en terre, il meurt, il porte beaucoup de fruit. »

La semence, c'est donc la Parole de Dieu. C'est la vie de Jésus qui doit être jetée en terre par sa propre Passion. Le mystère du Christ est clairement désigné. Si vous vouliez lire attentivement ce discours de Jésus, vous verriez qu'aucune des phrases n'est dite au hasard. Nous ne sommes pas là devant le talent du conteur ou de la maîtresse d'école qui sait s'emparer du moindre détail pour rendre vivante une leçon. Nous avons affaire à un langage très précis qui désigne une réalité à laquelle tous ceux qui écoutent Jésus sont préparés ou attentifs : la réalité même du royaume réalisé par le « commencement de la Bonne Nouvelle de Jésus, Messie, Fils de Dieu. »

De même, vous avez sûrement fait le rapprochement du secret qui doit être mis au grand jour, avec l'oracle d'Isaïe que nous avons chanté pendant toutes ces semaines : « Voici que je fais une création nouvelle. Elle apparaît déjà, elle germe déjà. Ne la voyez-vous pas ? » Chacune des comparaisons employées se réfère à la même réalité.

Donc, il est question de Jésus et de son mystère, de son propre destin. Mais, alors, pourquoi ne pas le dire clairement ? Pourquoi Jésus fait-il une différence entre ceux à qui il parle en paraboles et ceux à qui il les explique ? Pourquoi certains privilégiés auraient-ils droit à toutes les explications alors que d'autres restent dehors ?

Sur-le-champ, nous pouvons en faire l'épreuve, à condition de répondre auparavant à la question suivante : nous, quelle est notre place par rapport à cette parole du Christ ?

Par notre situation de chrétiens, notre place est avec Jésus à l'intérieur. Nous sommes donc ceux à qui l'explication est donnée. Et n'accusez pas la manière dont votre catéchisme a été fait et le peu de moyens dont vous disposez. Réellement, parce que chrétiens, parce que participant au corps de l'Église, vous êtes à l'intérieur, là où la Parole est dévoilée. Sinon, vous n'êtes pas chrétiens du tout. Et vous n'y êtes pour rien que la Parole vous soit dévoilée. C'est parce que vous appartenez à une situation historique où le mystère du royaume a été dévoilé. Vous pourriez dire : « Nous ne savions pas », si vous étiez dans la situation des païens qui n'ont jamais entendu la parole du Christ et qui ne font pas partie historiquement, concrètement, du corps visible de l'Église. Et la preuve que le mystère nous est dévoilé, c'est cette hymne au Christ que nous avons chantée tout à l'heure et que Paul transcrit dans sa lettre aux Colossiens. Elle exprime, non pas en paraboles comme l'Évangile, mais en termes apparemment plus explicites, plus directs, ces mêmes mystères du Royaume de Dieu cachés depuis le commencement.

Alors, essayons maintenant d'en faire l'épreuve : relisez les strophes de saint Paul tout de suite. Puis demandez-vous ce que vous avez compris.

Il ne s'agit pas, frères, d'un exercice scolaire, vous vous en rendez bien compte, mais de nous faire mesurer ce que signifie ce discours en paraboles du Christ.

(Silence pendant lequel toute l'assemblée lit Colossiens 1, 11-20.)

Avec joie, Père, nous te rendons grâce !
Tu nous as délivrés du pouvoir des ténèbres.
Tu nous as fait entrer dans le royaume du Fils de ton amour.

1. Il est l'image du Dieu invisible, Premier-né de toute créature.
Car en lui tout est créé dans les cieux et sur la terre,
les êtres visibles comme les invisibles,
puissances et souverainetés,
autorités et pouvoirs.

2. Tout est créé par lui et pour lui,
et il est, lui, par-devant tout.
Tout est maintenu en lui,
et il est, lui, la tête du corps, son Église.

3. Il est le commencement, Premier-né d'entre les morts,
afin de tenir en tout, lui, le premier rang.
Car il a plu à Dieu de faire habiter en lui toute la plénitude,
et de tout réconcilier par lui et pour lui,
et sur la terre et dans les cieux,
faisant la paix par le sang de sa croix.

Avec joie, Père, nous te rendons grâce !
Tu nous as délivrés du pouvoir des ténèbres.
Tu nous as fait entrer dans le royaume du Fils de ton amour.

Je ne sais si cela a été aussi votre impression : mis devant ce langage de Paul, bien différent de celui des paraboles et qui désigne explicitement l'œuvre de Dieu, nous sommes devant une obscurité encore plus incompréhensible. Pourquoi ?

Non parce que les mots sont difficiles, mais parce que le

mystère du royaume, c'est une réalité qui nous juge en même temps que nous l'entendons. Pour comprendre, il faut se convertir. Pour l'entendre, il faut se faire auditeur et vouloir écouter. Pour être pardonné, il faut entrer dans la miséricorde. C'est une parole qui est énigmatique parce que nous sommes obscurs. Elle révèle notre obscurité et nous la jugeons obscure parce que nous sommes dans les ténèbres. Elle nous fait mesurer que nous sommes loin de Dieu, et quand Dieu s'approche, nous lui reprochons d'être inaccessible. Elle nous fait mesurer notre péché et nous accusons Dieu de ne pas nous pardonner ou nous nous justifions auprès de lui.

La parabole est une parole miséricordieuse qui nous place devant Dieu non pas comme devant une devinette, ce qui serait ridicule, absurde, intolérable, mais comme devant Celui dont la parole puissante fait surgir l'énigme de notre propre existence contemplée dans le mystère de sa présence et de son amour.

C'est une parole que l'on ne peut entendre que si on l'écoute ; de même que le mystère de Dieu, c'est quelque chose qu'on ne peut voir dans le Christ que si l'on accepte de le regarder.

Pour l'écouter et le regarder, il faut accepter d'être converti par lui. Et accepter d'être converti par lui, c'est mesurer que la révélation de ces mystères du royaume est un don, une grâce.

Il explique les mystères du royaume : « A vous, le mystère du Royaume de Dieu a été donné. » De la même façon, dans sa grande exultation, son grand éclat de joie, Jésus dira, une fois qu'il aura envoyé les disciples en mission : « Je te bénis, Père, Maître du ciel et de la terre, d'avoir révélé cela aux humbles et aux petits et de l'avoir caché aux savants. Oui, Père, car tel est ton bon plaisir. »

Les paraboles sont le langage de Dieu qui se livre. Les paraboles opèrent ce qu'elles disent. Car, que disent ces paraboles ? Elles disent le mystère du Christ et elles disent le mystère de notre accueil du Christ : elles nous décrivent accueillant le Christ. Nous ne pouvons donc pas les comprendre si ce n'est en l'accueillant.

Et enfin — c'est le dernier point sur lequel je voudrais attirer votre attention — cet accueil, qui est jugement, accomplit la parole du prophète Isaïe, celle sur l'endurcissement : « A vous le mystère du Royaume de Dieu a été donné; mais à ceux-là qui sont dehors, tout arrive en paraboles afin qu'ils aient beau regarder et ne voient pas, qu'ils aient beau entendre et ne comprennent pas, de peur qu'ils ne se convertissent et qu'il ne leur soit pardonné. [...] Vous ne saisissez pas cette parabole ? »

De qui est « cette parabole » dont parle Jésus ? C'est un oracle du prophète Isaïe que Jésus explique. Il le désigne comme une parabole. Et il dit aux disciples : « Si vous ne comprenez pas Isaïe, comment comprendrez-vous la parabole du royaume ? »

Or, cette « parabole » d'Isaïe, qui est une parabole de jugement, du jugement qui s'opère par la venue de Dieu, est aussi celle de la conversion et de la promesse. C'est celle de la gratuité et de la surabondance, car c'est Dieu qui fait entrer dans le don du royaume ceux qui estimaient ne pas y avoir droit, et c'est Dieu qui renvoie comme dépossédés ceux qui n'acceptaient pas la gratuité du don.

Comment expliquer le silence de Dieu ? Et, pourtant, la semence pousse d'elle-même.

Comment expliquer le refus de la Parole ? Et, pourtant, elle croît et elle produit jusqu'à cent pour un.

Comment expliquer la surabondance de l'amour de Dieu et la stérilité apparente de notre terre ? C'est le mystère du royaume qu'il nous faut accepter. C'est la parabole qu'il nous faut comprendre : « Prenez garde à ce que vous entendez ! De la mesure dont vous mesurez, on mesurera pour vous, et on vous donnera encore plus. Car celui qui a, on lui donnera, et celui qui n'a pas, même ce qu'il a lui sera enlevé. »

« Ton Père voit ce qui est invisible »

Mercredi des Cendres (3 mars 1976.)

Joël 2, 12-18.

Seconde lettre de saint Paul aux Corinthiens 5, 20; 6, 2.

Évangile selon saint Matthieu 6, 1-6; 16-18.

Gardez-vous de pratiquer votre justice devant les hommes, pour vous faire remarquer d'eux; sinon, vous n'aurez pas de récompense auprès de votre Père qui est dans les cieux. Quand donc tu fais l'aumône, ne va pas le claironner devant toi; ainsi font les hypocrites, dans les synagogues et les rues, afin d'être glorifiés par les hommes; en vérité je vous le dis, ils tiennent déjà leur récompense. Pour toi, quand tu fais l'aumône, que ta main gauche ignore ce que fait ta main droite, afin que ton aumône soit secrète; et ton Père, qui voit dans le secret, te le rendra.

Et quand vous priez, ne soyez pas comme les hypocrites : ils aiment, pour faire leurs prières, à se camper dans les synagogues et les carrefours, afin qu'on les voie. En vérité je vous le dis, ils tiennent déjà leur récompense. Pour toi, quand tu pries, *retire-toi dans ta chambre, ferme sur toi la porte, et prie* ton Père qui est là, dans le secret; et ton Père, qui voit dans le secret, te le rendra.

Quand vous jeûnez, ne vous donnez pas un air sombre comme font les hypocrites : ils prennent une mine défaite, pour que les hommes voient bien qu'ils jeûnent. En vérité je vous le dis, ils tiennent déjà leur récompense. Pour toi, quand tu jeûnes, parfume ta tête et lave ton visage, pour que ton jeûne soit connu non des hommes, mais de ton Père qui est là, dans le secret; et ton Père, qui voit dans le secret, te le rendra.

Les trois pratiques dont parle Jésus : l'aumône, la prière, le jeûne, sont prescrites dans la tradition religieuse juive (puis chrétienne) comme « œuvres de pénitence » ou « actes de conversion ». Mais Jésus ne se contente pas de nous inviter à les accomplir. Nous nous en tirerions alors à bon compte, car, après tout, nous pouvons bien faire l'effort de réduire notre nourriture, d'abandonner quelque argent et de consacrer un peu de temps à la prière. Ce n'est pas au-dessus des forces humaines...

Ce que nous enseigne Jésus est beaucoup plus redoutable ; il bouscule l'équilibre de notre personnage ; il met en cause son point d'appui.

En effet, tous, nous nous recevons et nous nous construisons dans le regard des autres. Chacun de nous est dépendant de l'image que lui renvoie le regard d'autrui. « Devenir quelqu'un », c'est naître dans et pour la société. Pour être apprécié, il faut être reconnu dans sa fonction. Et quand nous nous différencions, c'est selon des images toutes faites qui forment un jeu connu d'avance.

Il nous suffit dès lors que les autres détournent leur regard pour que certains ne soient plus rien. Anéantis, ils sont tentés de ratifier leur mort sociale en achevant de se détruire eux-mêmes. « Ils ont voulu obtenir la gloire qui vient des hommes. Je vous le déclare, ceux-là ont touché leur récompense », nous dit Jésus.

Le Christ nous demande au contraire de prendre pour unique référence et seul vis-à-vis le regard du Père invisible qui voit dans le secret.

Ce qui implique un travail intérieur inconcevable psychologiquement, presque impossible, de détachement, de perte d'un certain nombre de repères. Non pas de perte par oubli, mais perte par amour et, en même temps, un travail de reconstruction dans le regard du Père. Notre existence reçoit alors en partage la liberté radicale du Christ. Car le pôle d'ancrage de la vie, c'est le Père qui voit dans le secret ; et la force de vivre, c'est l'Esprit qu'il donne à ceux qui l'en prient.

Voilà pourquoi il nous dit d'agir uniquement sous le regard du Père qui voit dans le secret, et non pour le regard des hommes. Il faut pour cela croire en la présence de la bonté paternelle « qui voit » ; il faut accepter de recevoir sa vie de l'« Unique Dieu » et le reconnaître, lui et non les hommes, comme source de notre existence.

Mais bouleverser ainsi sa vie, la vivre ainsi retournée, convertie, c'est être acculé à une position humainement intenable, dont Jésus lui-même vivra le paradoxe en sa Passion. Car la Passion est le point le plus extrême où seul le Père voit, dans le secret, la solitude du Christ. Aux yeux des hommes et du regard humain de ses propres yeux, il n'est plus rien, sinon un homme livré, abandonné. Et c'est pourtant de ce point que se manifeste la puissance du Père, de ce point que jaillissent la vie et la liberté de l'homme. Appelés à communier à la destinée du Christ, nous sommes, par-là même, délivrés de la nôtre. Partageant son abandon, nous sommes sauvés du nôtre.

Si nous sommes, en effet, appelés par sa parole à devenir libres du regard des hommes, c'est en naissant à nouveau comme enfants de Dieu, frères du Christ : il nous place sous le regard dont son Père le voit et il ouvre nos yeux pour qu'ils se lèvent vers son Père, vers notre Père.

Nous pouvons alors nous trouver les uns les autres non plus dans la dépendance, la crainte ou l'esclavage des conformismes, mais en nous voyant mutuellement dans le regard de Dieu, libres pour nous aimer comme Dieu nous aime. Encore faut-il ne jamais cesser de demander et de recevoir comme une grâce ce qui, nous le savons bien, est impossible à l'homme.

En recevant cette cendre sur notre front, nous pourrions entendre la parole du récit de la création et du péché : « Souviens-toi, homme, que tu es poussière et que tu retourneras à la poussière. » Ce serait nous inviter à mesurer la précarité, la vanité de l'existence quand elle n'est vécue que pour la gloire qui vient des hommes.

Mais il nous sera dit : « Convertissez-vous; croyez à la Bonne Nouvelle. » Cette phrase résume le premier message de Jésus. Car s'il est au pouvoir de l'homme de mesurer, par éclair, la vanité de ses efforts, il est au pouvoir de Dieu seul de nous convertir et de nous ouvrir à la Bonne Nouvelle qu'en cette existence mortelle la puissance de vie est offerte et que notre Père des cieux est l'Autre dont le regard nous donne d'exister. Ce regard est bénédiction et pardon; c'est lui qui nous permet de nous recevoir les uns les autres, donnés les uns aux autres pour être frères.

A propos du sacrement des malades ou sacrement de l'onction

« Ma vie est inutile... » Souvent, j'ai entendu cette phrase venir aux lèvres de personnes âgées ou physiquement diminuées. Elle est déchirante, même si elle n'est murmurée qu'à mi-voix. Il y a toujours quelqu'un pour tenter de répondre : « Rendez-vous utile par de petits services, en étant accueillant à autrui, en donnant du courage aux autres... » Mais que dire à ceux et celles qui, à tort ou à raison, se jugent incapables de suivre de telles suggestions ? J'ose vous proposer, dans la foi, la pensée suivante : ceux et celles que les circonstances, l'âge ou la nécessité mettent dans une position amoindrie ou inactive, et rejettent à la dernière place de la société, sont appelés à prendre la première place dans la suite du Christ, selon la parole de Jésus : « Les derniers seront les premiers. »

Des vocations tardives ?

La comparaison avec la vie religieuse vous fera comprendre mon idée. Accoutumé à voir des êtres *jeunes* renoncer à tout pour suivre le Christ, le « chrétien moyen » considère cet appel comme exceptionnel et adressé à des êtres exceptionnels. Et pourtant, quand ces êtres jeunes s'offrent ainsi sans condition à Dieu, ils ne peuvent le faire que par une espèce d'anticipation imaginaire. Ils ne savent pas ce qu'ils disent.

Ainsi, le Seigneur répond-il aux fils de Zébédée : « Vous ne savez pas ce que vous demandez. Pouvez-vous boire le calice que je dois boire ? » Ceux qui « ont la vocation » (comme on a l'habitude de dire) sont donc amenés à vivre longtemps, et pas à pas, ce qui leur a été demandé une première fois, d'un coup et par avance.

Mais Jésus dit aussi à Pierre : « Quand tu étais jeune, tu allais où tu voulais, lorsque tu seras devenu vieux, un autre te conduira où tu ne voudrais pas. » Cette phrase — demeurée énigmatique jusqu'à ce que Pierre glorifie Dieu par une mort semblable à celle du Christ — vaut pour tous les disciples de Jésus. *Ce que quelques-uns sont appelés à vivre, par vocation, dans leur jeunesse*, au prix d'un renoncement total, *certains sont appelés à le faire par nécessité, au terme de leur vie. Et cela aussi peut devenir une vocation.*

En effet, le terme humain d'une existence, c'est de voir échapper, par nécessité morale ou physique, tout ce qui constitue la volonté humaine de possession. On peut en être désespéré et tenter de l'oublier. On peut essayer de trouver des remèdes partiels, des occupations ou des distractions. On peut aussi considérer ces circonstances inéluctables comme un signe de Dieu pour s'offrir soi-même, volontairement, et communier ainsi à l'acte rédempteur de Jésus-Christ.

Ceux qui acceptent ainsi cette mission dans l'Église deviennent les contemplatifs dans le siècle et peuvent dire avec saint Paul : « Je trouve maintenant ma joie dans les souffrances que j'endure pour vous, et ce qui manque aux détresses du Christ, je l'achève dans ma chair en faveur de son corps qui est l'Église. » (Colossiens 1, 24.) Le *sacrement de l'onction* ou sacrement des malades permet par la grâce de répondre à une telle vocation.

Ceux qui acceptent ainsi que leur vie soit transformée en un signe de la croix pourraient paraître aux yeux des hommes inutiles ou fous (comme ceux qui sont appelés à être pauvres, obéissants et chastes pour le royaume). « Ce qui est folie dans le monde, Dieu l'a choisi pour confondre les sages... Ce qui, dans le monde, est vil et méprisé, ce qui n'est pas, Dieu l'a choisi pour réduire à rien ce qui est. » (1 Corinthiens 1, 27-28.) Mais l'Église doit accueillir avec reconnaissance, et comme une grâce, l'offrande des vies ainsi offertes « pour la gloire de Dieu et le salut du monde ».

En allant vers le jardin des Oliviers

Voici un autre rapprochement : vous vous souvenez que, dans l'Évangile, trois moments de la vie du Christ sont étroitement en corrélation les uns avec les autres : son baptême, sa Transfiguration et son épreuve au jardin des Oliviers. Ces trois moments anticipent sur le mystère de sa mort et de sa résurrection, et préfigurent les sacrements de la vie chrétienne. Si le baptême du chrétien est fondé par le baptême du Christ, la dernière onction le fait participer à l'épreuve du jardin des Oliviers, combat spirituel par lequel Jésus consent l'offrande totale de sa vie.

Il est normal que ceux qui sont ainsi prêts à le faire se retirent pour prier seuls comme Jésus le fait. Il est normal aussi que leur cœur défaille et qu'ils aient besoin du secours de leurs frères pour les aider à veiller et à prier. Peut-être est-il normal, enfin, qu'ils finissent par se retrouver seuls et abandonnés, face au mystère de l'offrande. « Je vous exhorte donc, frères, au nom de la miséricorde de Dieu, à vous offrir vous-mêmes en sacrifice vivant, saint et agréable à Dieu : ce sera votre culte spirituel. » (Romains 12, 1.)

« Où est l'Agneau pour l'holocauste? »

Deuxième dimanche de carême, année B (14 mars 1976.)

Au cours de cette messe, une quarantaine de personnes, dans l'épreuve physique ou morale, reçoivent le sacrement de l'onction, le sacrement des malades.

Genèse 22, 1-18.

Lettre de saint Paul aux Romains 8, 31-34.

Évangile selon saint Marc 9, 2-10.

> Six jours après, Jésus prend avec lui Pierre, Jacques et Jean et les emmène seuls, à l'écart, sur une haute montagne. Et il fut transfiguré devant eux et ses vêtements devinrent resplendissants, d'une telle blancheur qu'aucun foulon sur terre ne peut blanchir de la sorte. Élie leur apparut avec Moïse et ils s'entretenaient avec Jésus. Alors Pierre, prenant la parole, dit à Jésus : « Rabbi, il est heureux que nous soyons ici; faisons donc trois tentes, une pour toi, une pour Moïse et une pour Élie. » C'est qu'il ne savait que répondre, car ils étaient saisis de frayeur. Et une nuée survint qui les prit sous son ombre, et une voix partit de la nuée : « Celui-ci est mon Fils bien-aimé; écoutez-le. » Soudain, regardant autour d'eux, ils ne virent plus personne, que Jésus seul avec eux.
>
> Comme ils descendaient de la montagne, il leur ordonna de ne raconter à personne ce qu'ils avaient vu, si ce n'est quand le Fils de l'homme serait ressuscité d'entre les morts. Ils gardèrent la recommandation, tout en se demandant entre eux ce que signifiait « ressusciter d'entre les morts ».

Pour comprendre cet épisode de l'Évangile, il faut ne pas perdre de vue un instant en quelles circonstances il se passe. C'est au moment où Jésus, avec insistance, annonce à ses disciples que le Fils de l'homme — c'est ainsi qu'il se nomme lui-même, c'est-à-dire celui qui doit venir avec la puissance de Dieu —, le Fils de l'homme doit souffrir, être crucifié, mourir et que, après trois jours, il se lèvera d'entre les morts. C'est donc le moment où Jésus s'enfonce délibérément dans cet appel qu'il a reçu d'être le Serviteur souffrant, livré; le moment où il accomplit la volonté du Père qui fait de lui l'Innocent appelé à porter sur lui la souffrance, le refus, la mort, le péché de tous ses frères. Et les disciples, eux, jusqu'au bout, seront dans l'incompréhension absolue puisqu'ils ne voient même pas ce que peut vouloir dire l'expression employée par Jésus « se lever d'entre les morts ». Et nous non plus, nous ne savons pas bien ce que cela veut dire. Car aucun de nous n'en a quelque expérience qui puisse se présenter comme une espérance pratique, accessible à l'imagination. Si, par exemple, quelqu'un fatigué se dit : « Dans un mois, ou dans quinze jours j'irai en vacances » ou « Cet été, j'irai à tel endroit », il s'imagine à l'avance comment la vie va être.

La résurrection, celle du Christ ou la nôtre, ne peut pas être l'objet d'une pareille imagination. Nous ne savons pas ce que cela veut dire, à la manière dont l'homme sait ce que veulent dire les choses. Quant aux disciples, eux, ils ne comprennent franchement pas.

Parfois, l'on comprend cet épisode comme un regard jeté subrepticement, comme en coulisse, sur ce qui se passe derrière les apparences pénibles de la vie de Jésus. Et l'on dit : « Voilà, la puissance du Christ est cachée ; il va souffrir. Mais il faut donner aux disciples, pour qu'ils aient du courage, un peu comme un avant-goût de sa condition divine. » On lève donc un peu le voile qui cache la destinée humaine, et on leur fait goûter à l'avance la gloire, la résurrection pour qu'ils ne se découragent pas.

De la même façon, on pourrait dire : « Pour que les chrétiens aient un peu de courage, pour qu'ils aient la force de faire un peu de chemin, même s'il est austère, il faut qu'ils reçoivent de temps en temps une anticipation, un avant-goût de ce qui les attend après. »

Je crois que cette manière de voir est illusoire ; ce n'est pas cela, en tout cas, que dit l'Évangile.

Que nous dit Jésus ? Écoutez bien. Souvenez-vous d'abord de ce qui s'est passé au début de l'Évangile de Marc. Une voix est déjà venue du ciel. Elle a désigné Jésus comme le Fils, le Bien-Aimé, celui en qui Dieu a mis tout son amour. Cette voix s'est déjà fait entendre au baptême, et elle n'a été entendue que de Jésus seul. Que signifiait-elle au moment du baptême de Jésus ? Elle signifiait que Jésus lui-même, ce Jésus de Nazareth dont on connaît le père, la mère, la famille, qui va se heurter à l'incompréhension, qui va goûter la solitude, Jésus lui-même doit recevoir sa propre vie comme l'accomplissement de ce à quoi le Père l'appelle : en son humanité, il est le Fils fidèle parce qu'en lui habite et réside la plénitude de l'amour qui est l'Esprit Saint. Il reçoit sa vocation de Messie souffrant, dans ce signe du baptême, et il la ratifie en se plongeant dans cet abîme d'offrande et en en resurgissant.

Et à la Transfiguration, qu'arrive-t-il aux Apôtres Pierre, Jacques et Jean ? Ils participent à la vision de Jésus. Jésus les emmène sur la montagne et il leur fait partager sa propre vision, sa propre intelligence de sa propre histoire et de l'histoire de tous les hommes. Partageant la vision de Jésus, ils ne la « comprennent » pas pour autant, mais ils « entrent » en elle puisque la voix qui s'est fait entendre pour Jésus seul se fait entendre désormais à Pierre, Jacques et Jean. Et ils entendent : « Celui-ci est mon fils, le Bien-Aimé ; écoutez-le. » Et ils ne voient plus, ayant partagé cette Révélation, que Jésus seul.

Cela ne revient pas à leur dire : « Vous savez, vous avez un mauvais moment à passer ; vous ne comprenez pas bien. Ça va être dur. Mais suivez-le quand même, car après, vous verrez, ça va s'arranger, ce sera glorieux. Ce sera la résurrection. » C'est exactement l'inverse qui leur est annoncé : « Cet homme que vous allez suivre dans sa Passion, à vos yeux incompréhensible, absurde, révoltante ; cet homme que vous tenez pour le Juste, l'Innocent, l'Élu de Dieu et qui, pourtant, va être condamné ; cet homme que vous prétendez aimer, mais que vous trahirez ; cet homme à qui vous reprocherez de ne pas s'expliquer clairement, de ne pas savoir se défendre, de ne pas manifester la puissance dont vous pensez qu'il est habité, de ne pas réaliser vos rêves, le Père lui-même vous dit que c'est bien dans cet homme-là, dans sa vie telle qu'elle est, que s'accomplit la Promesse de Dieu. »

Il ne s'agit pas d'attendre que le mauvais moment passe pour trouver enfin un petit coin de paradis. C'est au contraire toute la force de Dieu qui dit à ces pauvres hommes : « Vous ne vous trompez pas, même si vous ne comprenez pas. C'est cet homme dans sa Passion qui est le secret de la révélation de l'amour que je porte aux hommes. » Aussi incompréhensible que cela soit, il n'y a pas à chercher d'autre figure de l'espérance que cet homme concret dans son destin livré à la mort.

Cela coupe court à toute espèce d'évasion rêvée. Les Apôtres sont ramenés au présent de la vie avec Jésus, au présent de leur propre faiblesse et de son propre destin. Et c'est dans ce partage de la destinée de Jésus que doivent se découvrir le mystère de grâce et la puissance de vie.

Ainsi en va-t-il également de nous tous, et ainsi en va-t-il également de vous, aujourd'hui. Cet instant n'est pas une espèce de pause, de petit coin de paradis dans lequel on vous dirait : « Frères et sœurs, affligés ou souffrants, ayez courage, ça ira mieux demain », ou bien : « Patientez, résignez-vous, et après vous aurez la joie de Dieu. » Ce serait un langage illusoire et païen que de vous dire cela.

Écoutez-moi bien. Je voudrais vous le dire avec délicatesse, parce que personne au monde ne sait exactement ce qu'est la souffrance de l'autre, bien en peine déjà de connaître la sienne. Cependant, il faut nous le dire et vous le dire : c'est dans votre vie telle qu'elle vous est maintenant donnée — y compris avec ses souffrances, ses incertitudes, ses angoisses, ses déchéances, sa solitude, ses épreuves ou sa paix —, c'est dans cette vie-ci, par ce sacrement, que vous recevez comme une communion à la voix du Père qui vient d'En Haut et qui transfigure l'existence de son Christ, c'est dans votre vie telle qu'elle est que s'accomplit votre union au Christ.

Ce sacrement n'est donc pas comme un médicament qu'un médecin compatissant donnerait pour alléger la souffrance ou la supprimer. C'est au contraire une force qui vient de plus loin que nous, qui vient du Père, que nous partageons avec Jésus notre frère pour que cette existence-ci ne soit plus seulement absurde, incompréhensible, mais devienne une part à la Passion de Jésus.

Cela, on ne peut pas bien l'expliquer avec des mots. On ne peut même pas l'expliquer du tout. Si vous le vivez un peu, vous n'avez pas à essayer de le dire. Ou plutôt, si vous le dites, si par hasard Dieu vous inspire de le dire, attendez-vous à ce qu'on ne vous comprenne pas, pas plus que les disciples n'ont compris le discours de Jésus. Parce que cela, on ne le comprend qu'en le partageant.

Mais du coup, si vous faites cela, par la grâce de Dieu, vous, vous allez comprendre un peu la parole de Jésus. Et la force que vous allez recevoir, c'est, comprenant la parole de Jésus, de voir comment votre souffrance, votre amertume, votre révolte, votre peu de courage s'inscrivent dans la Passion du Christ ; c'est de voir la part que vous y avez pour vos frères.

Et vous accueillerez cela comme un don gratuit, malgré votre indignité ou malgré le sentiment que vous avez d'être quelqu'un de très quelconque, de très médiocre, de pécheur. Mais le Christ sait ce qu'il fait quand il prend des gens pour l'accompagner et pour être avec lui là où il est.

Vous êtes donc appelés à transformer l'existence que vous avez maintenant, en partage du secret du Christ. Et voici la parole que nous prononçons après l'imposition des mains : « Par cette onction sainte, que le Seigneur, en sa grande bonté, vous réconforte par la grâce de l'Esprit Saint ; ainsi, vous ayant libéré de tous péchés, qu'Il vous sauve et vous relève. Amen. » Ces paroles, l'onction d'huile sur votre front et dans vos mains sont comme un écho de la voix du Père qui reconnaît en vous des fils, des frères du Fils bien-aimé, de l'Unique, appelés en leur vie à partager le mystère de sa Passion et à attester ainsi à l'Église entière que le Christ est vraiment Seigneur et que la force qui vous habite et qui nous habitera est celle du Seigneur ressuscité. Vous devenez dans l'Église et pour l'Église les signes cachés de la force du Ressuscité en sa Passion.

C'est pourquoi nous prions avec vous, pour vous, mais nous savons que c'est vous qui priez pour nous et qui vous offrez pour le corps du Christ dans la grâce de l'Esprit.

Pendant que nous vous donnerons ce sacrement, que chacun ici et l'assemblée entière s'unissent avec reconnaissance, avec action de grâces, avec paix, dans cette communion qui donne à des pauvres gens d'être les uns pour les autres le signe du Christ. Et, aussi, nous prions le Père qu'il sache vous manifester à tous et à tous ceux que vous aimez sa tendresse et sa miséricorde.

« Le temple dont il parlait, c'était son corps »

Troisième dimanche de carême, année B (21 mars 1976.)

Ce dimanche — et les deux suivants —, une jeune fille, Maryse, qui sera baptisée au cours de la Vigile pascale, accomplit les « scrutins », les dernières étapes dans sa préparation au baptême.

Exode 20, 1-17.

Première lettre de saint Paul aux Corinthiens 1, 22-25.

Évangile selon saint Jean 2, 13-25.

> La Pâque des Juifs était proche et Jésus monta à Jérusalem. Il trouva dans le Temple les vendeurs de bœufs, de brebis et de colombes et les changeurs assis. Se faisant un fouet de cordes, il les chassa tous du Temple, et les brebis et les bœufs; il répandit la monnaie des changeurs et renversa leurs tables, et aux vendeurs de colombes il dit : « Enlevez cela d'ici. Ne faites pas de la maison de mon Père une maison de commerce. » Ses disciples se rappelèrent qu'il est écrit :
>
> « Le zèle pour ta maison me dévorera. »
>
> Alors les Juifs prirent la parole et lui dirent : « Quel signe nous montres-tu pour agir ainsi ? »
>
> Jésus leur répondit : « Détruisez ce sanctuaire et en trois jours je le relèverai. » Les Juifs lui dirent alors : « Il a fallu quarante-six ans pour bâtir ce sanctuaire, et toi, en trois jours tu le relèveras ? » Mais lui parlait du sanctuaire de son corps. Aussi, quand il ressuscita d'entre les morts, ses disciples se rappelèrent qu'il avait dit cela, et ils crurent à l'Écriture et à la parole qu'il avait dite.
>
> Comme il était à Jérusalem durant la fête de la Pâque, beaucoup crurent en son nom, à la vue des signes qu'il faisait. Mais Jésus, lui, ne se fiait pas à eux, parce qu'il les connaissait tous et qu'il n'avait pas besoin d'un témoignage sur l'homme : car lui-même connaissait ce qu'il y avait dans l'homme.

Que signifient ces commandements (Exode 20, 1-17) donnés à Moïse pour le peuple que Dieu se choisit? Ont-ils encore une portée aujourd'hui? Et, surtout, ont-ils un lien, et quel lien, avec la vocation des disciples de Jésus?

Pour beaucoup qui les entendent, comme on entend un règlement ou un code de droit civil, ces commandements représentent le simple bon sens, la loi morale admise de tous lorsque les gens ne sont pas trop pervertis. Quant aux prescriptions qui paraissent anciennes ou inapplicables, elles sont bonnes pour une autre époque : périmées.

Les prendre ainsi, c'est à coup sûr ne pas être entré dans ce que Dieu dit.

Car, quelle est la parole centrale qui permet de comprendre l'ensemble des préceptes ? Quelle est la parole centrale par rapport à laquelle Jésus lui-même se place et nous aide à y entrer ? Cela est l'objet d'un débat entre gens qui observent la loi. Le plus grand des commandements, selon ce que Jésus lui-même répondra, c'est : « Tu aimeras le Seigneur ton Dieu, l'Unique. » Je cite là, avec lui, non pas le texte de l'Exode, mais celui du Deutéronome. Et il ajoute une seconde phrase tirée du Lévitique. « Tu aimeras ton prochain comme toi-même. »

Ces deux commandements sont égaux et semblables. En disant cela, il attire notre attention sur le premier de tous les préceptes (pour reprendre le texte de l'Exode) : « Je suis le Seigneur ton Dieu qui t'ai fait sortir du pays d'Égypte, de la maison d'esclavage. Tu n'auras pas d'autres dieux que moi. »

Et toute la suite doit se comprendre à la lumière de ce premier précepte : Dieu est l'Unique, il n'y a que lui seul, et lui seul est notre Dieu.

Auparavant, je voudrais prévenir une objection en vous rappelant une autre phrase du Christ. Jésus lui-même a dit : « Je suis venu non pas abolir, mais accomplir la loi. » Accomplir ne veut pas dire modifier; accomplir veut dire obéir à ce commandement, à cette volonté sainte de Dieu, de telle manière que la volonté sainte soit parfaitement exécutée, en plénitude. Comme on dit : « accomplir une œuvre », la faire et l'achever en la menant à sa perfection. « Je ne suis pas venu abolir, mais accomplir. » Et il ajoute : « Pas un seul petit trait de lettre, pas un seul *yod* de la loi ne passera. »

Pour comprendre ce que veulent dire ces préceptes, nous ne pouvons donc pas recourir à l'idée que nous avons affaire à l'ancien régime et que maintenant nous sommes entrés en république grâce au Christ qui a pris la Bastille de l'Ancien Testament. Ce n'est pas une abolition, c'est un accomplissement par une intelligence plus profonde. Et si nous n'entrons pas dans cette perspective, si nous ne faisons pas l'effort, nous risquons de régresser en deçà du temps de l'alliance : nous allons devenir comme des païens. Ce qui est peut-être déjà fait. Je parle d'une génération, d'une culture, d'une époque. Ce qui est même très largement fait, soit dit sans vouloir blesser personne.

Le commandement central, c'est : « Je suis le Seigneur ton Dieu. » Que veut-il dire par-là ? Peut-être ceci : que Dieu n'est connu de l'homme que lorsque Dieu se livre à l'homme, se révèle à l'homme. Et quand il se révèle à l'homme, il ne peut le faire qu'en appelant l'homme à le reconnaître, à l'aimer et à le servir, à entrer en communion avec lui.

Dieu ne peut se livrer qu'à un homme qui l'accueille, qui le reçoit, dans une relation d'adoration, d'amour et de vie. Dieu dévoile alors qui il est, lui : la Vie au-delà de toute vie, l'Amour au-delà de tout amour, la Puissance même qui est au-dessus de tout et qui vient appeler à la vie cette créature, cet homme qui ne sait pas lui-même qui il est. Cet inconnu qui vient jusqu'à nous, cet inimaginable qu'est Dieu, puisque nous n'avons le droit de nous en faire aucune image, aucune idée, celui dont nous ne connaissons pas le Nom nous change alors et nous révèle qui nous sommes.

C'est en recevant Celui que nous ne connaissons pas, que nous devenons vraiment ce que nous sommes : des vivants échappés à la mort et qui reçoivent la source de la Vie ; des gens qui refusaient d'aimer et qui découvrent un peu ce que c'est que l'Amour ; des gens condamnés, sans pardon, sans pitié, et qui découvrent ce que c'est que la Miséricorde ; des menteurs qui découvrent ce qu'est la Vérité ; des gens perdus qui découvrent ce que c'est que d'être retrouvés.

Mais pour que l'homme accepte celui qui le choisit, qui l'appelle et qui se livre à lui ainsi, il faut que l'homme cesse de se faire un Dieu à son goût et à sa façon. Car, en fait, l'homme, qui est un être divin, ne se passe jamais de dieux. L'homme a toujours des dieux. J'appelle dieux ce dans quoi nous investissons, nous plaçons la force d'aimer, de croire ou de nous faire illusion, qui habite dans le cœur de l'homme. Et les dieux de l'homme, les dieux que l'homme se choisit ont parfois des visages très éthérés, très idéaux, très beaux : ils peuvent s'appeler beauté, élégance, noblesse, générosité, amour des autres. Ils peuvent aussi avoir un visage moins glorieux et apparemment plus lisible : ils peuvent s'appeler l'or, la puissance, le sang, l'amour de soi, la mort; ils peuvent s'appeler aussi soi-même que l'on contemple dans son miroir.

L'homme ne cesse de fabriquer des dieux, même à notre propre époque : du sexe à la révolution, ou de l'argent petit-bourgeois à la volonté de vivre sans frein, ce sont des dieux. J'appelle « dieux » ce en quoi l'homme met sa puissance d'aimer et de se donner totalement. Et l'homme préfère se donner et aimer totalement dans une image de lui-même qui ne le dérange pas de sa propre solitude.

Or, Dieu brise cette solitude de l'homme et lui révèle qu'en ce monde il y a la présence de la source du monde; qu'en ce monde, où l'homme se croit seul avec sa propre image et son propre désir, il y a un Autre qui le fait exister et qui le comble au-delà de son désir, et qui suscite en lui une soif dont l'homme n'aurait pas eu idée; un amour dont l'homme se croyait incapable et qui le fait obéir à chacun des commandements, y compris dans leur particularité qui est liée à une époque et à une civilisation.

Il est clair qu'aujourd'hui peu, parmi vous, possèdent un âne ou un bœuf; que les codes législatifs peuvent sembler à cet égard parfaitement désuets; et ils le sont comme tels. Mais il reste que chacun de ces commandements ne fait que révéler et proposer, sous tout comportement moral, éthique, ou social, une forme possible ou d'idolâtrie ou d'adoration du seul Dieu.

Car, si l'homme en toute sa vie reconnaît l'Unique, alors son rapport à toute chose sera le rapport que Dieu, l'Unique, le seul Bon exerce à l'égard de toute créature.

L'homme exercera la justice divine, qu'il traite des choses, des êtres, de la société, de lui-même, de ses frères, de l'étranger ou de l'émigré. Le commandement ne sera plus interprété en terme de : « Jusqu'où puis-je aller et que puis-je ne pas faire ? » Mais le commandement sera interprété dans la logique centrale d'une créature libre; libre, parce qu'elle reçoit sa liberté de l'Unique et parce qu'il n'y a qu'un seul commandement et que le second lui est semblable.

Une telle exigence, si on la comprend à la lumière de la Révélation, est quasi impossible à l'homme. Car, demander cela à l'homme, qui est un prisonnier, un homme blessé, prisonnier de lui-même, prisonnier de ses propres idoles, prisonnier de sa propre figure, prisonnier de son propre miroir, lui présenter une telle exigence, c'est demander à un blessé de se guérir soi-même ; c'est demander à quelqu'un qui a les jambes brisées de se lever.

Une telle exigence peut éveiller la nostalgie en nous, mais elle mesure en même temps notre impuissance. Et le cœur de l'homme ne peut que se révolter et mal entendre cette Parole de Dieu, et chercher ailleurs une sécurité.

Pourtant, toute l'histoire d'Israël est l'histoire de cette alliance et de cette fidélité sans cesse refaçonnée, où c'est Dieu lui-même qui fait naître l'espérance et promet de la combler.

Et quand se présente le Fils de David, le Fils de l'homme, celui qui déclare être venu non pas abolir mais accomplir, il entre dans le Temple qui est la maison de son Père et il prend sur lui le précepte, accomplissant parfaitement cette loi dans ce geste symbolique qui consiste à écarter tout autre dieu, tout compromis de ce Temple. Par ce geste symbolique et prophétique, il marque que les temps sont accomplis et que, en un geste humain, peut surgir parmi les hommes l'adoration absolue, pure et sainte de l'unique Dieu.

On lui demande : « Mais quel signe accomplis-tu pour faire cela ? Pour nous dire que c'est arrivé ? Car ce que tu fais veut dire qu'il est enfin possible que cette sainteté absolue de l'homme soit donnée à l'homme. »

Prenant sur lui le précepte, Jésus prend sur lui l'épreuve de la fidélité et il l'achève en se désignant lui-même comme le lieu où cette fidélité est possible, « car le temple dont il parlait, c'est son corps » et l'offrande qu'il va faire, c'est celle de sa propre vie où se manifeste la puissance de Dieu.

Nous ne pouvons, nous, accomplir ces préceptes comme Jésus les accomplit qu'en devenant un, par grâce, par pur don gratuit, avec Jésus lui-même.

Nous ne pouvons pas accomplir les préceptes mieux, maintenant, qu'on ne le faisait au temps du Christ : nous tricherions tout autant.

Nous ne pouvons prétendre accomplir le précepte que si la grâce nous est faite de devenir un seul être avec Jésus, en mesurant que nous sommes des pécheurs, des gens pardonnés ; en mesurant que la force qui nous est donnée n'est pas à nous et que sans cesse il nous pardonne et nous permet de faire ce qu'il fait.

« Il parlait du temple de son corps », ce que comprirent les disciples après : son corps, c'est ceux qu'il appelle à partager son existence; c'est nous tous, par grâce. C'est aussi Maryse qui est appelée à recevoir le baptême. Nous allons prier pour elle et prier avec elle. Pendant un instant, elle-même et ceux qui ont bien voulu se joindre à elle pour l'accompagner dans ce chemin s'agenouilleront ici pour prier, en silence, ainsi que tous ceux qui, parmi vous, voudront le faire. Puis nous supplierons Dieu pour tous ceux et celles qui vont recevoir le baptême. Je lui imposerai alors les mains, comme autrefois Jésus a imposé les mains aux enfants, à ses Apôtres; comme autrefois les mains étaient imposées aux prêtres et aux prophètes, signe de la force de Dieu que l'Église demande pour Maryse afin que dans cette fidélité à l'amour de Dieu elle reçoive la force d'En Haut.

« Ce qu'il y a dans l'homme »

Quatrième dimanche de carême, année B (28 mars 1976.)

Deuxième livre des Chroniques 36, 14-16; 19-23.

Deuxième lettre de saint Paul aux Éphésiens 2, 4-10.

Évangile selon saint Jean 3, 14-21.

> « Comme Moïse éleva le serpent dans le désert,
> ainsi faut-il que soit élevé le Fils de l'homme,
> afin que quiconque croit
> ait par lui la vie éternelle.
> Car Dieu a tant aimé le monde
> qu'il a donné son Fils unique,
> afin que quiconque croit en lui ne se perde pas,
> mais ait la vie éternelle.
> Car Dieu n'a pas envoyé son Fils dans le monde
> pour juger le monde,
> mais pour que le monde soit sauvé par lui.
> Qui croit en lui n'est pas jugé;
> qui ne croit pas est déjà jugé,
> parce qu'il n'a pas cru
> au Nom du Fils unique de Dieu.
> Et tel est le jugement :
> la lumière est venue dans le monde
> et les hommes ont mieux aimé
> les ténèbres que la lumière,
> car leurs œuvres étaient mauvaises.
> Quiconque, en effet, commet le mal
> hait la lumière et ne vient pas à la lumière,
> de peur que ses œuvres ne soient démontrées coupables,
> mais celui qui fait la vérité
> vient à la lumière,
> afin que soit manifesté
> que ses œuvres sont faites en Dieu. »

Saint Jean met ces paroles dans la bouche de Jésus. Il les a fait précéder de l'avertissement suivant que nous avons entendu dimanche dernier : « Comme il était à Jérusalem durant la fête de la Pâque, beaucoup crurent son nom, à la vue des signes qu'il faisait. Mais Jésus, lui, ne se fiait pas à eux, parce qu'il les connaissait tous et qu'il n'avait pas besoin d'un témoignage sur l'homme : car lui-même connaissait ce qu'il y avait dans l'homme. » Il s'agit donc de savoir ce qu'il y a dans l'homme, ce qu'il y a en nous, et comment Jésus peut croire en nous. Car l'étrange de ce texte c'est que le même mot, exactement, soit employé dans le rapport de Jésus à nous, « croire en l'homme », et de nous à lui, « croire au Fils unique ». Il s'agit bien d'une relation réciproque. Que peut-elle vouloir dire ?

Et, d'abord, nous sommes déconcertés par ce qui nous semble une contradiction. D'un côté, nous sommes remplis d'euphorie par une phrase comme celle-ci : « Dieu a tant aimé le monde qu'il a donné son Fils unique... » A l'idée que le monde est aimé, et que nous sommes aimés, tout ce qu'il peut y avoir en nous de suffisance égoïste et solitaire respire, si, du moins, nous ne sommes pas révoltés par le mal ou la souffrance. D'un autre côté, une autre phrase nous est intolérable : le Fils, venu pour sauver et non pour juger, est cependant l'occasion d'un jugement, car « celui qui ne croit pas, celui qui ne veut pas croire est déjà jugé, et il déteste la lumière ». Comment l'amour que Dieu porte au monde peut-il être pensé en même temps que cette menace insupportable ? S'il nous juge, et peut-être nous condamne, c'est donc qu'il ne nous aime pas...

Une seconde cause de malaise, c'est le rapport mis entre « croire au Fils de l'homme » et « obtenir la vie éternelle ». Si « je » n'arrive pas à « croire » ou si les hommes n'arrivent pas à « croire », ce n'est pas qu'ils soient des menteurs, c'est parce qu'ils ne peuvent pas croire. Ils sont de bonne foi. Et la bonne foi, c'est ce qui rend l'homme innocent. Comment Dieu pourrait-il prétendre nous porter un amour gratuit et universel et, cependant, le subordonner à notre adhésion à un certain nombre de choses qu'il ne dépend pas de nous de croire ? Et si cela dépend de l'arbitraire de Dieu, alors pourquoi nous juge-t-il ? Et que signifie, à ce moment-là, le jugement ?

Voilà au moins deux raisons honorables de nous sentir mal à l'aise devant ces paroles du Christ. Il faut relire la réponse : « Jésus ne se fiait pas à eux, parce qu'il les connaissait tous et qu'il n'avait pas besoin d'un témoignage sur l'homme car lui-même connaissait ce qu'il y avait dans l'homme. » Autrement dit, ces deux objections qui nous excusent et prétendent attester notre bonne foi, Jésus n'y croit pas parce qu'il sait ce qu'il y a en nous. Bien plus, Jésus n'y croit pas, même lorsque nous affirmons, nous, croire en lui. « Comme il était à Jérusalem durant la fête de la Pâque, beaucoup crurent en son nom, à la vue des signes qu'il faisait », mais même là, « Jésus, lui, ne se fiait pas à eux, parce qu'il les connaissait tous ».

Quelle est donc cette vérité sur nous-mêmes, cachée à nous-mêmes, accessible seulement au regard de Jésus ? Quel est donc ce point de vue, cette vision de Jésus sur nous-mêmes qui lui permet de nous dire : « Menteurs ! » Eh bien, cela nous est dit clairement dans ces paroles de l'Évangile. Prenons garde cependant : nous ne devons jamais les appliquer à autrui, mais à nous-mêmes seulement. Elles sont données à celui qui les entend et qui les écoute pour lui-même, comme disciple de Jésus. Si nous avons du mal à les entendre — et nous avons tous, oui, tous, du mal à les entendre —, c'est que, de fait, nous sommes dans les ténèbres ; c'est que la lumière que nous devrions aimer, nous la détestons ; oui, nous la détestons...

Quelle vision nous propose donc la parole de Jésus ? Non pas une vérité qui se présenterait à nous comme un objet extérieur à nous-mêmes, quelque chose qui serait devant nous et auquel il nous serait demandé d'adhérer avec une conviction de commande. Jésus se révèle à nous en dévoilant dans notre existence une profondeur à laquelle nous ne pensions peut-être même pas. Dans cette profondeur se situe, effectivement, une dimension irréversible de notre liberté.

Nous vivions peut-être comme des irresponsables, mangeant, buvant, nous laissant porter par ceci ou par cela, avides de maigres ambitions, tristes ou nostalgiques, déçus ou velléitaires, justifiés tant que notre vie demeure dans des limites qui nous conviennent, nous cachant la vérité, surtout si elle nous blesse. Nous sommes des vivants qui dorment debout. Nous n'acceptons d'entendre que ce qui nous rassure. Nous n'écoutons jamais une parole qui nous dérange, nous n'en avons même pas conscience. Nous ne laissons filtrer que ce qui entre dans notre convenance. Quand quelque chose nous dérange, nous disons : « Cela n'a pas été dit ; nous ne l'avons pas entendu. » Ou bien nous disons : « Il blasphème. De quoi se mêle-t-il ? Ce n'est pas ça la religion ; Dieu n'en demande pas tant, c'est impossible. N'est-ce pas, mon Père ? » Et il nous est facile de vivre ainsi, dans le sommeil d'une vie morte.

Mais ce que nous dit cette parole, c'est qu'il y a une profondeur où notre vie est effectivement jugée au-delà du rideau protecteur et mensonger de notre prétention à la bonne foi. Ce que Jésus anticipe, c'est la profondeur, la richesse, la gravité, la splendeur de toutes les vies humaines, et de chacune des vies humaines vue à la lumière de son achèvement.

Et à ce titre, dans sa vision qui le tourne vers le Père, vers son propre destin et vers nous qui sommes ses frères, il dévoile une histoire, la nôtre, où s'inscrit un irréversible : l'amour sans limites de Dieu pour le monde. Cet amour s'inscrit dans le don qui nous est fait du Fils, pour que nous soyons sauvés, pour que nous vivions à jamais de la vie de Dieu, pour que nous entrions dans la vie. Et il voit qu'à tout moment nos destins sont inscrits dans la réalité de Dieu qui nous porte, comme des enfants sont portés par leur mère — de Dieu qui nous fait vivre, qui nous appelle, qui nous aime —, de Dieu qui fait notre respiration de l'amour que nous devrions lui porter. Et quand l'homme, créature divine, n'accepte pas de se laisser emplir par ce souffle de Dieu, il s'étouffe lui-même, il se fait mourir lui-même, se tue lui-même. Il s'est condamné. Il s'est jugé.

Le jugement révèle ce qu'il y a déjà dans nos cœurs. Mais en même temps, pour celui qui mesure sa misère, son impuissance et son refus, pour celui-là, voir le Christ, c'est découvrir en lui la possibilité d'aimer celui qui nous aime. Celui qui, déjà, aspire à aimer Dieu pourra reconnaître dans la parole qui nous est donnée l'amour qui, déjà, l'habite.

« Maintenant, mon âme est troublée. Que puis-je dire? »

Cinquième dimanche de carême, année B (4 avril 1976.)

Jérémie 31, 31-34.

Lettre aux Hébreux 5, 7-9.

Évangile selon saint Jean 12, 20-33.

Il y avait là quelques Grecs, de ceux qui montaient pour adorer pendant la fête. Ils s'avancèrent vers Philippe, qui était de Bethsaïde en Galilée, et ils lui firent cette demande : « Seigneur, nous voulons voir Jésus. » Philippe vient le dire à André; André et Philippe viennent le dire à Jésus.

Jésus leur répond :

« Voici venue l'heure
où doit être glorifié le Fils de l'homme.
En vérité, en vérité, je vous le dis,
si le grain de blé tombé en terre ne meurt pas,
il demeure seul;
mais s'il meurt,
il porte beaucoup de fruit.
Qui aime sa vie la perd;
et qui hait sa vie en ce monde
la conservera en vie éternelle.
Si quelqu'un me sert, qu'il me suive,
et où je suis, là aussi sera mon serviteur.
Si quelqu'un me sert, mon Père l'honorera.
Maintenant mon âme est troublée.
Et que dire?
Père, sauve-moi de cette heure!
Mais c'est pour cela que je suis venu à cette heure.
Père, glorifie ton nom! »

Du ciel vint alors une voix :
« Je l'ai glorifié et de nouveau je le glorifierai. »

La foule qui se tenait là et qui avait entendu, disait qu'il y avait eu un coup de tonnerre; d'autres disaient : « Un ange lui a parlé. » Jésus reprit : « Ce n'est pas pour moi qu'il y a eu cette voix, mais pour vous.

C'est maintenant le jugement de ce monde;
maintenant le Prince de ce monde va être jeté dehors;
et moi, une fois élevé de terre,

j'attirerai tous les hommes à moi. »
Il signifiait par là de quelle mort il allait mourir.

Les sentiments du Christ lui-même, quand arrive cette heure, nous sont ouvertement donnés comme contradictoires. A combien plus forte raison les nôtres. Et si nous voulons ne pas manquer ce moment qui nous est donné maintenant — je veux dire cet instant même, dans cette célébration —, il faut nous rendre compte que ce à quoi nous sommes affrontés, nous y répugnons plus encore que le Christ.

L'entrée dans cette heure-là est pour nous comme voilée, plus que pour lui ; voilée d'incompréhension, de révolte et de refus, voire de scandale. Impossible, ici, de passer un moment agréable ou intéressant en essayant d'entendre les paroles que je viens de vous lire. Des paroles de ce genre — je vous le dis à nouveau gravement — ne peuvent être entendues que si l'on accepte de s'y engager, comme on s'engage dans un chemin étroit, dans une agonie, dans un combat. Sinon, on reste dehors et l'on s'enfuit.

Ces paroles-là, pour quelqu'un qui n'est qu'un spectateur ou un auditeur du dehors, le laissent dans l'incompréhension totale, comme la foule, et il ne désire même pas comprendre. Les gens de Jérusalem, du moins, ont eu une réaction religieuse : « C'est un coup de tonnerre » — ainsi Dieu répondait à Moïse par le tonnerre quand ils parlaient face à face et que la foule ne pouvait pas entendre les paroles dites. Ou bien : « C'est un ange de Dieu qui le console. » Quant à nous, plus prosaïquement, nous dirions : « Tiens, ce matin, c'était triste, il pleuvait », ou bien : « Qu'il était ennuyeux le sermon, ce matin, et de plus incompréhensible ! »

Vous êtes donc prévenus. Nous sommes donc prévenus. Ces paroles ne sont pas facultatives ; elles ne sont pas « au choix », dans le prix fixe de la religion, elles ne sont pas en « libre-service ». Elles nous jugent, c'est lui qui le dit : « Ce n'est pas pour moi qu'il y a eu cette voix, mais pour vous. C'est maintenant le jugement de ce monde ; maintenant le Prince de ce monde va être jeté dehors, et moi, une fois élevé de terre, j'attirerai tous les hommes à moi. »

De quoi est-il question qui nous déconcerte tellement ? Il s'agit de la mort du Christ et de notre propre mort.

Quand le Christ, lui le Fils de l'homme, lui, cette présence et ce don de la grâce et de la gloire de Dieu venu pour achever toutes choses, quand le Christ annonce à ses disciples que le Fils de l'homme va souffrir, être mis à mort, les disciples, eux, ont une réaction de révolte : ils veulent l'en empêcher. Ils font comme nous aurions fait si nous avions été à leur place. Ils font comme nous faisons aujourd'hui : la mort de celui que l'on aime ou que l'on admire, on ne peut la vivre que comme une anticipation de sa propre mort ; et, donc, de façon imaginaire puisque personne n'en revient, puisque la mort effective est irréversible.

Mais comment vivons-nous notre propre mort ? Je ne parle pas de ce moment auquel chaque homme est affronté un jour et dont peu d'hommes sont habitués à être témoins pour autrui : ce moment de la fin effective de la vie. Je parle de la conscience de la mort qui, sans cesse, habite toute existence, ne serait-ce que parce que toute existence est finie et s'épuise dans son propre cours, dans sa propre durée ; comment la vivons-nous ?

Nous la vivons essentiellement comme une perte, comme ce qui détruit toute raison d'espérer et de vivre. Nous la vivons comme une négation et une destruction. Et cela n'est pas une erreur. C'est la vérité.

Parfois, la mort prend un autre visage, séduisant et fascinant. Je le dis pour prévenir une tentation subtile à laquelle peu d'hommes échappent. Quand on prend conscience que toutes choses passent ; quand, en ce monde, il n'y a plus aucune vérité portée par l'homme à laquelle on puisse se fier ; quand on s'avoue à soi-même que tout le monde ment un peu ou beaucoup ; que le courage n'est que relatif, et que la lâcheté, l'égoïsme — ceux des individus ou des peuples — sont la loi impitoyable de la jungle, alors surgit la tentation d'aimer la mort et de vouloir s'y engloutir : tentation du gouffre, tentation de s'y enfoncer comme dans une délivrance, tentation de faire de la mort une vie plus pure, le mirage de la vie. Et ne pensez pas, vous qui êtes rassasiés d'années, qui vous sentez les plus vieux, que cette tentation vous concerne. Peut-être cette fascination touche-t-elle d'abord ceux qui sont au seuil de la vie. Voilà donc comment nous, nous portons en notre vie la présence de la mort.

Jésus, lui aussi, vit l'angoisse de ce seuil destructeur. Comment va-t-il nous présenter cette heure? Il la présente ainsi : « L'heure est venue où doit être glorifié le Fils de l'homme. » Et la prière de Jésus, c'est : « Père, glorifie ton nom! » Et la voix du ciel répond : « Je l'ai glorifié et de nouveau je le glorifierai. »

Le contenu de cette expérience déchirante dont Jésus dit : « Père, sauve-moi de cette heure. Maintenant, mon âme est troublée. Et que dire? », le contenu de ce moment où la parole même semble faire défaut à Jésus — il n'a plus de mots : « Que dire? » —, le contenu dont il est le porteur et le témoin dans l'espérance, c'est que le Père, Dieu, dans sa bonté sans limites, soit glorifié, c'est-à-dire manifeste dans l'homme sa puissance de vie, sa sainteté, sa splendeur qui dépassent toute compréhension de l'homme. Et nous savons bien que le Père des cieux n'est pas un Dieu des morts, mais qu'il est le Père des vivants. Cela, c'est l'inverse de notre fascination de la mort et du néant.

En quelle occasion Jésus va-t-il faire cet aveu sur sa propre passion et sa mort? Précisément quand arrivent les signes de la fécondité de la mission qu'il accomplit, grâce à ces quelques Grecs présents à Jérusalem. C'est un incident minime, mais qui a pour lui une très grande portée symbolique. Ces quelques Grecs présents à Jérusalem sont des païens. Ils demandent à voir Jésus en s'adressant à Philippe qui est de Bethsaïde, pays où l'on parle grec. Pour Jésus, c'est le signe annonciateur que sa mission atteint son but. Il est en effet l'Envoyé de Dieu pour le salut de tous les peuples, pour rassembler les élus choisis par Dieu parmi toutes les nations païennes. Ces premiers Grecs qui demandent à voir Jésus jouent le même rôle que le rameau rapporté par la colombe à Noé. Ils sont les prémices, le début et comme le premier signe que l'œuvre pour laquelle Jésus vient est en train de s'accomplir.

Or, quand arrivent les premiers païens que Jésus n'a pas cherchés, auxquels il n'a pas prêché et qui viennent pour le voir, à ce moment-là Jésus refuse de les accueillir et dit : « Si le grain de blé tombé en terre ne meurt pas, il reste seul. » Le grain de blé, c'est lui. Pour être vu de tous les peuples, pour être le signe du salut de la multitude, il doit lui-même s'enfouir dans sa propre mort. Car en disant : « "Moi, une fois élevé de terre, j'attirerai tous les hommes à moi", il signifiait par là de quelle mort il allait mourir. »

Il vit donc sa mort en communiant à notre angoisse et notre effroi, non comme une perte mais comme le chemin de la fécondité et du salut. Il nous met devant cette vision incompréhensible, inimaginable pour nous; non pas la fascination de la mort comme délivrance de la vie, mais la mort vaincue par la puissance de Dieu, le Vivant. Il nous met devant un mystère beaucoup plus profond, incroyable, inconcevable même pour nous, que le simple courage d'affronter la mort en silence et avec dignité. C'est le mystère d'un salut qui vient de plus puissant que nous, incompréhensible, là où, pour nous, toutes les portes sont fermées.

Et que nous demande-t-il? Non pas de changer notre propre attitude devant notre mort. Il nous demande d'entrer dans sa mort. Nous pourrions dire : « Nous avons déjà bien du mal à supporter notre vie, à faire face à notre existence. Alors, si Dieu est bon, qu'il nous aide à vivre et qu'il n'en demande pas plus. » Ce n'est pas cela que le Christ propose à ses disciples. Il ne nous dit pas : « Ayez du courage; montrez-vous optimistes; cela ira mieux plus tard. » Il ne nous encourage pas à poursuivre vaillamment notre route, mais bien plutôt il nous invite à entrer dans son propre chemin, à marcher derrière lui. Non pas à nous préoccuper de notre mort, mais à prendre sur nous sa mort, oui, sa mort; à entrer dans sa vocation, dans ce à quoi il est appelé, lui.

Ce n'est donc pas une parole générale sur la condition humaine, sur la vie et la mort, le bien et le mal, la société et l'homme. C'est une invitation singulière, un appel déterminé à le suivre, lui, Jésus, dans sa singularité. Il nous dit en effet : « Si quelqu'un veut me servir, qu'il me suive; et là où je suis, là aussi sera mon serviteur. Si quelqu'un me sert, mon Père l'honorera. » Et cette phrase-là vient immédiatement après celle où Jésus commente sa propre mort : « Si le grain de blé tombé en terre ne meurt pas, il demeure seul, mais s'il meurt, il porte beaucoup de fruit. Qui aime sa vie la perd; et qui hait sa vie en ce monde la conservera en vie éternelle. »

Comment pouvons-nous entendre une telle parole? Et comment, surtout, peut-elle être compréhensible pour nous? Il faut nous rappeler la parole du prophète. Dieu seul, et son amour, peut inscrire dans notre cœur, en nous donnant son Esprit, cette loi de vie, cette puissance de vie qui fait de nous, avec le Christ, un même pain, un même corps. L'Esprit seul nous donne de comprendre comment ce monde, pétri par l'amour de Dieu, peut être sauvé quand le Christ, le Messie de Dieu — et tous ses frères en lui — acceptent de manifester dans leur vie cet amour fait d'obéissance fidèle à l'amour qui est Dieu et qui est la source de vie.

« Ils réquisitionnèrent un passant pour porter la croix »

Dimanche des Rameaux, année B (11 avril 1976.)

Évangile selon saint Marc 11, 1-10.

Quand ils approchent de Jérusalem, en vue de Bethphagé et de Béthanie, près du mont des Oliviers, Jésus envoie deux de ses disciples, en leur disant : « Allez au village qui est en face de vous, et aussitôt, en y pénétrant, vous trouverez, à l'attache, un ânon que personne au monde n'a encore monté. Détachez-le et amenez-le. Et si quelqu'un vous dit : "Que faites-vous là ?" dites : "Le Seigneur en a besoin et aussitôt il va le renvoyer ici." » Ils partirent et trouvèrent un ânon à l'attache près d'une porte, dehors, sur la rue, et ils le détachent. Quelques-uns de ceux qui se tenaient là leur dirent : « Qu'avez-vous à détacher cet ânon ? » Ils dirent comme Jésus leur avait dit, et on les laissa faire. Ils amènent l'ânon à Jésus et ils mettent sur lui leurs manteaux et il s'assit dessus. Et beaucoup de gens étendirent leurs manteaux sur le chemin; d'autres, des jonchées de verdure qu'ils coupaient dans les champs. Et ceux qui marchaient devant et ceux qui suivaient criaient : « Hosanna ! Béni soit celui qui vient au nom du Seigneur ! Béni soit le Royaume qui vient, de notre père David ! Hosanna au plus haut des cieux ! »

Isaïe 50, 4-7.

Lettre de saint Paul aux Philippiens 2, 6-11.

Évangile selon saint Marc 14, 1-15; 47.

L'entrée triomphale de Jésus à Jérusalem nous rassemble aujourd'hui. Dans quelques minutes, cependant, nous allons entendre le récit de la Passion de Jésus, jusqu'à sa mort.

Ce qui nous est proposé, ce n'est donc pas seulement de l'acclamer, mais aussi de le regarder et peut-être de le suivre dans toute sa Passion, quand il subit la mort d'un condamné de droit commun.

Ne serions-nous pas en train de nous donner un spectacle en évoquant la foule qui l'acclame, prend des branchages et qui, saisie d'enthousiasme, reconnaît dans Jésus la forme de son espérance ?... Si vous vouliez satisfaire ainsi votre imagination, il vaudrait mieux vous en remettre aux grands noms du cinéma qui ont tenté de reconstituer les événements : « Jérusalem, le jour des Rameaux, comme si vous y étiez... » Ce n'est pas ce que nous faisons ici. Je ne suis pas déguisé en bédouin. Je n'ai pas pris de petit âne. Les buis que vous avez en main ne sont pas des palmes. Si nous désirions imaginer ce qui s'est passé, vraiment, le film récent sur le Christ serait plus efficace que ce que nous faisons ici.

Alors, que faisons-nous ? Et pourquoi recommencer tous les ans ? Eh bien ! ce Jésus acclamé par une foule qui ne sait pas bien ce qu'elle dit (comme nous, peut-être), ce condamné de droit commun mort sur la croix, cet homme dont nous allons entendre raconter la fin, cet homme, c'est vous. C'est nous. Ou, plutôt, nous pouvons nous reconnaître en lui, car il a voulu prendre sur lui nos blessures.

Et le regardant dans sa Passion, en écoutant ce récit, nous voyons comme dans un miroir toutes les souffrances de l'humanité. Mais non pas comme nous les verrions à la télévision. L'écran est un miroir qui reflète toute l'horreur du monde, mais il est indifférent. L'écran ne souffre pas ; l'écran n'aime rien, l'écran est un verre froid ; l'écran laisse l'homme seul dans sa solitude ; l'écran est un voyeur aveugle.

Quand nous regardons le Christ, nous ne voyons pas dans la solitude, un miroir froid qui nous renvoie notre propre souffrance. Nous savons que ce miroir est fait de compassion vivante et d'amour : le Christ a pris sur lui ce que nous ne pouvons pas supporter, l'injustice, le mal absurde, la mort, l'irresponsabilité, la lâcheté, les situations inextricables, le non-sens. En Jésus, nous découvrons notre souffrance et notre malheur puisqu'il nous prend tels que nous sommes. Et, devant lui, ou bien tous sont coupables ou bien il n'y a pas de coupables. Et si tous sont coupables, c'est que, par lui, Dieu pardonne à tous, nous aime tous. En Jésus, nous voyons notre propre visage porté dans l'amour vivant de Dieu qui s'enfouit dans notre humanité.

Mais est-ce pour cela que nous sommes ici ? Est-ce simplement pour recevoir le soulagement ou cette lueur d'espérance qu'en ce monde l'amour est possible, puisque dans le visage de la Passion de l'homme se révèle l'immensité de l'amour de Dieu qui nous prend tels que nous sommes ? Est-ce pour nous que nous sommes ici ? Est-ce pour accueillir ce regard étrange de l'homme bafoué qui révèle Dieu et son amour ?

Frères dans le Christ, ce que je vais dire s'adresse à tous les chrétiens pris ensemble sans trop savoir ce que chacun de nous, là-dedans, va y faire. Ce que je vais dire s'adresse à tous ceux qui sont rassemblés par le nom du Christ : ceux qui s'estiment proches comme ceux qui se sentent lointains ; ceux qui sont assurés dans leur conviction comme ceux qui craignent que ce ne soit qu'un mythe ; ceux qui ne savent plus comme ceux qui croient encore ; ceux dont la vie va à vau-l'eau ; ceux dont la vie est peut-être perdue et ceux qui ont envie de partir. Ce que je vais dire s'adresse à la foule indistincte de tous ceux qui acceptent d'être rassemblés par le Christ et, vaille que vaille, de tenir un rameau sans qu'on leur ait rien demandé à l'entrée.

Pourquoi êtes-vous là ? Vous ne pouvez pas répondre. Nous ne pouvons pas répondre parce que nous ne le savons pas. Ou ce que nous dirions serait une mauvaise réponse : l'habitude, notre intérêt, nos convictions, notre foi, le désir d'avoir un rameau, de faire plaisir à sa famille. Rien de tout cela n'est vrai, quoi que vous en pensiez.

Nous sommes là parce que Dieu nous y a conduits. Vous me direz : « Je n'ai pas vu Dieu ce matin ; il ne m'a pas conduit ici. » Quand Simon de Cyrène, le père d'Alexandre et de Rufus, a été réquisitionné pour porter la croix du Christ, il a été réquisitionné par la force publique sans savoir ce qui se passait. Il a été pris dans la rue pour aider Jésus à porter sa croix. Lui, il n'y était pour rien, il ne l'avait pas cherché. Et cependant, avec Jésus il a porté sa croix.

Eh bien ! peut-être n'y sommes-nous pour rien, ce matin. Mais, pourtant, nous voici parce que Dieu le veut. Et que veut-il de nous, celui qui nous aime ? Il veut que, regardant Jésus, en qui nous voyons notre souffrance portée par amour — écoutez, frères, c'est difficile cela —, Dieu veut que nous acceptions de suivre Jésus dans sa Passion, que nous acceptions de prendre sur nous sa souffrance, sa Passion.

Lui partage, prend sur lui la passion de tous les hommes,

devenant ainsi la Révélation vivante de l'amour de Dieu. Et à ses disciples, il donne à partager son corps et son sang, sa coupe, son calice : sa Passion.

Nous sommes là pour entrer dans la Passion du Christ. Et pour quoi faire ? Pour faire avec lui ce qu'il fait, c'est-à-dire pour, avec lui, porter en ce monde le signe de la compassion de Dieu, de l'amour de Dieu pour la totalité des hommes.

Rappelez-vous ces phrases que le Christ nous a dites : « Vous boirez la coupe que je dois boire ; le baptême dont je dois être baptisé, vous en serez baptisés. » « Veillez et priez avec moi. » « Si quelqu'un veut être mon disciple, qu'il vienne à ma suite. »

Là-devant, nous ne pouvons qu'être sans parole, sans phrase, dire : « Seigneur, je ne peux pas. » Et non seulement « Je ne peux pas », mais nous rendre compte que nous le trahissons.

La seule réponse, c'est de nous en remettre à lui, à sa puissance et à son amour puisqu'il veut que nous soyons pardonnés pour être le signe du pardon.

L'onction à Béthanie

Liturgie de réconciliation, Mercredi saint, 14 avril 1976

Les chrétiens qui participent aux célébrations de la Semaine sainte — ce n'est pas la foule du dimanche — ont été invités, en ce Mercredi saint au soir, à méditer l'épisode qui précède la Cène, l'onction à Béthanie et, selon la tradition la plus ancienne, à recevoir de l'Église le Sacrement de la Réconciliation, après avoir confessé leurs péchés.

Nous avons repris la « cantate brève » : « Où est ton trésor, là aussi sera ton cœur » (ci-dessus pages 16-17), dont le troisième volet donne à contempler le geste de la femme. Il serait utile de méditer ce chant à nouveau avant de lire l'homélie.

Évangile selon saint Marc 14, 1-11.

La Pâque et les Azymes allaient avoir lieu dans deux jours, et les grands prêtres et les scribes cherchaient comment arrêter Jésus par ruse pour le tuer. Car ils se disaient : « Pas en pleine fête, de peur qu'il n'y ait du tumulte parmi le peuple. »

Comme il se trouvait à Béthanie, chez Simon le lépreux, alors qu'il était à table, une femme vint, avec un flacon d'albâtre contenant un nard pur, de grand prix. Brisant le flacon, elle le lui versa sur la tête. Or il y en eut qui s'indignèrent entre eux : « A quoi bon ce gaspillage de parfum ? Ce parfum pouvait être vendu plus de trois cents deniers et donné aux pauvres. » Et ils la rudoyaient. Mais Jésus dit : « Laissez-la ; pourquoi la tracassez-vous ? C'est une bonne œuvre qu'elle a accomplie sur moi. Les pauvres, en effet, vous les aurez toujours avec vous et, quand vous le voudrez, vous pourrez leur faire du bien, mais moi, vous ne m'aurez pas toujours. Elle a fait ce qui était en son pouvoir : d'avance elle a parfumé mon corps pour l'ensevelissement. En vérité, je vous le dis, partout où sera proclamé l'Évangile, au monde entier, on redira aussi, à sa mémoire, ce qu'elle vient de faire. »

Judas Iscarioth, l'un des Douze, s'en alla auprès des grands prêtres pour le leur livrer. A cette nouvelle ils se réjouirent et ils promirent de lui donner de l'argent. Et il cherchait une occasion favorable pour le livrer.

Nous sommes à deux jours de la Pâque. Et tels sont les faits que l'évangéliste propose à notre mémoire pour nous préparer à entrer avec lui dans le mystère de la Passion, mystère d'anéantissement et de grandeur divine incompréhensible à l'homme quand elle manifeste la bonté dans le rejet, la vie dans la mort et la divinité dans le pardon. Pour entrer dans ce mystère de la Pâque du Christ, dans ce mystère de son offrande et de sa Passion, il nous faut, puisque c'est le désir de la réconciliation qui nous rassemble, la vivre dans le souvenir du geste de cette femme qui a répandu le parfum précieux sur le Christ à Béthanie.

D'une certaine façon, nous n'avons pas le choix. Nous pourrions désirer nous laisser guider par notre humeur ou notre attrait personnel, ou les circonstances historiques ou collectives qui, aujourd'hui, nous préoccupent. Nous pourrions préférer partir de ce qui fait les faiblesses ou les tentations, ou les épreuves principales de nos vies. Mais l'événement, c'est ce récit lui-même que je viens de lire. Et c'est donc à sa lumière que nous sommes obligés de voir nos propres événements. Comme si, pour nous voir, il fallait le regarder. Comme si, pour nous comprendre, il fallait nous déprendre de nous-mêmes et accepter de le comprendre. Comme si, pour sortir de l'absurdité de nos propres défaites, il fallait l'incompréhensible destin de notre Maître.

Cette démarche-là, à elle seule, est éprouvante. Car, avant même que nous ayons commencé à nous placer devant Dieu, à ouvrir la bouche, nous sommes dépossédés de notre parole et de notre histoire puisque c'est son histoire qui nous est proposée.

Mais si elle nous est proposée, ce n'est ni par hasard ni par une espèce de volonté absurde de Dieu : c'est que cette histoire, cet événement dans lequel nous sommes invités à entrer ce soir peut et doit être pour nous comme une porte qui nous ouvre le chemin du salut. Et c'est peut-être cela qu'il faut demander à Dieu de nous faire comprendre.

Voici venue l'heure où les chefs des prêtres et les scribes cherchent à faire mourir Jésus, l'heure où il vient à Béthanie, dans la maison de Simon, le lépreux, se mettre à table, l'heure où cette femme brise le flacon précieux, geste que Jésus reconnaît comme le signe prémonitoire de son ensevelissement, l'heure où il répond à l'objection des disciples sur l'inutilité scandaleuse de ce geste, l'heure où Judas, l'un des Douze, entre dans les ténèbres de la trahison et livre son Maître. Comment allons-nous comprendre ce qui se passe?

Quelles autres paroles de Jésus devons-nous puiser dans la mémoire de l'Église pour accueillir ce qu'il nous dit maintenant?

Souvenons-nous d'abord de cette confrontation dramatique dans le Temple. On lui a demandé pour l'embarrasser quel est le plus grand commandement, ce qu'il faut faire et quel est l'essentiel de la vie et de la foi. Et la réponse du Seigneur, c'est : « Tu aimeras le Seigneur ton Dieu de tout ton cœur, de toute ton âme, de tout ton esprit; c'est là le grand, le premier commandement. Et le second lui est semblable : Tu aimeras ton prochain comme toi-même. »

Ce commandement, unique et double, nous savons bien que c'est la loi en fonction de laquelle nous sommes jugés et qui nous juge. Et, là encore, nous serions tentés d'ergoter, de ne pas comprendre et de nous justifier. Ou bien faire l'aveu de notre impuissance (nous ne savons pas aimer Dieu; nous ne pouvons pas l'aimer et nous ne le voyons pas) ou bien nous dérober, comme par hasard, à celui-là, précisément, qui nous est proposé comme prochain.

Et quelle autre parole du Christ nous faut-il encore chercher pour écarter cette duplicité qui est la nôtre quand nous cherchons à nous justifier de n'avoir pas accompli son commandement?

« Où est ton trésor, là aussi sera ton cœur », dit Jésus dans le sermon sur la montagne. « Ne vous amassez pas de trésor sur la terre où les mites et les vers font tout disparaître, où les voleurs percent les murs et dérobent. Mais amassez-vous des trésors dans le ciel où ni les mites ni les vers ne font de ravages, où les voleurs ne percent ni ne dérobent. Ne vous inquiétez pas pour le lendemain, le lendemain s'inquiétera de lui-même. A chaque jour suffit sa peine. »

Dans ce commandement, Jésus nous dit que notre amour nous constitue, que nous sommes ce que nous aimons et que, pour voir qui nous aimons, il n'y a qu'à voir où est notre trésor.

Ce soir, cette remontée à l'intérieur de notre mémoire chrétienne, cette remontée dans la mémoire de l'Évangile nous arrache à nous-mêmes, au repliement sur nous-mêmes. Peut-être au début de cette célébration avions-nous commencé de nous demander : « Où est mon trésor? Où est mon cœur? Où est ma vie? » Peut-être pouvions-nous nous demander : « Qui est ce Dieu que j'aime ou que je dois aimer ? Ne me suis-je pas dérobé à son amour ? Quel prochain ai-je méprisé ou devant quel prochain me suis-je dérobé ? » Ces questions étaient posées par rapport à nous et nous étaient posées par le Christ.

Pénétrant maintenant en sa Passion comme il nous y invite, ces mêmes questions, il faut nous les poser par rapport au Christ. Car lui, ce soir, nous montre ce que c'est qu'aimer Dieu par-dessus toutes choses et comment il fait de nous son prochain. Il nous montre ce que c'est que de placer son trésor dans le ciel.

Il faut donc que nous acceptions d'être jugés par rapport à lui. Où est notre place dans ce festin de Béthanie ? Sommes-nous prêts à briser dans le silence le flacon et à répandre le parfum le plus précieux sur sa tête ? Le lui disputerons-nous, prétendant mieux aimer nos frères que lui ne les aime et cherchant une autre voie que la sienne pour l'aimer ? Sommes-nous acculés au désespoir ou à la crainte, à la tentation de le trahir et de partir dans la nuit ?

Le prochain qu'il nous faut aimer et qui est le signe de l'amour, c'est le Christ. Car c'est en le regardant et en nous laissant juger par l'amour que nous lui portons que la figure de notre vie est tracée par Dieu.

Notre péché, peut-être est-il de ne pas accepter de voir notre existence répandue, inutilement aux yeux de certains, pour qu'elle devienne comme la libation gratuite du corps du Christ qui sert au salut du monde.

Nous allons chanter toutes ces paroles de l'Évangile que nous sommes en train de méditer. Pendant le temps de la confession, nous pourrons, entrant dans ce mystère du pardon, demander au Christ de nous faire découvrir notre péché par rapport à lui et non par rapport à nous-mêmes, par rapport à l'amour dont il nous aime et non par rapport à l'amour que nous lui refusons.

« En mémoire de moi »

Jeudi saint, 15 avril 1976 au soir.

Exode 12, 1-8 ; 11-14.

Première lettre de saint Paul aux Corinthiens 11, 23-26.

Évangile selon saint Jean 13, 1-15.

Avant la fête de la Pâque, Jésus, sachant que son heure était venue de passer de ce monde vers le Père, ayant aimé les siens qui étaient dans le monde, les aima jusqu'à la fin.

Au cours d'un repas, alors que déjà le diable avait mis au cœur de Judas Iscariote, fils de Simon, le dessein de le livrer, sachant que le Père lui avait tout remis entre les mains et qu'il était venu de Dieu et qu'il s'en allait vers Dieu, il se lève de table, dépose ses vêtements, et prenant un linge, il s'en ceignit. Puis il met de l'eau dans un bassin et il commença à laver les pieds des disciples et à les essuyer avec le linge dont il était ceint.

Il vient donc à Simon-Pierre, qui lui dit : « Seigneur, toi, me laver les pieds ? » Jésus lui répondit : « Ce que je fais, tu ne le sais pas à présent ; par la suite tu comprendras. » Pierre lui dit : « Non, tu ne me laveras pas les pieds, jamais ! » Jésus lui répondit : « Si je ne te lave pas, tu n'as pas de part avec moi. » Simon-Pierre lui dit : « Seigneur, pas seulement les pieds, mais aussi les mains et la tête ! » Jésus lui dit : « Qui s'est baigné n'a pas besoin de se laver ; il est pur tout entier. Vous aussi, vous êtes purs ; mais pas tous. » Il connaissait en effet celui qui le livrait ; voilà pourquoi il dit : « Vous n'êtes pas tous purs. »

Quand il leur eut lavé les pieds, qu'il eut repris ses vêtements et se fut remis à table, il leur dit : « Comprenez-vous ce que je vous ai fait ? Vous m'appelez Maître et Seigneur, et vous dites bien, car je le suis. Si donc je vous ai lavé les pieds, moi le Seigneur et le Maître, vous aussi vous devez vous laver les pieds les uns aux autres. Car c'est un exemple que je vous ai donné, pour que vous fassiez, vous aussi, comme moi j'ai fait pour vous. »

Si Jésus, avant sa Passion, a pris le pain, l'a rompu et l'a donné à ses disciples, s'il a pris la coupe, a prononcé la bénédiction, et l'a donnée à ses disciples, c'est parce que, avec ses disciples et le peuple juif, il célébrait la fête de la Pâque dont nous avons entendu, dans la première lecture, la prescription.

Et célébrer la Pâque, pour ceux qui entourent le Christ, n'a rien d'exceptionnel : ils font ainsi tous les ans, comme continuent de le faire les juifs fidèles. Ils accomplissent le commandement donné par Dieu de se souvenir et de reconnaître qu'ils sont sauvés par la puissance de Dieu. Car la sortie d'Égypte n'est pas un événement seulement passé qui pourrait rester enfoui dans la mémoire : c'est un événement où la puissance de Dieu fait naître un peuple de tout homme qui, prenant part à la célébration de la Pâque, reconnaît par là qu'il est, lui aussi, sorti d'Égypte en cette nuit.

C'est donc reconnaître que Dieu fait grâce et manifeste sa puissance parce qu'il veut se choisir un peuple pour une mission déterminée. Cette mission, c'est de louer Dieu, d'être dans le monde un prêtre pour toute l'humanité, selon la formule que reprendra la première lettre de saint Pierre : un peuple prêtre, un peuple consacré, un peuple saint pour rendre gloire à Dieu et un culte à Dieu. Ainsi, le monde ira vers son salut. Le peuple prêtre doit remplir son office pour que toutes les maisons païennes aient droit à la lumière et à la grâce gratuite qui vient de Dieu. Cela peut sembler un privilège ; c'est, d'abord, une mission. Jésus célèbre cette Pâque.

Mais quelque chose bascule en cette nuit pour les disciples de Jésus. Dans cette mémoire et dans cette présence de l'acte de salut de Dieu qui se choisit un peuple pour qu'il soit le signe que ce monde peut être sauvé puisque Dieu l'aime, la victime offerte n'était qu'un signe, un mémorial : l'Agneau. La victime, à vrai dire, n'était qu'un symbole.

Au cours de cette nuit, l'homme pouvait se demander : « Mais si Dieu nous aime, si Dieu nous sauve et sauve le monde, comment se fait-il que sa puissance et sa sainteté n'éclatent pas encore ? Comment se fait-il que son amour et sa puissance ne fassent pas justice en ce monde ? » Jésus, ce même soir, prononçant les bénédictions, dit : « Ceci est mon corps livré pour vous. Ceci est la coupe de mon sang versé pour vous et pour la multitude en rémission des péchés. » Cette offrande, brusquement, prend un sens nouveau : car celui qui s'offre, c'est celui-là même qui vient sauver. Cet acte de salut, c'est une vie livrée, et cette vie livrée dévoile la profondeur insondable de l'amour qui est Dieu.

Mais nous sommes encore entraînés plus loin. Quand le Christ nous dit : « Prenez et mangez-en tous », et qu'il ajoute : « Vous ferez cela en mémoire de moi », il nous invite non pas à profiter comme d'un don plus extraordinaire de la grâce divine. Il ne nous offre pas un privilège nouveau. Mais en nous disant : « Prenez et mangez-en tous; prenez et buvez-en tous, et faites ceci en mémoire de moi », il nous montre comment nous, qui sommes ses disciples, et appelés à former un corps et un peuple parmi les peuples de ce monde, comment nous devons remplir la mission pour laquelle nous avons été choisis, qui est d'être pour Dieu et pour nos frères un sacerdoce royal, un peuple consacré.

Comment cela? En devenant ce qu'il est, en nous offrant avec lui. Car le corps partagé et le sang versé, c'est le sien pour nous, et c'est le nôtre en lui. Notre Pâque, c'est la Pâque du Christ et c'est notre Pâque dans le Christ.

Une grâce nous est faite, par laquelle un peuple est choisi, et par laquelle d'innombrables frères, connus ou inconnus, ou connus de Dieu seul peuvent faire un seul corps en cette offrande et en cet amour. C'est la grâce de l'Agneau, de l'Innocent; c'est la grâce accordée aux pécheurs pardonnés qui acceptent de recevoir, dans le Christ, la joie de s'offrir et d'être frères.

Voilà la profondeur à laquelle nous sommes appelés. Voilà ce que nous devons être au milieu de ce monde. Nous remettant cette mission qui nous est impossible, le Christ nous dit : « Ce que je veux faire, tu ne le sais pas maintenant; plus tard, tu comprendras. »

Ce soir, partageant son corps — et certains parmi nous vont le recevoir pour la première fois — et buvant à sa coupe, il nous faut accepter de tout recevoir gratuitement et de le laisser faire pour que, dans son pardon, nous puissions tout donner gratuitement. Ne disons pas que c'est impossible. Je veux dire : ne disons pas que c'est impossible à Dieu. Car ce qu'il nous est demandé de croire, ce soir, c'est que Dieu le fait pour nous et nous donne de le faire. C'est cela que le Christ appelle nous aimer.

Veillée pascale

Veillée pascale, samedi 17 avril 1976.

Évangile selon saint Marc 16, 1-8.

> Quand le sabbat fut passé, Marie de Magdala, Marie, mère de Jacques, et Salomé, achetèrent des aromates pour aller oindre le corps. Et de grand matin, le premier jour de la semaine, elles vont à la tombe le soleil s'étant levé.
>
> Elles se disaient entre elles : « Qui nous roulera la pierre hors de la porte du tombeau ? » Et ayant levé les yeux, elles virent que la pierre avait été roulée de côté : or elle était fort grande. Étant entrées dans le tombeau, elles virent un jeune homme assis à droite, vêtu d'une robe blanche, et elles furent saisies de stupeur. Mais il leur dit : « Ne vous effrayez pas. C'est Jésus le Nazarénien que vous cherchez, le Crucifié : il est ressuscité, il n'est pas ici. Voici le lieu où on l'avait mis. Mais allez dire à ses disciples et à Pierre qu'il vous précède en Galilée : c'est là que vous le verrez, comme il vous l'a dit. » Elles sortirent et s'enfuirent du tombeau, parce qu'elles étaient toutes tremblantes et hors d'elles-mêmes. Et elles ne dirent rien à personne, car elles avaient peur...

La Passion du Christ, frères, peut être racontée. Il est possible, comme le fait l'évangéliste, d'en rapporter les épisodes pas à pas : on peut compter les coups et recueillir les paroles, on peut même nommer les silences. Mais le Christ ressuscité, qui pourrait le dire ? Sa résurrection, à quoi la comparer ?

Comment pouvons-nous la saisir, si ce n'est dans le don qu'il nous fait, maintenant, d'avoir part à sa vie ? Que pouvons-nous penser d'autre, partageant la peur des femmes éblouies de la lumière qu'elles ont vue, assourdies par la voix qui leur a parlé, sinon que dans l'ailleurs où le Christ est parti nous pouvons pénétrer ? Mais c'est ici et maintenant, puisque nous avons cette espérance et cette foi, que nos vies plongent dans la sienne. Nos vies surgissent de sa résurrection. Nous partageons avec lui la fécondité sans mesure donnée par Dieu. Comment pouvons-nous oser croire une telle chose, si ce n'est en nous fiant à lui ? Et nous y sommes contraints comme malgré nous, car c'est pour cela que nous sommes choisis et rassemblés.

Disciples de Jésus, la puissance de Dieu, en dépit de nos faiblesses, de notre incapacité à croire, de nos péchés, de notre obscurité, fait de nous un peuple de « vivants », vivant d'une vie qui ne nous appartient pas mais qui devient la nôtre. Nous sommes ainsi comme portés, soulevés par la puissance qui nous dépasse et qu'il nous faut attester à nos frères. Nous sommes ces aveugles éblouis par la lumière qui doivent dire que la lumière existe. Nous sommes ces pécheurs baignés de pardon qui doivent oser pardonner. Nous sommes ces êtres mortels à qui, sans cesse, la vie est donnée pour qu'ils partagent la vie. Telle est, trébuchante, la joie secrète, incommunicable qui nous habite, à peine assurés nous-mêmes mais forts de la puissance de Dieu. Joie incommunicable par nos forces mais puissance de résurrection chaque fois que Dieu la donne.

Maryse va être baptisée, comme nous le sommes ou comme d'autres le seront. C'est la même puissance de vie gratuite, incompréhensible, déconcertante qui s'empare de nous. C'est la même joie sans nom que, pourtant, nous pouvons dire. Et nous devons oser penser que toutes les larmes du monde, recueillies dans la main de Dieu, sont transformées en un joyau précieux par la mort du Christ et sa résurrection. Et nous devons dire qu'en ce monde cruel, sans pitié, nous osons croire à la pitié de Dieu et à sa tendresse, à la puissance de la vie puisqu'il nous la donne.

Il faut, en chantant la litanie des saints que nous appelons à notre aide, associer à cette joie la foule innombrable de tous ceux qui ont espéré, pleuré, supplié, de tous ceux qui, en voyant le Christ, se sont réjouis, de toutes les victimes innocentes dont la vie sauve le monde par le Christ.

Nous devons nous unir à la prière de tous ceux qui sont du Christ et qui, déjà, attestent que Dieu aime le monde.

Nous devons nous joindre à cette cohorte qui précède le jour où apparaîtra le signe de la Jérusalem d'En Haut.

« Vois mes mains »

Deuxième dimanche de Pâques, année B (25 avril 1976.)

Actes des Apôtres 4, 32-35.

Première lettre de saint Jean 5, 1-6.

Évangile selon saint Jean 20, 19-31.

Le soir, ce même jour, le premier de la semaine, et les portes étant closes, là où se trouvaient les disciples, par peur des Juifs, Jésus vint et se tint au milieu et il leur dit : « Paix à vous ! »

Ayant dit cela, il leur montra ses mains et son côté. Les disciples furent remplis de joie à la vue du Seigneur. Il leur dit alors, de nouveau : « Paix à vous !
Comme le Père m'a envoyé,
moi aussi je vous envoie. »

Ayant dit cela, il souffla sur eux et leur dit :

« Recevez l'Esprit Saint.
Ceux à qui vous remettrez les péchés,
ils leur seront remis ;
ceux à qui vous les retiendrez,
ils leur seront retenus. »

Or Thomas, l'un des Douze, appelé Didyme, n'était pas avec eux, lorsque vint Jésus. Les autres disciples lui dirent donc : « Nous avons vu le Seigneur ! » Mais il leur dit : « Si je ne vois pas dans ses mains la marque des clous, si je ne mets pas mon doigt dans la marque des clous, et si je ne mets pas ma main dans son côté, je ne croirai pas. » Huit jours après, ses disciples étaient de nouveau à l'intérieur et Thomas avec eux. Jésus vient, les portes étant closes, et il se tint au milieu et dit : « Paix à vous. » Puis il dit à Thomas : « Porte ton doigt ici : voici mes mains ; avance ta main et mets-la dans mon côté, et ne deviens pas incrédule, mais croyant. » Thomas lui répondit : « Mon Seigneur et mon Dieu ! » Jésus lui dit :

« Parce que tu me vois, tu crois.
Heureux ceux qui n'ont pas vu et qui ont cru. »

Jésus a fait sous les yeux de ses disciples encore beaucoup d'autres signes, qui ne sont pas écrits dans ce livre. Ceux-là ont été mis par écrit, pour que vous croyiez que Jésus est le Christ, le Fils de Dieu, et pour qu'en croyant vous ayez la vie en son nom.

Jean avoue le but de son Évangile : « Ces signes ont été mis par écrit pour que vous croyiez que Jésus est le Christ, le Fils de Dieu, et pour qu'en croyant, vous ayez la vie en son nom. » Il nous invite à comprendre quel itinéraire il nous fait parcourir, alors qu'il nous décrit la situation ecclésiale qui est la nôtre : « C'était après la mort de Jésus le soir du premier jour de la semaine. »

L'apparition de Jésus ressuscité ne vise pas à effacer les mauvais souvenirs de la Passion sur lesquels les Apôtres sont restés. Où en sont-ils avec Jésus à ce moment-là ? La dernière fois qu'ils ont parlé avec lui, c'était dans le bas de la vallée du Cédron au moment où Jésus a été arrêté. Les Apôtres alors l'ont tous abandonné. Dans la cour du palais du grand prêtre, Pierre dira en le reniant : « Non, je ne connais pas cet homme. » L'un des évangélistes nous rapporte le regard échangé alors entre Jésus et Pierre au chant du coq, et les larmes de Pierre.

Ils en sont restés là : il faut bien nous en souvenir. Et leur état d'esprit nous est décrit par saint Luc quand les disciples qui vont vers Emmaüs déclarent : « Nous croyions qu'il rétablirait le royaume d'Israël. Pourtant, voilà trois jours qu'il a été mis à mort. » Ils sont donc réunis, enfermés ensemble dans la peur, après la mort de Jésus, le soir du premier jour de la semaine. Cette crainte, ce n'est pas seulement celle d'un groupe d'hommes qui n'osent pas s'avouer disciples devant les menaces extérieures. C'est beaucoup plus profondément celle de gens qui ne comprennent plus et qui se terrent. Ils se cachent parce que la Passion a achevé de les dérouter. Cette crainte, c'est l'aboutissement de la trahison. C'est la peur animale d'avoir affaire avec cet homme et sa souffrance absurde. C'en est fini avec lui. Eux l'ont trahi. Mais lui a fait pire. Il les a déçus. C'en est fini. Voilà où nous en sommes.

Quand Jésus surgit au milieu d'eux, le premier mot, l'unique mot qui va revenir à trois reprises, c'est : « Paix à vous. » Cette paix ne veut pas dire : « Soyez tranquilles, tout va bien. » Cette paix, c'est la plénitude de ce que Dieu peut donner à ceux qu'il aime. C'est, en un seul mot, surtout dit par celui qui est là au milieu d'eux, plus que ce que tout homme peut espérer.

Si Jésus surgit au milieu de notre reniement et de notre trahison et nous dit lui-même : « Paix à vous », ce mot, prononcé par lui, dit ce que nous n'oserions même pas penser. Il signifie le pardon.

Il signifie l'espérance, car il nous donne à entendre une parole vivante là où nous croyions qu'il n'y avait que le silence de la mort. Puisqu'il dit : « Paix », c'est qu'il est là, présent et vivant. S'il nous dit : « Paix à vous », c'est que nous pouvons nous fier à la parole qu'il avait dite avant sa Passion.

Et quel est maintenant le message de celui qui donne la paix ? Il montre ses mains et son côté, il montre ses plaies. Ce n'est pas un signe de reconnaissance. Ce n'est pas une vérification d'identité. Cette parole et ce geste font entrer le groupe des disciples dans l'intelligence du fait que Jésus a franchi l'abîme abominable de la mort.

L'objet de notre foi, c'est que la Passion de Jésus, sa mort elle-même, ne sont pas celles d'un homme quelconque, mais celles du Fils et du Messie. Entrant dans l'épreuve de la mort il arrache à ce gouffre béant le surgissement de la vie qui vient de Dieu. Car, dans sa Passion, la divinité du Fils — sa gloire — devient visible dans son propre obscurcissement. Jésus oblige les disciples à revenir en arrière dans leur mémoire, à reprendre le déroulement de la Passion. Ils l'ont vécue comme une absurdité. Ils l'ont vécue comme quelque chose d'intolérable, parce qu'ils aiment Jésus, bien qu'ils le trahissent. Intolérable pour eux-mêmes parce qu'ils éprouvent leur lâcheté, leur peur, leur reniement. Mais pour Jésus aussi la Passion a été intolérable : « Père, s'il est possible, que ce calice s'éloigne de moi... » Jésus vivant les oblige maintenant à reprendre dans leur mémoire ce qui leur était intolérable, absurde, scandaleux, inacceptable, fou, mortel, pour le revoir comme un geste issu de l'amour et donnant le pardon. Comme un événement qui porte dans ses plaies destructrices la source du salut.

Leur tendre ses plaies à toucher, c'est les obliger à reprendre comme une grâce ce qu'ils ont vécu comme une malédiction. Comme un pardon ce qu'ils ont subi comme un châtiment. Comme un mouvement d'amour venant de Dieu incompréhensible, ce qu'ils ont vécu comme un accablement et une destruction.

C'est les obliger à relire autrement et comprendre autrement ce qu'ils n'avaient pas compris. Ce n'est pas oublier.

C'est bien au contraire commencer de pouvoir se souvenir. C'est leur donner la mémoire de la Passion en comprenant enfin ce que signifie : le Christ, le Messie doit souffrir pour le salut et pour la paix du monde.

Les disciples furent remplis de joie à la vue du Seigneur. Cette joie, la leur et la nôtre, n'est pas celle de la page tournée après l'épreuve. Comment pourrions-nous, un instant, ne plus penser à l'abominable? Comment pourrions-nous être dans la joie en faisant comme si la mort et le péché et le massacre et l'infamie n'existaient pas? Nous serions comme ces hommes et ces femmes qui se soûlent pour oublier que le monde croule. La joie du disciple du Christ, ce matin, si elle est pure, sans tache, la joie qui nous rassemble peut-elle être faite de l'oubli de ce qui se passe ailleurs ou qui se cache ici? Notre joie, c'est la joie de ceux qui, dans les stigmates de la malédiction que sont la souffrance et la mort, dans l'absurdité du procès fait à Dieu, reconnaissent le signe de la rémission et de la paix dans le Christ. Ce n'est donc pas une joie d'oubli : c'est une joie d'acceptation, de pardon, de compréhension, de paix.

Et voici aussitôt ce qui est confié à l'Église : « Comme le Père m'a envoyé, moi aussi je vous envoie. » C'est de participer à cette mission de Jésus, à partager avec lui son envoi par le Père. Les chrétiens, les disciples de Jésus, ce sont ceux qui participent à ce que fait Jésus. Ils vont avoir à subir la Passion comme Jésus l'a subie. Avec la force de vie de Jésus ressuscité.

Pour les faire entrer dans sa mission, Jésus les emplit de l'Esprit, les inspire : « Recevez l'Esprit Saint », le même Esprit que Jésus a reçu au baptême. Et, recevant l'Esprit de Jésus qui vient du Père, partageant sa Passion de Ressuscité, ils deviennent signe et source de la rémission du péché, de la miséricorde, du pardon : « Ceux à qui vous remettrez les péchés, ils leur seront remis... » Tel est notre rôle en ce monde. L'Église, c'est-à-dire le corps des disciples de Jésus, n'est pas faite pour avoir raison ou pour triompher, mais pour porter le pardon, pour oser dire jusqu'à la fin des temps : « Père, pardonne-leur, ils ne savent pas ce qu'ils font », sur tous les massacreurs d'innocents. Pour accepter, parce que disciples de Jésus, de nous mettre avec les innocents — non pas avec ceux qui se justifient eux-mêmes —, avec ceux qui acceptent d'être mis à part afin que les pleurs des pauvres ne crient pas en vain vengeance auprès de Dieu.

Et si nous sommes ainsi remplis d'Esprit Saint, « inspirés » par Jésus pour être le signe de la miséricorde reçue et partagée, pour être remis sans cesse dans la paix en la donnant, c'est parce qu'il nous destine à devenir le signe du Christ dont nous partageons la foi : « Heureux ceux qui n'ont pas vu et qui ont cru. »

Thomas dit : « Si je ne vois pas ses plaies, si je ne mets pas ma main dans son côté, je ne croirai pas. » (Et non pas : « Je n'y croirai pas. ») « Je ne croirai pas », c'est-à-dire je n'oserai pas croire qu'en cette Passion du Christ la paix nous est donnée. Heureux ceux qui ont cru avec le Christ sans avoir eu accès à ce signe visible.

« Jésus a fait sous les yeux de ses disciples encore beaucoup d'autres signes, qui ne sont pas écrits dans ce livre. Ceux-là ont été mis par écrit, pour que vous croyiez que Jésus est le Christ, le Fils de Dieu, et pour qu'en croyant vous ayez la vie en son nom. »

« Rappelez-vous... Ils n'osaient pas encore y croire »

Troisième dimanche de Pâques, année B (2 mai 1976.)

Actes des Apôtres 3, 13-15; 17-19.

Première lettre de saint Jean 2, 1-5.

Évangile selon saint Luc 24, 35-49.

Les disciples qui rentraient d'Emmaüs racontèrent ce qui s'était passé en chemin, et comment ils avaient reconnu le Seigneur à la fraction du pain.

Tandis qu'ils disaient cela, lui se tint au milieu d'eux et leur dit : « Paix à vous ! » Saisis de frayeur et de crainte, ils pensaient voir un esprit.

Mais il leur dit : « Pourquoi tout ce trouble, et pourquoi des doutes montent-ils en votre cœur ?

Voyez mes mains et mes pieds ; c'est bien moi ! Palpez-moi et rendez-vous compte qu'un esprit n'a ni chair ni os, comme vous voyez que j'en ai. »

Ayant dit cela, il leur montra ses mains et ses pieds. Et comme, dans leur joie, ils ne croyaient pas encore et demeuraient saisis d'étonnement, il leur dit : « Avez-vous ici quelque chose à manger ? » Ils lui présentèrent un morceau de poisson grillé. Il le prit et le mangea devant eux.

Puis il leur dit : « Telles sont bien les paroles que je vous ai dites quand j'étais encore avec vous : il faut que s'accomplisse tout ce qui est écrit de moi dans la Loi de Moïse, les Prophètes et les Psaumes. » Alors il leur ouvrit l'esprit à l'intelligence des Écritures, et leur dit : « Ainsi est-il écrit que le Christ souffrirait et ressusciterait d'entre les morts le troisième jour, et qu'en son Nom le repentir en vue de la rémission des péchés serait proclamé à toutes les nations, à commencer par Jérusalem. De cela vous êtes témoins.

« Et voici que moi, je vais envoyer sur vous ce que mon Père a promis. Vous donc, demeurez dans la ville jusqu'à ce que vous soyez revêtus de la force d'en haut. »

« Rappelez-vous... », dit Jésus à ses disciples. Manqueraient-ils de mémoire ? Ce serait étrange, car ce que Jésus leur demande de se rappeler, c'est sa Passion. Il fait appel à une triple profondeur de leur mémoire en leur demandant de se souvenir : premièrement, des événements tels qu'ils se sont passés ; deuxièmement, de l'annonce que Jésus lui-même leur en a faite à plusieurs reprises ; troisièmement, de la prophétie des Écritures où, selon la parole même de Jésus, il est dit que le Messie doit souffrir avant d'entrer dans sa gloire.

Et pourtant les Apôtres semblent ne pas s'en souvenir. Pourquoi ? Parce qu'ils ne le peuvent pas. Parce que, de tout leur être, de toutes leurs forces vitales, ils ne peuvent que repousser ce souvenir, et l'enfouir. Devenu inaccessible, il appartient à une histoire qui n'est pas encore la leur, parce qu'ils la refusent ; une histoire maudite dans laquelle ils ont été pris, mais qu'ils ne peuvent pas garder.

La Passion du Christ. Ils l'ont vécue de loin, et dans leur propre trahison. Les plaies, ils ne les ont pas touchées. Peut-être même les ont-ils à peine vues. Ils n'ont pas compris les paroles de Jésus leur annonçant les souffrances du Messie, parce qu'elles leur étaient obscures et révoltantes. Quand le Christ s'enfonce dans la mort, eux, derrière lui, reculent ; leur abandon et leur lâcheté sont leur manière de vivre l'angoisse et la tristesse de Jésus dans son agonie. Pour eux, tout cela est absurde et maudit. Car la mort est une malédiction et la souffrance une abomination. C'est l'heure des ténèbres, incompréhensible, et qui coupe à l'homme toute compréhension de sa propre histoire, car elle l'enferme dans la révolte, le dégoût et le péché.

Alors, la seule défense possible de l'homme, c'est d'en perdre le souvenir. Comment survivre quand on a été plongé dans l'enfer, si ce n'est en tentant de l'oublier ? Comment éviter de maudire si ce n'est en faisant un peu, doucement, comme si les choses n'avaient pas été ? Il n'y a pas de mémoire possible de l'enfer. Il n'y a pas d'histoire en enfer. La Passion de Jésus, c'est l'engloutissement de l'espérance dans l'enfer des hommes. Et les Apôtres ne peuvent pas en avoir de mémoire. Ils sont enfermés dans leur peur, dans leur solitude, dans leur absence d'histoire, dans leur absence de passé — car ce passé-là, ils doivent s'en détacher pour survivre. Pour continuer de vivre, ils doivent l'oublier.

Et voici que Jésus surgit au milieu d'eux. Il va leur faire vivre enfin sa propre Passion, non plus comme un enfer, mais comme une paix et une bénédiction : « La paix soit avec vous. »

Dans la joie d'une présence, il les prend par la main pour qu'ils touchent ses mains, ses plaies abominables. Il exorcise leur peur au point de leur faire toucher ce qui était signe de mort, pour qu'ils expérimentent que là jaillit la vie. Cet exorcisme de l'enfer, cet enfer enfin détruit, ce n'est pas un rêve. De leurs mains, ils ont touché la vie aussi réelle que la nourriture. Ainsi, l'homme prend dans sa bouche, enfin et à nouveau, un bout de pain quand, au sortir de cet Enfer, il a la joie de manger... Il est vivant. Il leur tend ses mains pour qu'ils les touchent, non dans le tragique de leur lâcheté et de leur peur, mais dans la paix d'une Passion à laquelle ils ont enfin accès. Car s'ils peuvent toucher les plaies, c'est que l'enfer est vaincu; c'est que celui qui porte ces plaies est dans la vie et peut donner la vie.

La mémoire peut leur être rendue. Car ce qui leur était inaccessible et incompréhensible, enfoui et caché, se transforme en une histoire bénie et source de bénédiction. Ils peuvent enfin comprendre que cette Passion, au lieu d'être une absurdité, est un salut. Au lieu d'être le signe de la victoire définitive de l'enfer sur toute espérance, elle est la victoire innocente et pure du Juste de Dieu qui apporte l'espérance. La mémoire est possible car, dans le Messie souffrant, ils lisent le signe de la compassion de Dieu.

Lire la Passion du Messie comme une bénédiction, retrouver la mémoire de cette espérance crucifiée comme une source de vie présente, c'est une œuvre que Dieu seul peut accomplir en nous. Il n'est pas au pouvoir de l'homme de se donner à lui-même une telle mémoire. Par ses propres forces, il ne pourrait que s'enfermer lui-même à nouveau en enfer, dans la fascination de l'absurde injustice, dans l'amertume inconsolable de l'Innocent sacrifié. La mémoire de bénédiction ne peut être que donnée par Dieu comme une grâce, comme une illumination, comme une lumière de paix.

Et, en même temps, cette mémoire qui donne accès à l'intelligence, à la compréhension de la souffrance du Messie, nous permet d'avoir la mémoire du monde entier, de toute l'histoire des hommes et de la Parole qui, depuis les origines, en donne le sens caché. C'est toute l'histoire qui nous est rendue à nous, disciples de Jésus, pour y trouver la bénédiction là où, depuis l'origine obscure de l'espèce, nous ne pouvions voir que le meurtre, la haine et la mort. Nous recevons la mémoire immémoriale de l'humanité qui, comme le Messie vivant et souffrant, œuvre de Dieu, se voit bénie et capable de bénir. Dans la mémoire de la Passion du Christ vivant, nous recevons la mémoire de l'humanité inscrite dans la parole des prophètes, et la possibilité de la comprendre comme une bénédiction et une paix donnée.

Et quand ainsi nous est ouvert l'accès à la mémoire du Christ, vous savez bien que c'est aussi notre propre vie qui nous est rendue. Déjà vous connaissez la joie de cette grâce; sinon, un jour, elle vous sera donnée comme à tout disciple de Jésus. Quelle paix de retrouver sa propre histoire, non plus marquée par les plaies déchirantes de son propre péché, de la souffrance infligée, non plus comme une malédiction que l'on tente d'oublier pour vivre, mais rendue en Dieu comme une bénédiction! Le disciple de Jésus, dans la Passion de Jésus, peut bénir Dieu de vivre et d'avoir reçu cette vie où la souffrance elle-même et son incompréhensible obscurité prend, dans le Christ vivant, l'aspect d'une clarté et d'une vie. Alors, il peut recevoir sa vie pour ce qu'elle est, bénie de Dieu, source de bénédiction pour ses frères.

Cette mémoire dans le Christ qui ouvre nos esprits et nous donne le sens de toute Écriture, nous la recevons dans le sacrement que nous sommes en train d'accomplir, semaine après semaine, le mémorial de Jésus-Christ.

Voici que dans notre temps, partageant notre propre durée, il nous livre son corps pour nous faire expérimenter sa Passion. Il nous fait la grâce de la vivre non dans l'absurdité de la souffrance, mais dans le partage de l'amour : corps livré et pain partagé, sang versé et coupe à laquelle nous buvons. Ainsi, notre propre vie est transfigurée par la présence du corps que nous pouvons toucher et de la parole que nous pouvons entendre.

Semaine après semaine, cette Passion nous est donnée, transfigurée, pour aller chercher ce qui est enfoui en nous depuis l'origine du monde, et faire de nous la mémoire du monde. Dans le Christ seulement, la mémoire du monde peut être une bénédiction et peut être le gage d'une espérance. Dans le secret seulement de cette eucharistie, nous pouvons ouvrir nos yeux vers l'avenir, en dépit des horreurs du présent. Dans le Christ seulement, partageant cette paix, nous osons, en ce monde, porter la paix et l'espérance de son Retour.

Voilà donc ce qu'il fait parmi nous, nous rendant la mémoire de sa Passion, nous rendant la mémoire de sa parole et du sens qu'elle découvre dans notre vie, ouvrant nos intelligences à la mémoire du monde et à la parole de l'Écriture, nous rendant à nous-mêmes dans notre propre histoire, faisant de nos vies la bénédiction de Dieu.

« Il a voulu que nous soyons appelés enfants de Dieu »

Quatrième dimanche de Pâques, année B (9 mai 1976.)

Au cours de cette messe, cinq jeunes enfants sont baptisés.

Exode 19, 3-6. (Cette première lecture a été choisie intentionnellement en raison des baptêmes.)

> Moïse alors monta vers Dieu. Le Seigneur l'appela de la montagne et lui dit : « Tu parleras ainsi à la maison de Jacob, tu déclareras aux Israélites : "Vous avez vu vous-mêmes ce que j'ai fait aux Égyptiens, et comment je vous ai emportés sur des ailes d'aigles et amenés vers moi. Maintenant, si vous écoutez ma voix et gardez mon alliance, je vous tiendrai pour mon bien propre parmi tous les peuples, car toute la terre est à moi. Je vous tiendrai pour un royaume de prêtres, une nation sainte." Voilà les paroles que tu diras aux Israélites. »

Première lettre de saint Jean 3, 1-2.

Évangile selon saint Jean 10, 11-18.

> Jésus disait aux Juifs :
> « Je suis le bon pasteur;
> le bon pasteur donne sa vie pour ses brebis.
> Le mercenaire, qui n'est pas le pasteur
> et à qui n'appartiennent pas les brebis,
> voit-il venir le loup,
> il laisse les brebis et s'enfuit,
> et le loup s'en empare et les disperse.
> C'est qu'il est mercenaire
> et ne se soucie pas des brebis.
> Je suis le bon pasteur;
> je connais mes brebis
> et mes brebis me connaissent,
> comme le Père me connaît
> et que je connais le Père,
> et je donne ma vie pour mes brebis.
> J'ai encore d'autres brebis
> qui ne sont pas de cet enclos;
> celles-là aussi, il faut que je les mène;
> elles écouteront ma voix;
> et il y aura un seul troupeau,

un seul pasteur;
c'est pour cela que le Père m'aime,
parce que je donne ma vie,
pour la reprendre.
Personne ne me l'enlève;
mais je la donne de moi-même.
J'ai pouvoir de la donner
et j'ai pouvoir de la reprendre;
tel est le commandement que j'ai reçu de mon Père. »

En présentant, ce matin, ces cinq enfants pour qu'ils soient baptisés, une décision est prise par cinq groupes familiaux. Mais ne serait-ce pas aussi une décision qui concerne les centaines de personnes ici rassemblées et, bien au-delà, une décision dans laquelle est impliquée la communion des croyants, l'Église? Peut-être même ce geste rituel, coutumier, familier, a-t-il un horizon plus vaste encore, s'il est une décision pour toute l'espèce humaine? Et oserons-nous dire qu'il engage une décision de Dieu? Car tel est bien le présupposé et l'enjeu de ce que nous allons accomplir en baptisant ces cinq enfants. Essayons de tirer cela au clair.

Les vrais engagements (qu'ils soient de l'ordre de la religion, de l'idéologie, de l'idéal, de la foi) ne sont-ils pas ceux qu'un adulte choisit en connaissance de cause? Car, alors, c'est librement qu'il s'inscrit là où il pense devoir orienter sa vie de façon responsable.

Ce n'est manifestement pas le cas pour ces cinq enfants, aujourd'hui sans parole. Ils pourraient bien, un jour, réclamer des comptes à ceux qui les ont mis au monde et qui, abusivement pourraient-ils prétendre, les ont engagés, en les faisant baptiser, sur un chemin qu'ils n'ont pas choisi.

Vous savez bien que cette question, très grave, ne cesse de hanter aujourd'hui la conscience des adultes d'Occident, non seulement pour leurs enfants, mais aussi pour eux-mêmes. Et ne croyez pas — je me tourne vers les plus âgés ici, et les plus habitués — que ces couples jeunes qui, au début de cette célébration, ont présenté leurs enfants pour le baptême avec sérénité et aisance, aient pris leur décision facilement ou légèrement. Leur délibération a été longue, partagée, divisée. Et parce qu'une décision est prise, la question n'a pas, pour autant, disparu : on ne ferme pas un problème comme une fenêtre quand il y a un courant d'air.

Faire baptiser son enfant, est-ce donc pour des parents prendre une option abusive ?

Oui, si dans le baptême il s'agissait d'un choix de la liberté humaine qui se donnerait à elle-même sa propre forme.

Non, s'il s'agit de rendre témoignage à un amour qui vient d'un Autre plus grand que nous, dont l'initiative nous devance et nous dépasse de toutes parts.

En effet, faire entrer un enfant dans cette fraternité chrétienne, ce n'est pas choisir à sa place une opinion religieuse parmi d'autres, mais c'est reconnaître le choix que Dieu fait d'un homme parmi d'autres. Je répète : non pas le choix par un homme pour son enfant d'un dieu parmi d'autres dieux ; mais le choix par Dieu d'un enfant des hommes parmi d'autres hommes.

En ce cas nous devons reconnaître, dans le baptême de ces petits enfants, une conduite incompréhensible, inexplicable à nos propres yeux de Celui que nous nommons Dieu. Nous devons accepter l'idée que Dieu aime ces enfants-ci avec la gratuité arbitraire de l'amour.

Alors, le fait que ces enfants soient baptisés ne vient pas d'une décision imputable aux parents, encore moins à nous tous, mais d'une décision dont Dieu, à travers nous, porte la responsabilité.

Alors, nous devons reconnaître la logique, à jamais obscure à nos yeux, du libre amour de Dieu dans l'ensemble des circonstances fortuites qui ont amené ces enfants jusqu'ici, ce matin : le fait que nous soyons en France en 1976 et non au Japon en 1422, que Jean-François ait épousé Marie, et Élisabeth Rémy...

Alors, ces séries d'événements imperceptibles ou grandioses, ces enchaînements des choses et des générations cachent l'antériorité d'une volonté amoureuse qui vient de plus haut que nous et que nous nommons Dieu ; au travers des déterminations et des aléas de cette vie, à peine compréhensibles dans leur ensemble, toujours dénués de sens quand un individu veut les comprendre dans leur particularité, nous sommes obligés de reconnaître l'initiative et la gratuité inexplicable d'un amour singulier.

N'est-ce pas précisément cela « croire » ? N'est-ce pas

reconnaître avec action de grâces qu'il nous a aimés le premier, alors que nous étions incapables de l'aimer?

La foi, c'est accepter d'être choisi par Dieu; ce n'est pas choisir Dieu.

La foi, c'est s'en remettre à la fidélité divine, et non se fier à sa propre fidélité.

La foi, c'est accueillir Dieu qui se manifeste, qui se dévoile; ce n'est pas « découvrir » Dieu.

La foi, c'est se reconnaître comme indigne devant la grandeur d'un amour qui vient jusqu'à nous.

La foi, c'est accepter de se voir pardonné par Celui qui vous révèle ce qu'est le pardon.

Et si Dieu prend cette initiative, appelant l'homme à le reconnaître, c'est pour que ces hommes et ces femmes, choisis par la gratuité de l'amour, témoignent en ce monde de la gratuité de l'amour. C'est pour que ces hommes et ces femmes soient en ce monde, pour la totalité du monde, le signe de cette gratuité et de cet amour. Par avance, ces enfants reçoivent le don de Dieu pour le donner à la multitude.

Ils sont baptisés non en raison d'un privilège qu'ils pourraient accaparer; ils sont baptisés pour être en ce monde la figure du Messie pour le monde, la figure de l'amour et de la passion de Dieu pour le monde. Quand Dieu se découvre dans l'énigme d'un visage humain, quand, dans l'obscurité de ce monde-ci, transparaît la gloire inaccessible, le voile de la chair fait apparaître la splendeur invisible de Dieu.

Une telle mission ne peut être portée que par nous tous; non par eux, pour le moment. Il en va de même de la vie tout court. Vous savez bien que la vie — je parle de la vie dans ce qu'elle a de plus biologique et de plus fondamental —, nul ne peut se la donner à soi-même, nul ne peut la donner à un autre : un homme et une femme qui font un enfant ne donnent pas la vie; ils la transmettent. Et devenir un homme, c'est accepter de recevoir sa vie d'avant soi-même. Et donc, un homme et une femme qui font un enfant sont responsables de la vie qu'ils ont reçue et qu'ils transmettent. De la même façon, on ne se donne pas à soi-même sa liberté, on ne la crée pas : on la reçoit d'un autre. Être libre, c'est accepter d'être voulu libre dans l'amour d'un autre. Nous sommes donc les témoins, en cette nécessité de l'histoire, du libre amour de Dieu.

Reprenons le texte que nous avons lu tout à l'heure du livre de l'Exode (19, 5), quand Dieu dit au peuple qu'il a créé : « Je vous tiendrai pour mon bien propre parmi tous les peuples, car toute la terre est à moi. Je vous tiendrai pour un royaume de prêtres, une nation sainte. » Telles sont les paroles, jamais démenties et qui sont le cœur, le centre absolu où se dévoile l'amour. Et nous croyons que cette vocation, en ce monde, a sa forme achevée en Jésus le Messie. Désormais, de tous les coins du monde, des hommes et des femmes sont appelés à entrer dans cette vocation, non seulement parce qu'ils sont nés de la chair et du sang, comme un enfant naît de ses parents, mais parce qu'ils naissent de l'Esprit pour accomplir cette même vocation; unique vocation qui est d'attester en ce monde que Dieu aime le monde. Accomplir cette vocation, c'est être destiné, d'une manière ou d'une autre, à partager le sort du Messie, c'est-à-dire, en la passion humaine, à révéler le pardon de Dieu, mais avec la force de Dieu. Être à la fois brebis pour Dieu et berger pour Dieu.

Ces enfants nous obligent tous, vous les parents et nous, tous les hommes, à recevoir cette vie comme un don, puisque la grâce nous est faite de la transmettre; à recevoir notre appel comme un amour, puisque la grâce nous est faite d'en être les témoins et les gardiens.

« Seigneur, est-ce maintenant ? »

Fête de l'Ascension, jeudi 27 mai 1976.

Actes des Apôtres 1, 1-11.

Lettre de saint Paul aux Éphésiens 1, 17-23.

Évangile selon saint Marc 16, 15-20.

> Jésus ressuscité dit aux onze Apôtres : « Allez dans le monde entier, proclamez l'Évangile à toute la création. Celui qui croira et sera baptisé, sera sauvé : celui qui ne croira pas, sera condamné. Et voici les signes qui accompagneront ceux qui auront cru : en mon nom ils chasseront les démons, ils parleront en langues nouvelles, ils saisiront des serpents, et s'ils boivent quelque poison mortel, il ne leur fera pas de mal ; ils imposeront les mains aux infirmes et ceux-ci seront guéris. »
>
> Or le Seigneur Jésus, après leur avoir parlé, fut enlevé au ciel et il s'assit à la droite de Dieu.
>
> Pour eux, ils s'en allèrent prêcher en tout lieu, le Seigneur agissant avec eux et confirmant la Parole par les signes qui l'accompagnaient.

Le récit de l'Ascension fait porter sur le Christ un soupçon d'évasion dont le texte de la Préface de ce jour veut le laver puisqu'elle nous fera dire, parlant de Jésus : « Il ne s'évade pas de la condition humaine en montant aux cieux. » C'est un soupçon moderne. Naguère, c'était le soupçon inverse qui se portait sur les Apôtres, accusés d'être encore trop juifs et de souhaiter un royaume purement temporel. Ne demandent-ils pas, en effet, au Christ : « Est-ce maintenant que tu vas rétablir la royauté en Israël ? » Somme toute, nous avons le choix : rendre la terre exsangue au profit du Ciel ou vider le ciel pour le ramener sur Terre. La peste ou le choléra !

Soyons sérieux ! Il n'y a là que l'aveu de nos nostalgies ou de nos frustrations, et non une question que le Christ pose ou que les Apôtres se posent. Ceux-ci n'attendent d'ailleurs pas la restauration de la royauté d'Israël, mais l'instauration du Royaume de Dieu en Israël — méfions-nous des traducteurs !

Et c'est du Royaume de Dieu que parle Jésus, de « ses temps et ses moments ». Car, ce qui intéresse les Apôtres, c'est de savoir si le moment est arrivé où Dieu va réaliser sa promesse. Et sa promesse, c'est que Dieu se livrera en toutes ses richesses à l'homme qu'il aime. C'est qu'il l'introduira dans cet horizon indescriptible d'une communion de Dieu et l'homme, c'est que l'homme recevra de Dieu la splendeur de la sainteté et du bonheur.

Il faut donc bien nous garder de plaquer nos questions sur celle des Apôtres. Car alors nous n'avons plus aucune chance de comprendre la réponse qui leur est donnée. Laissons de côté nos propres interrogations et essayons de reprendre celle des Apôtres. Si nous réussissons à y pénétrer, nous verrons, par retour, comment cela peut nous éclairer.

Leur question est donc : « Dieu va-t-il enfin tenir sa promesse ? Est-ce maintenant ? » Il s'agit, je le répète, que Dieu donne l'enjeu de l'Alliance qu'il a faite avec son peuple. Et l'enjeu n'est pas une réalisation limitée ou historique d'un état politique particulier, mais le salut accordé à toute la terre. Car établir le Royaume de Dieu en Israël, tel que les Apôtres l'entendent, c'est que soit accomplie la fin des temps ; que tous les peuples, que toutes les nations païennes connaissent Dieu en Sion et vivent dans la justice ; que l'amour et la paix de Dieu coulent du Temple comme un fleuve ; que le mal et la misère soient écartés ; que la vérité soit manifeste ; que le pardon soit donné ; que la mort soit vaincue ; que toute larme soit essuyée ; que tous ceux qui sont loin et dispersés loin de Dieu soient rassemblés et que même l'irréparable resurgisse : que les morts ressuscitent ; que ce champ de ruines, ce cimetière qu'est notre terre devienne une terre pleine de vie ; que même les morts soient dans la vie et dans notre vie.

C'est donc une espérance confondante. L'attente, leur attente s'appuie humblement sur la Parole de Dieu. Elle n'est pas née du désir d'un univers paradisiaque ; elle se fonde sur une Parole de Dieu sans cesse redite, à laquelle l'homme ne voulait pas croire. Elle se fonde, pour les Apôtres, sur la parole de Jésus, puisque, comme le dit saint Luc : « C'est à eux qu'avec de nombreuses preuves il s'était montré vivant après sa Passion ; pendant quarante jours, il leur était apparu et les avait entretenus du Royaume de Dieu. » (Actes des Apôtres 1, 3.)

Ce que je viens d'évoquer, si on le prend au niveau du désir, ce peut être un mythe ou un rêve. Mais l'histoire d'Israël nous montre comment Dieu a fait entrer son peuple dans cette espérance, par les épreuves, dans l'oubli de soi et les sacrifices, et par la foi. Attendre l'accomplissement d'une telle promesse sur la Parole de Dieu en dépit de l'expérience contraire, c'est cela la foi. C'est se fier à la fidélité de Dieu. Et demander au Christ si c'est maintenant que la promesse va être accomplie, c'est faire un acte de foi. C'est reconnaître que Jésus a les paroles de la vie éternelle puisqu'il est en son pouvoir d'accomplir cette promesse de Dieu.

Ce n'est donc pas une question stupide. C'est au contraire une question qui va au cœur de la foi. A ce Jésus qui sort de la mort et qui leur a montré ses plaies, ils osent poser une question qu'on ne peut poser qu'à Dieu seul. C'est donc une très belle question que nous n'oserions peut-être même pas poser en ces termes-là. C'est une magnifique question qui ouvre complètement leur espérance et qui en remet la réalisation à Jésus.

C'est pourquoi Jésus ne se moque pas d'eux. Il ne leur dit pas : « Vous n'avez rien compris; vous avez une vision matérialiste du royaume... » Il ne leur dit pas non plus : « Attention! Pas trop de ferveur mystique ni trop de prière! Vous allez vous évader du réalisme de vos engagements! » Il leur dit : « Il ne vous appartient pas de connaître les temps et les moments, les délais et les dates que le Père a fixés dans sa liberté souveraine. » (Cf. Marc 13, 32.) Il renvoie leur question au mystère, à la liberté souveraine, insaisissable, du Père des cieux que personne n'a jamais vu.

Au lieu de repousser leur question, de l'écarter, il la fait avancer en les invitant à s'en remettre complètement au Père.

Même lorsque nous sommes impatients que Dieu tienne sa promesse, le Christ nous invite à nous remettre, avec notre impatience, entre les mains du Père. Il nous invite à croire que même cette énigme d'une promesse non encore accomplie est à remettre entre les mains souveraines de Dieu. C'est donc un acte de foi combien plus exigeant et épuré qui est demandé aux Apôtres, puisque Jésus les introduit ainsi dans la soumission au Père invisible, jusques et y compris dans la manière dont ils portent leur destin, c'est-à-dire l'écoulement du temps de leur vie et du temps de la vie des hommes.

Mais après leur avoir répondu, non pas en évacuant leur question, mais en les projetant plus avant dans la foi, Jésus leur dit beaucoup plus encore : « Vous allez recevoir une puissance, une force d'En Haut. » (Cf. Jean 20, 22.) Cette puissance, c'est l'Esprit de Dieu. Car ce que le Père lui-même nous destine et ce que Jésus nous donne comme accomplissement de la Promesse, c'est que nous partagions en ce temps-ci, notre temps, la condition même de Jésus par le don de l'Esprit.

Selon l'espérance de la foi, selon le désir pur dans la foi, nous voulions qu'advienne la fin des temps par le Fils qui est envoyé; par le Fils qui est envoyé, nous recevons notre vocation qui est de devenir semblables au Fils, de partager la condition du Fils pour qu'arrive la fin des temps. Nous voulions l'accomplissement de la promesse; nous sommes chargés d'annoncer l'accomplissement de la promesse. Nous voulions que le Messie achève toutes choses; nous sommes chargés de partager la vie du Messie jusqu'à l'achèvement de toutes choses. Nous voulions la fin; nous sommes chargés d'annoncer la fin et d'espérer la fin et de hâter la fin en ce temps-ci. Nous voulions que la souffrance soit rachetée; nous sommes chargés de participer au rachat et au partage de la souffrance. Nous voulions que la mort soit vaincue et que la vie soit donnée; nous sommes chargés, partageant la mort du Christ, de vaincre la mort. Nous voulions que le péché soit pardonné; nous sommes chargés de recevoir le pardon et de le donner au nom du Christ. Nous voulions que les hommes se retrouvent frères, nous ne savions pas comment; devenus frères du Christ, enfants de Dieu, nous sommes chargés par la puissance de l'Esprit Saint d'annoncer à tout homme et aussi à l'ennemi, et surtout à l'ennemi, qu'il est frère et qu'il devient notre frère parce qu'il est enfant de Dieu. Et c'est pour cela que le don, la promesse, c'est l'Esprit même qui est en Dieu et qui repose sur Jésus et qui fait de nous les frères du Christ. Voilà donc ce que Jésus nous répond.

Dans la prière eucharistique que nous allons prononcer, après le récit de l'institution, nous demandons au Père de reconnaître dans ce sacrifice de l'Église celui de son Fils. Ce sacrifice de l'Église est fait du pain et du vin offerts, mais aussi des vies rassemblées ici visiblement et, au-delà, il est fait des vies, des libertés, de l'amour et du pardon de tous ceux qui sont du Christ. C'est cela le sacrifice de l'Église : nous demandons au Père de reconnaître dans ce sacrifice le sacrifice de son Fils. Et nous ajoutons : « ... pour que nous soyons nous-mêmes dans le Christ une vivante offrande à ta gloire ». Nous acceptons ainsi de partager cette vocation.

Et, alors seulement, nous osons dire au Père : « Étends au monde entier le salut et la paix. » Je ne sais pas si cette phrase vous a frappés. Si nous prions Dieu comme le font les païens en lui demandant d'arrêter tel massacre ou telle tuerie incompréhensible où nos frères souffrent et meurent, peut-être aurions-nous à affronter le reproche d'être des hypocrites inconscients. A quoi rimerait une pareille prière faite confortablement un dimanche, et que pourrait-elle changer ? Mais si nous avons accepté d'abord d'être pris, en dépit de nos péchés, dans le Christ, c'est dans le Christ crucifié et en acceptant sa vocation et par la puissance de l'Esprit, que Dieu met sur nos lèvres cette parole qui appartient dès lors à la prière du Christ.

Nous sommes donc chargés en ce monde d'être les lèvres du Christ, le cœur du Christ, la prière du Christ, puisque nous avons l'Esprit du Christ, en attendant que viennent les temps et les moments où le Père, dans sa liberté souveraine, fera paraître la splendeur de son règne.

Pentecôte (dimanche 6 juin 1976.)

Actes des Apôtres 2, 1-11.

Première lettre de saint Paul aux Corinthiens 12, 3-7; 12-13.

Évangile selon saint Jean 20, 19-23.

Le soir, ce même jour, le premier de la semaine, et les portes étant closes, là où se trouvaient les disciples, par peur des Juifs, Jésus vint et se tint au milieu et il leur dit : « Paix à vous ! »

Ayant dit cela, il leur montra ses mains et son côté. Les disciples furent remplis de joie à la vue du Seigneur. Il leur dit alors, de nouveau : « Paix à vous !
Comme le Père m'a envoyé,
moi aussi je vous envoie. »

Ayant dit cela, il souffla sur eux et leur dit :
« Recevez l'Esprit Saint.
Ceux à qui vous remettrez les péchés,
ils leur seront remis;
ceux à qui vous les retiendrez,
ils leur seront retenus. »

Faut-il reconnaître la Pentecôte dans ces quelques lignes de l'Évangile de saint Jean? Cela paraît difficile, tellement elles diffèrent du récit des Actes des Apôtres qui nous est beaucoup plus familier. Nous avons l'habitude de voir les Apôtres saisis par la tornade de feu de l'Esprit. Nous croyons les entendre parler des langues que chacun s'étonne de comprendre. Nous adoptons ainsi un point de vue extérieur, celui du spectateur et de l'auditeur, placé face au groupe des Apôtres. Nous ne voyons pas l'événement en nous situant dans le groupe des Apôtres. Les Apôtres qui parlent « en langues » ne font qu'obéir à l'Esprit pour annoncer le Christ. Et ce qu'ils disent est entendu par des hommes divers, alors que cela semblait impossible. Ainsi apparaît la puissance de la Parole qui franchit la barrière des langues et de l'incompréhension, et provoque la stupeur et l'émerveillement des témoins auxquels Paul répond dans son discours. Mais saint Luc ne nous dit rien des pensées ni des sentiments des Apôtres.

L'évangéliste saint Jean nous propose un point de vue intérieur : l'expérience intime de l'Église quand elle reçoit la promesse faite par le Père, quand elle fait l'expérience de la grâce qui lui est destinée, et aussi de la mission à laquelle elle est appelée. C'est ce second point de vue que je vous propose d'adopter ce matin pour méditer.

Si nous adoptions le premier point de vue, celui de l'extérieur, nous risquerions de faire comme quelqu'un dont parlent les Actes des Apôtres, et que les jeunes ici connaissent bien — je sais qu'ils ont entendu son histoire au catéchisme : Simon le Magicien, qui veut acheter à Pierre son pouvoir miraculeux. Le point de vue extérieur reviendrait, pour nous chrétiens, à nous regarder nous-mêmes en train de faire des merveilles. On dit parfois : « L'Église aujourd'hui n'explose pas de joie. Ah ! si le feu de l'Esprit nous brûlait, nous verrions les gens accourir en foule jusqu'à nous... Il faudrait que l'Église, aujourd'hui, donne à nouveau le spectacle de la Pentecôte... » Au théâtre, on appellerait cela une reprise... Nous connaissons bien le résultat : celui des meetings, des congrès, des solidarités fabriquées. Mais ce n'est pas une œuvre de l'Esprit. Car une œuvre de l'Esprit ne peut être accomplie qu'en obéissant à l'Esprit. Si les chrétiens, pour réussir, veulent singer ce qu'ils s'imaginent devoir plaire aux païens, ils sont devenus des comédiens et de mauvais comédiens. Ils ne doivent pas se désoler si, à la fin du spectacle, les gens n'applaudissent pas en disant : « Comme c'était beau ! » « Comme ils sont fraternels, ces chrétiens ! » « Encore ! » Au lieu de nous livrer à la comédie imaginaire de la Pentecôte, si nous obéissions au Christ et à l'Esprit, peut-être les foules crieraient-elles : « Aux lions les chrétiens ! » « A mort ! » « Au camp de concentration ! »

Le jugement que nous portons : « Si les chrétiens étaient vraiment chrétiens, s'ils étaient meilleurs..., les gens croiraient..., tout irait mieux... », ce n'est pas le point de vue du disciple du Christ. Le point de vue du disciple du Christ ne peut qu'être obscur dans son propre champ immédiat. Il consiste en effet à se remettre à la puissance de Dieu pour qu'il fasse ce qu'il veut. La Vierge Marie, quand elle s'est remise à la puissance de l'Esprit, ne s'est pas contemplée dans les fresques de Fra Angelico... Et elle ne s'est pas vue à l'avance, perchée dans une grotte au bord du Gave avec, à ses pieds, les foules de Lourdes qui chantaient : « *Ave, ave Maria...* » Le seul point de vue chrétien est la remise de soi-même dans la foi. Il est nécessairement obscur. La manière dont le Christ l'accomplit, c'est en disant à son Père : « Seigneur, en tes mains je remets mon esprit. » Cherchez quand et comment il a prononcé ces paroles... Et lorsqu'il nous remet, à nous, l'Esprit, c'est la même chose. Nous n'avons donc pas à nous placer comme spectateurs de notre propre réussite au service de Dieu, fût-ce comme Église. Le seul point de vue qui nous soit accessible, c'est celui de l'intérieur où nous obéissons à l'Esprit.

Comment découvrir le mystère de la Pentecôte du point de vue des disciples réunis par le Christ ?

Suivons ces quelques lignes du chapitre 20 de saint Jean pour percevoir la grâce sans mesure qui nous est faite.

Le rassemblement des disciples de Jésus est scellé, clos, tel un tombeau fermé par la crainte de l'affrontement, mais beaucoup plus encore par la peur de la Passion — peut-être l'avons-nous déjà médité un dimanche précédent. C'est la peur du Vendredi saint. Car même si le Christ est ressuscité, les disciples n'ont accueilli cette nouvelle qu'avec doute. La présence du Ressuscité n'a pas encore accompli son œuvre de puissance en eux. Le premier don de l'Esprit, c'est de dénouer cette peur d'ouvrir par sa présence ce cercle fermé. Ce n'est pas la capacité d'accueil d'un groupe de chrétiens qui rend l'Église accueillante et ouverte ; celui qui ouvre l'Église, c'est le Christ de la même façon que sa résurrection ouvre son tombeau.

Tout groupe humain doit marquer sa propre limite pour subsister. Tout groupe, comme tout être humain, est constitué par ses propres limites. Et qui dit limites dit rejet. Déplacer les limites, ce n'est pas les supprimer. Le Christ seul, livré pour nous, est, dans nos limites, la suppression des limites. Il est le seul qui se livre en un corps précis, charnel, et qui cependant devenu spirituel, s'étend à tout homme. Il est le seul, singulier, dont l'amour soit universel et qui nous rend capables d'aimer. Car lui seul est donné pour tous par sa croix, lui seul établit entre tous une vraie communion par sa résurrection, lui seul ouvre la capacité d'aimer à la dimension de tous par le don de l'Esprit.

Ce qui rend l'Église ouverte, ce n'est donc pas la capacité

d'accueil de ses membres ou leur gentillesse, c'est la présence du Christ. Sinon nous ne sommes que de pauvres compagnons d'un voyage obscur qui peuvent, au mieux, aménager le compartiment et le rendre tolérable. Si donc l'Église est communion et ouverture, c'est par la présence du Christ et la force de l'Esprit.

Et puis, Jésus prononce sa première parole. C'est une parole du Crucifié : « Paix à vous », et le fruit en est la joie. Son premier geste, c'est de livrer ses mains et ses plaies pour qu'elles soient touchées et vues. Et c'est le don de l'Esprit qui permet aux disciples de comprendre enfin qu'il fallait que le Messie souffre avant d'entrer dans sa gloire; ils reçoivent l'intelligence, la compréhension profonde que le Crucifié est le Sauveur parce qu'il est vivant et vient de l'Esprit : c'est le renversement du Vendredi saint.

Souvent, quand nous figurons le Crucifié, nous le représentons comme il a été visible à ceux qui, de l'extérieur, se voyaient eux-mêmes dans cet homme pitoyable; comme l'expression suprême de l'abandon et de la souffrance des hommes; comme l'homme le plus malheureux du monde ou comme le malheur de l'homme en ce monde. Et nous aurions tendance, parfois, à lui reprocher de n'avoir pas souffert autant que nous. Parfois, nous disons : « Il n'a pas connu ce que je connais. » Car, dans ce cas, nous faisons du Christ l'image de notre propre désespoir.

Or, le Christ qui est donné à voir aux Apôtres par l'Esprit, c'est un Christ qui n'est plus simplement la figure et la somme du malheur des hommes, mais la délivrance de ce malheur : c'est la puissance de vie qui se manifeste dans la mort. La Passion n'est plus une énigme, elle est un mystère du salut. Elle devient un incompréhensible surgissement de vie, alors qu'elle était une incompréhensible mort. Et elle apporte avec elle la joie. Regarder le Christ crucifié et vivant, c'est là un don débordant de grâce qui nous est fait, une joie sans nom. Et, de cela aucune parole humaine ne peut nous convaincre; c'est l'Esprit de Jésus qui nous permet de le comprendre. Il nous faut le prier pour que cette joie nous soit donnée. Et Dieu veut nous la donner. Joie, non pas de l'apitoiement sur nous-mêmes et notre malheur, mais joie délivrée du Christ, crucifié, vivant, qui nous donne d'entrer dans sa gloire.

La deuxième parole de Jésus est : « Paix à vous ! Comme le

Père m'a envoyé, moi aussi je vous envoie. » Cette fois-ci, c'est le Père lui-même qui, par le Fils, nous partage son destin. Nous sommes appelés à partager la mission et donc la vocation du Christ. L'envoi est la grâce du Christ. Et cela, vous voyez bien, ne peut pas être compris de la même façon que l'envoi en mission des disciples par Jésus au cours de sa vie; ce n'est pas comme l'envoi des Douze et des Soixante-Douze qui précèdent Jésus en cours de route pour annoncer la Bonne Nouvelle du royaume. Maintenant, dans le Christ ressuscité, nous sommes chargés de partager l'envoi du Fils; et c'est le Père lui-même qui, par Jésus, nous envoie. Sa vie, son existence, son destin deviennent les nôtres puisque notre vie a été la sienne. Ce chemin qu'il a ouvert, nous pouvons y voir à notre tour celui dans lequel nous sommes appelés à entrer.

Et la troisième parole de Jésus, c'est, remis à l'Église, le pouvoir divin de la miséricorde et du pardon qui nous concerne, nous les premiers, et dont nous sommes chargés pour le monde. Non pas nous, mais Dieu par nous. Non pas nous par nos forces, mais par la grâce de Dieu.

Profession perpétuelle de vie religieuse de sœur Myriam

(Dimanche 27 juin 1976.)

Ce jour-là, une religieuse de l'Assomption, de nationalité vietnamienne, a choisi de prendre son engagement définitif au milieu de l'assemblée du dimanche. La communauté catholique vietnamienne était représentée par de nombreux prêtres, religieuses et fidèles auxquels s'étaient joints plusieurs de leurs compatriotes non catholiques. Les lectures, faites en français et en vietnamien, ont été choisies par sœur Myriam.

Lettre de saint Paul aux Éphésiens 3, 14-21.

Évangile selon saint Jean 1, 1-18.

Au commencement était le Verbe
et le Verbe était avec Dieu
et le Verbe était Dieu.
Il était au commencement avec Dieu.
Tout fut par lui,
et sans lui rien ne fut.
Ce qui fut en lui était la vie
et la vie était la lumière des hommes,
et la lumière luit dans les ténèbres
et les ténèbres ne l'ont pas saisie.

Il y eut un homme envoyé de Dieu,
son nom était Jean.
Il vint pour témoigner,
pour rendre témoignage à la lumière,
afin que tous crussent par lui.
Celui-là n'était pas la lumière,
mais il avait à rendre témoignage à la lumière.

Le Verbe était la lumière véritable,
qui éclaire tout homme;
il venait dans le monde.
Il était dans le monde,
et le monde fut par lui,
et le monde ne l'a pas reconnu.
Il est venu chez lui,
et les siens ne l'ont pas accueilli.
Mais à tous ceux qui l'ont accueilli,
il a donné pouvoir de devenir enfants de Dieu,
à ceux qui croient en son nom,

lui qui ne fut engendré ni du sang,
ni d'un vouloir de chair,
ni d'un vouloir d'homme,
mais de Dieu.

Et le Verbe s'est fait chair
et il a habité parmi nous,
et nous avons contemplé sa gloire,
gloire qu'il tient de son Père comme Fils unique,
plein de grâce et de vérité.
Jean lui rend témoignage et il clame :
« C'est de lui que j'ai dit :
celui qui vient derrière moi
le voilà passé devant moi,
parce qu'avant moi il était. »

Oui, de sa plénitude nous avons tous reçu,
et grâce pour grâce.
Car la Loi fut donnée par Moïse;
la grâce et la vérité sont venues par Jésus-Christ.
Nul n'a jamais vu Dieu;
le Fils unique,
qui est tourné vers le sein du Père,
lui, l'a fait connaître.

Dieu est un mystère inaccessible. Il est ténèbre autant qu'il est clarté. Il se livre à nous, et pourtant il n'a aucune mesure. Tout ce que nous pouvons en dire est faux avant même que nous l'ayons prononcé parce qu'il est plus que toute parole. Devant lui, la pensée de l'homme s'effondre et se tait. Nous ne pouvons le saisir, même quand il se livre à nous.

Mais quand il se livre, il trace dans notre histoire un dessin très clair, humainement perceptible, où il se révèle. Ce n'est ni une parole de mystique, ni une vérité de philosophe, ni une œuvre d'esthète ou d'artiste : c'est une naissance du sein d'une femme; c'est un enfant, « cet » enfant. Ce dessin que Dieu trace et où il se révèle, c'est une liberté humaine semblable à la nôtre, qui se déploie dans ce destin dont on nous raconte l'histoire, dans cette existence qui se manifeste à nos yeux, celle de Jésus de Nazareth, fils de David, promis par les prophètes, né de la Vierge Marie, en un point du temps et de l'histoire. Son existence, aussi obscure que chacune des nôtres pour le regard humain extérieur, dévoile en langue humaine l'insondable richesse de l'amour de Dieu. La vie du Christ qui naît dans notre chair, traverse notre mort et fait éclater la puissance de résurrection promise et le don de l'Esprit. Elle nous manifeste tout ce que nous pouvons savoir de Dieu.

Accueillir cette Révélation de Dieu dans le Christ, c'est devenir semblable à lui. Nous ne pouvons le comprendre que si nous acceptons qu'il nous unisse à lui pour ne plus faire qu'un avec lui. Nous comprenons le mystère de Dieu, incompréhensible, en ne cessant de devenir nous-mêmes enfants de Dieu.

Devenir chrétien, ce n'est pas adopter la religion du Christ, c'est devenir frère du Christ. Devenir chrétien, ce n'est pas entrer dans une religion, c'est être appelé par Dieu, qu'aucun homme n'a jamais vu, du même nom dont il appelle son Fils unique, pour faire de nous ses fils. C'est naître ainsi, non pas d'un vouloir d'homme, non pas du sang ni de la chair, mais naître de Dieu comme le Fils naît de Dieu et naît dans la chair pour manifester le mystère de Dieu. Devenir chrétien, ce n'est pas adopter la religion du Christ, c'est devenir le Christ.

La vie consacrée par l'offrande totale de son existence, dans le renoncement à ce qui, ici-bas, n'est pas parole de Dieu — donc dans le renoncement à toute richesse qui ne soit pas celle que Dieu donne —, dans le renoncement à toute fécondité si ce n'est celle que donne la puissance de Dieu — donc dans la chasteté —, dans le renoncement à toute liberté qui ne soit pas la liberté souveraine qui vient de Dieu — donc dans l'obéissance —, cette entrée dans la consécration religieuse est un appel que Dieu adresse à qui il veut pour que soit manifestée la figure révélatrice du Christ à tous les hommes que Dieu aime.

Le Christ est né, il y a deux millénaires, à Bethléem de Juda, mais l'Esprit fait de chacun de nous, et de sœur Myriam, un membre de son corps, un autre Christ, pour que soit rendu proche le mystère inaccessible de Dieu.

Le Christ prend notre figure quand nous acceptons de nous livrer à lui comme il s'est livré à nous. Il fait de nous le temple de son Esprit, puisque lui-même est la demeure de l'Esprit promis. Et au travers des peuples, des nations et des temps, l'appel puissant de l'Esprit Saint à ce que surgissent des vies consacrées manifeste que le Christ est vivant puisque son Esprit nous fait vivre en Christ, dans le Christ, pour rendre visible en ce monde le mystère inconnaissable de Dieu.

Notre faiblesse est appelée à devenir, dans la grâce, la

manifestation de la grâce. Nos péchés pardonnés sont appelés à devenir en ce monde la manifestation du pardon. Nos existences, devenues filiales dans le Fils, sont destinées à révéler le mystère du Père. La puissance de l'amour qui nous rend semblables à lui dévoile l'Esprit de Dieu.

La Révélation du Christ est donc quelque chose de concret. Il a ce visage, le vôtre, sœur Myriam, ces milliers de visages au travers du monde. Le Christ, c'est ce qu'il nous appelle à devenir quand il nous rend semblables à lui. L'Église est cette figure maternelle où, sans cesse, est engendré le mystère du Christ qui, dans nos visages, révèle le visage de Dieu.

C'est à cela que, par la grâce de Dieu, vous êtes appelée, sœur Myriam. Vous êtes aussi appelée, en communion avec toute l'Église et pour l'Église, à recevoir en ce monde, dans la Passion, la force de témoigner de la puissance de vie du Ressuscité, notre paix et notre joie que personne au monde ne peut nous arracher.

« Le Serviteur de tous »

Vingt-cinquième dimanche pendant l'année B (19 septembre 1976.)

Livre de la Sagesse 2, 12; 17-20.

Lettre de saint Jacques 3, 16. 4, 3.

Évangile selon saint Marc 9, 30-37.

Étant partis de là, Jésus et ses disciples faisaient route à travers la Galilée et il ne voulait pas qu'on le sût. Car il instruisait ses disciples et il leur disait : « Le Fils de l'homme est livré aux mains des hommes et ils le tueront, et quand il aura été tué, après trois jours il ressuscitera. » Mais ils ne comprenaient pas cette parole et ils craignaient de l'interroger.

Ils vinrent à Capharnaüm; et une fois à la maison, il leur demandait : « De quoi discutiez-vous en chemin ? » Eux se taisaient, car en chemin ils avaient discuté entre eux qui était le plus grand.

Alors, s'étant assis, il appela les Douze, et leur dit : « Si quelqu'un veut être le premier, il sera le dernier de tous et le serviteur de tous. » Puis, prenant un petit enfant, il le plaça au milieu d'eux et, l'ayant embrassé, il leur dit : « Quiconque accueille un des petits enfants tels que lui à cause de mon nom, c'est moi qu'il accueille; et quiconque m'accueille, ce n'est pas moi qu'il accueille, mais Celui qui m'a envoyé. »

Sommes-nous en meilleure position que les Douze pour comprendre ce que Jésus veut dire ? Sommes-nous mieux placés que les disciples que Jésus prend à part ?

Oui peut-être, à certains égards. L'Évangile nous a été livré en entier et ce qui est dit là aux disciples sous forme de prophétie, nous en avons entendu raconter l'accomplissement. Nous savons, en un sens, comment ces paroles se sont accomplies à Jérusalem lorsque Jésus a été livré par les hommes, crucifié, est mort, et comment l'Église est née de sa présence ressuscitée et de l'Esprit répandu. Nous serions donc mieux placés qu'eux parce que les événements accomplis nous sont connus.

Nous serions aussi mieux placés qu'eux parce que cette réalité annoncée prophétiquement par Jésus, sous une forme apparemment énigmatique, incompréhensible à ceux à qui il l'explique, nous la vivons jour après jour. Ainsi, en ce moment même, c'est sa Parole, Parole vivante, Parole de Dieu, qui nous est livrée, non seulement matériellement par les mots qu'ont prononcés ici les trois lecteurs en lisant ce livre, mais parce que cette Parole, dans notre assemblée, retentit par l'Esprit Saint en chacun de nous et dans l'Église que nous formons. Parce que cette Parole nous est livrée comme une nourriture. Parce que, tout à l'heure, nous prendrons en nos mains et nous recevrons en nos bouches le corps livré pour nous, le sang versé pour nous et pour le salut du monde. Parce que ce qui a été annoncé prophétiquement par Jésus, ce qui a été réalisé au temps de sa Passion nous est donné mystiquement dans le sacrement de l'eucharistie.

Nous serions donc mieux placés qu'eux pour comprendre. Et pourtant, nous sommes dans la même incompréhension qu'eux devant cette parole de Jésus, son accomplissement et sa présence sacramentelle.

Car, en vérité, ce qu'il nous faut pour comprendre, ce ne sont pas des explications complémentaires, mais que nous-mêmes nous changions. A trois reprises et de trois façons, Jésus nous le dit à nous, comme à ses disciples. Une première fois, il annonce en secret son propre sort : « Le Fils de l'homme est livré aux mains des hommes et ils le tueront, et quand il aura été tué, après trois jours il ressuscitera. » Puis une seconde fois lorsqu'il dévoile leur incompréhension par cette simple question à laquelle ils ne peuvent répondre : « De quoi discutiez-vous en chemin ? »

Et c'est bien cette nécessité de changer pour comprendre qu'affirme une troisième fois Jésus lorsque, en guise d'explication, il prend le petit enfant et le met au milieu des disciples. L'explication nous semble peut-être encore plus difficile et plus obscure que la parole. Car, pour comprendre, il faut que nous accomplissions comme Jésus ce qu'il nous propose, que nous nous fassions comme lui, le dernier. Ainsi, nous pourrons comprendre qui est le plus grand, à savoir Dieu lui-même.

Ne soyons donc pas surpris de notre incompréhension. Et sachons qu'en être délivrés, c'est le sens de toute notre vie.

Notre existence, comme appelés par le Christ, consiste à être, pas à pas, changés pour devenir ce que sa parole nous dit et, par là, accomplir la vocation que nous recevons du Père qui nous aime, pour le salut du monde.

Pour entrer dans cette parole, commençons par la fin, prenons d'abord l'explication. Quand Jésus place le petit enfant au milieu d'eux, il fait comme une parabole en acte : ce petit enfant, c'est le signe de ce qu'il est lui-même au milieu de ses disciples.

Il ne leur propose pas l'enfance comme le symbole de l'innocence ou de la gentillesse, ou d'une qualité que l'adulte n'aurait plus. Jésus leur fait comprendre comment il est au milieu d'eux : comme celui qui est sans pouvoir, sans protection, sans autonomie. L'enfant, dans cet Évangile, c'est celui qui n'est que dépendance parce qu'il est petit, qu'il est faible et qu'il est totalement porté par ceux qui l'ont mis au monde. Et Jésus, lui qui est le plus grand, se fait le plus petit. Non pas en dissimulant ce qu'il est, car il est le Seigneur. Mais en se faisant totalement dépendant, sans pouvoir, sans protection, sans sécurité au milieu de ceux qu'il appelle, qu'il rassemble, pour les constituer en Église.

Et c'est dans cette figure du Fils de l'homme livré, comme l'enfant au milieu des disciples, c'est dans cette figure voilée qu'il faut reconnaître non seulement Jésus, mais aussi celui qui l'a envoyé, le Père.

C'est une parabole de ce qu'il se fait le plus petit, et de ce qu'il est, le Fils livré par le Père. Mais c'est aussi une parabole de ce que nous sommes appelés à être. Nous abordons maintenant la discussion des disciples. La question de Jésus les oblige à reconnaître que le plus grand en ce monde, c'est Dieu, et lui seul. Le groupe des disciples, pour partager la vocation de Jésus, doit faire ce geste impossible d'abandon d'eux-mêmes, de leur propre désir de protection et de sécurité, de leur propre volonté d'être considérés dans le regard d'autrui. Ils doivent accepter cet abandon d'eux-mêmes entre les mains souveraines du Père qui, seul, est grand, et qui est la source de l'amour et du salut.

La figure que Jésus livre à ses disciples de lui-même et de leur propre destin, c'est celle du Fils de l'homme livré, et livré au point qu'il soit crucifié. Et dans cette figure livrée et crucifiée, il invite à reconnaître l'amour du Père qui aime Jésus et qui aime les disciples devenus semblables à Jésus. Et Jésus ajoute : « Ce Fils de l'homme livré (comme nous en lui) se relèvera, ressuscitera. »

Même si nous comprenons la cohérence, le lien entre ces trois moments de l'explication de Jésus à ses disciples, pour autant nous ne comprenons pas mieux.

Car l'objection qui surgit du cœur des disciples pour retrouver une sécurité plus ferme, moins inhumaine, au milieu de ces propos terrifiants de Jésus, remonte puissamment en nous aussi. Un tel destin nous demeure incompréhensible et une telle existence voilée. Une question ne peut pas ne pas surgir maintenant : « Mais pourquoi donc l'amour de Dieu pour sa créature obligerait-il le Fils à prendre cette place ? Pourquoi faut-il que le Fils de l'homme soit ainsi livré ? L'amour dont Dieu nous aime ne pourrait-il pas épargner au visage de l'Amour qu'est Jésus ce destin tragique ? Et si nous, nous sommes tant aimés de Dieu au point d'être appelés à manifester l'amour, est-ce donc ce même destin crucifié qui le révélera aux hommes ? Si nous, nous ne comprenons pas cette parole de Jésus, comment les hommes auxquels nous sommes livrés comprendraient-ils notre propre destin semblable à celui de Jésus ? » Il leur faudra comprendre le sens de cette dérisoire figure défigurée de l'Église, appelée à partager le sort de celui qui est à la dernière place. Il leur faudra reconnaître, dans cette Église, le signe de l'amour. Et nous sommes, à coup sûr, voués à la même incompréhension que celle qui accueille Jésus puisqu'il nous l'a dit : le sort du disciple n'est pas au-dessus de celui du Maître.

Mais pourquoi faut-il que les choses se passent ainsi ? Peut-être pour commencer d'entendre ou de comprendre, pouvons-nous nous poser une autre question : quel sentiment, quelle volonté, quelle peur, quelle dérobade devraient sortir de nous-mêmes pour qu'enfin nous soyons pardonnés ? Qu'y a-t-il au fond de nous-mêmes ? Quelle réalité meilleure et quelle réalité pire, quelle blessure portons-nous en nous ? Quel refus, quelle capacité de nuire ? Celui qui nous aime doit tendre ses mains pour que, sur lui, soit rejetée toute la violence qui est en tout homme. Il doit se présenter pacifiquement pour que la somme de haine qui est en nous soit accueillie et pardonnée. Il faut que Dieu accepte que sa créature rejette sur lui le mal dont elle souffre pour que lui, le

Tout-Puissant, puisse, dans sa compassion, la guérir et lui pardonner. Celui qui se fait le dernier, c'est Dieu lui-même en son Fils, pour recevoir de nous tout le mal que nous portons en nous et dont nous souffrons, puis, le recevant pacifiquement, nous en délivrer.

Nous sommes appelés à être non pas les victimes du monde, mais, dans le Christ, le signe du pardon qui accepte que soit dévoilé sur nous le mal secret et caché.

Nous sommes appelés à partager le sort du Juste qui subit la violence pour que soit annoncée la paix.

Que le Christ donne à son Église la grâce de suivre un tel appel et la joie et la paix qu'il a promises à ceux qui le suivraient dans son chemin.

Vous appartenez au Christ

Vingt-sixième dimanche de l'année B (26 septembre 1976.)

Nombres 11, 25-59.

Lettre de saint Jacques 5, 1-6.

Évangile selon saint Marc 9, 38-50.

Jean dit à Jésus : « Maître, nous avons vu quelqu'un expulser des démons en ton nom, quelqu'un qui ne nous suit pas, et nous voulions l'empêcher, parce qu'il ne nous suivait pas. » Mais Jésus dit : « Ne l'en empêchez pas, car il n'est personne qui puisse faire un miracle en invoquant mon nom et sitôt après parler mal de moi. Qui n'est pas contre nous est pour nous.

« Quiconque vous donnera à boire un verre d'eau pour ce motif que vous êtes au Christ, en vérité, je vous le dis, il ne perdra pas sa récompense.

Mais si quelqu'un doit scandaliser l'un de ces petits qui croient, il serait mieux pour lui de se voir passer autour du cou une de ces meules que tournent les ânes et d'être jeté à la mer. Et si ta main est pour toi une occasion de péché, coupe-la : mieux vaut pour toi entrer manchot dans la Vie que de t'en aller avec tes deux mains dans la géhenne, dans le feu qui ne s'éteint pas. Et si ton pied est pour toi une occasion de péché, coupe-le : mieux vaut pour toi entrer estropié dans la Vie que d'être jeté avec tes deux pieds dans la géhenne.

Et si ton œil est pour toi une occasion de péché, arrache-le : mieux vaut pour toi entrer borgne dans le Royaume de Dieu que d'être jeté avec tes deux yeux dans la géhenne où leur ver ne meurt point et où le feu ne s'éteint point. Car tous seront salés par le feu. C'est une bonne chose que le sel; mais si le sel devient insipide, avec quoi l'assaisonnerez-vous? Ayez du sel en vous-mêmes et vivez en paix les uns avec les autres. »

Jésus décrit l'Église. Rappelez-vous comment, dimanche dernier, les choses nous ont été présentées : Jésus prend à part les Douze et fait retraite avec eux. Fuyant la foule, il se consacre uniquement à instruire les disciples proches, ceux qui vont former l'Église, comme un « corps » particulier et distinct. Ce discours, tel que saint Marc nous le présente, n'est donc pas destiné aux autres; pas plus qu'il n'est adressé aux païens, à ceux qui ne connaissent pas Dieu. Il est destiné à ceux que Dieu a appelés à partager la Passion de son Fils, pour que le salut soit donné au monde. Aux autres, ces paroles paraîtront incompréhensibles, excessives et dures. Puisque Jésus nous choisit pour partager sa route, essayons de les accueillir et de les comprendre en paix.

Comment débute cette explication ? Jésus leur parle de lui-même : « Le Fils de l'homme va être livré aux hommes ; il va souffrir, mourir, et le troisième jour il ressuscitera. » Le Fils de l'homme livré aux hommes par Dieu le Père. Et les disciples ne comprennent rien. Rappelez-vous la suite : ils restent à distance. Jésus se retourne pour leur dire : « De quoi discutiez-vous en chemin ? » Ils n'osent pas répondre, car ils discutaient entre eux pour savoir qui était le plus grand.

Alors Jésus place un petit enfant au milieu d'eux, comme le dernier, comme la figure du Christ livré aux hommes. Telle est la réponse de Jésus, lorsque les disciples essaient de comprendre comment l'Église doit fonctionner à l'intérieur d'elle-même : « Soyez comme moi, livrés les uns aux autres. » Ce n'est pas là une image de gentillesse tranquille. C'est une image de passion, de souffrance : se faire le dernier ainsi, c'est être « livré aux hommes » comme Jésus le sera.

Voilà donc ce qui nous a été dit dimanche dernier au sujet de la vie intérieure de l'Église.

Aujourd'hui, l'Évangile poursuit cette description de l'Église en nous orientant vers les problèmes posés par sa relation à ce qui lui est extérieur.

Commençons par les derniers versets. Ces phrases mystérieuses sur le sel et le feu signifient que le feu du jugement, fin des temps, l'achèvement de toutes choses, est arrivé. Voilà pourquoi Jésus prend à part des disciples pour partager son propre destin, pour être comme lui livrés à la Passion et pour témoigner de la puissance de résurrection en ce monde. Maintenant, toutes choses sont dévoilées dans la vérité, car Dieu paraît. Les vies, les hommes, les groupes, les civilisations, les destins particuliers..., toute l'existence apparaît non plus sous son vêtement trompeur dans lequel la vanité de l'homme veut l'envelopper, mais dans la vérité de Dieu qui juge, qui dévoile. A la lumière de Dieu, la puissance apparaît dérisoire, et dans l'intime amour du plus méprisé, se manifeste la richesse du monde. Ce que l'homme croyait perdu et condamné à la mort se révèle source de vie, secret caché des vies et des hommes quand apparaît la source de la vie qui est Dieu, la source de l'amour qui est Dieu, la Vérité qui fait jaillir la Vérité et qui est le Père.

Les disciples sont appelés à devenir les témoins de cette imminence de la fin des temps. C'est cela le feu. Et Jésus leur dit : « Ce n'est plus le moment de vous disputer pour savoir qui est le plus grand. Nous sommes en période d'urgence, car il arrive, le jugement, ce dévoilement de la vérité des êtres et des choses. Soyez en paix. Ayez du sel en vous. » Ce sel de la sagesse et ce sel de la vérité de Dieu qui est l'Esprit Saint : « Soyez en paix les uns avec les autres. »

Vous voulez savoir comment résoudre vos problèmes et trancher vos cas de conscience ? Puisque nous sommes dans une période d'urgence, si quelque chose ne va pas, jetez-le ! Exactement comme on jette par-dessus bord, en cas de péril, ce qui encombre. Autrefois, en cas de tempête, pour alléger un bateau, on jetait à l'eau tout ce qui encombrait, on s'en débarrassait. « Si ton œil te scandalise, jette-le ; si ta main te scandalise, jette-la ; si ton pied te scandalise, jette-le. » « Vous qui êtes mes disciples, vous êtes appelés à tout donner, tout ce que vous êtes, pour le Royaume de Dieu, en partageant mon propre sort qui est d'être livré aux hommes. »

Nous abordons l'avertissement de Jésus sur la chute, le « scandale ». Être scandalisé, c'est trébucher dans la foi ; c'est manquer de foi, comme on manque un pas au bord d'une crevasse ; c'est désespérer de Dieu. C'est cela, être scandalisé. Ce n'est pas dire : « Oh ! quelle honte et quel scandale ! Ils ont osé ! » Ce n'est pas le chuchotis de bonnes gens dérangés dans leurs préjugés et leurs conformismes. C'est être ébranlé dans sa propre foi parce que Dieu semble absent. C'est ne plus oser se fier à Dieu. Être enfermé dans le désespoir d'un monde vide où Dieu se tait et où, pourtant, le disciple de Jésus doit se fier au Père. C'est cela son épreuve : dire avec le Christ en croix le début du psaume 21 : « Mon Dieu, mon Dieu, pourquoi m'as-tu abandonné ? » et dire cependant : « Père, en tes mains, je remets mon esprit. » (Psaume 30.) C'est cela, avoir la foi. Trébucher dans la foi, c'est s'enfoncer dans le désespoir; c'est, au fond, ne pas oser croire qu'en ce monde où Dieu paraît mort, sa miséricorde est à l'œuvre et son amour est là. Les disciples doivent témoigner de cette foi au prix de tout ce qu'ils sont, eux qui vont risquer de trébucher dans la foi, d'être scandalisés. Et malheur à celui qui les ferait ainsi « tomber » de leur fidélité ! Il est comme le Diable qui éprouve Jésus dans sa tentation au désert et son agonie !

Toutes ces phrases n'ont de sens que dans une participation à la Passion de Jésus qui accomplit sa mission unique et singulière dans l'histoire de ce monde. Il appelle ses disciples à partager son sort pour que tous les hommes reçoivent la grâce de Dieu, pour que leur vie, leur souffrance, leurs péchés soient pardonnés, pour que leur existence trouve un sens, pour que soient recueillies dans la main miséricordieuse du Père toutes ces vies, toutes les existences qui, sans cela, seraient gâchées... « Mais si le sel perd son goût... »

Et entre-temps, alors ? A cette question, répond l'épisode des gens qui guérissent et chassent les démons au nom de Jésus. « Laissez-les faire, dit Jésus, car personne ne peut guérir, ne peut chasser le démon en mon nom, et aussitôt après, mal parler de moi. » A ce « corps » des disciples de Jésus qui partagent sa passion et sa puissance de salut, Jésus lui-même dit qu'il ne leur appartient pas d'en circonscrire humainement la limite. C'est Dieu lui-même, le Père lui-même qui donne les disciples à Jésus et qui les donne les uns aux autres. De même qu'entre nous, nous devons être les uns pour les autres la figure du Serviteur souffrant, de la même façon, nous recevons l'Église comme un pur don de grâce dans tous les inconnus qui nous sont donnés et à qui nous sommes donnés. C'est le Père qui fait surgir à son Fils des disciples pour qu'ils luttent contre le Mauvais, offrent leur vie, sanctifient le Nom. Nous ne sommes même pas maîtres de notre groupe. Nous ne pouvons même pas délivrer les cartes de membres. Car celui qui nous rassemble et qui nous constitue comme disciples, c'est la Puissance du Père. Jésus lui-même reçoit ses disciples de son Père par l'Esprit. Et ceux qui ne sont pas de leur « mafia » sont cependant de sa famille. Cette Église, elle est un pur don de grâce, et aucun homme n'y peut rien : c'est la Puissance du Père qui la fait surgir.

Et quel est donc le rôle des disciples de Jésus en ce monde? Cela nous est dit en deux phrases qui s'opposent et qui peuvent vous rappeler le jugement dernier, dans saint Matthieu : « Les bénis de mon Père... Les maudits... » Ces pauvres appelés à être en ce monde les membres du Christ, les disciples du Christ, qui acceptent ce destin incompréhensible de porter le signe d'une existence livrée pour le salut, ils vont être, en ce monde, l'instrument du salut et du jugement du monde.

« L'un de ces petits qui croient en moi, si on lui donne fût-ce un verre d'eau, la moindre chose parce qu'il est au Christ, celui qui aura donné cela, il ne perdra pas sa récompense. » « La moindre chose » : ces paroles sont destinées à encourager les disciples du Christ, à leur faire comprendre le sens de leur existence livrée et perdue. Ils sont, sans qu'ils le sachent eux-mêmes, sans qu'ils puissent même s'en rendre compte — car ils ne sont pas maîtres du jugement, c'est Dieu —, ils sont en ce monde ceux qui jugent le monde et qui le sauvent. Quiconque parmi ceux qui ignorent le Christ aura donné fût-ce un verre d'eau, un rien, à l'un de ces petits parce qu'il est du Christ, en vérité, sa récompense n'est pas perdue. Mais si quelqu'un fait trébucher dans sa foi, c'est-à-dire dans sa livraison au Père, l'un de ces petits qui croient en Jésus, mieux vaudrait pour lui que la grosse meule de pierre que tournent les ânes, il l'ait au cou et qu'on le jette dans la mer. Car combien est fragile la position du disciple de Jésus, obligé de se livrer dans l'obscurité à la grâce de Dieu! Et quel malheur et quel crime pour celui qui fait trébucher l'un de ces petits!

Ne prenez pas ces paroles comme trop sévères ou incompréhensibles. Nous ne pouvons jamais ni nous les attribuer à nous-mêmes ni les accoler à autrui en disant : « voilà : c'est celui-là » ou : « c'est Un tel ». Mais elles nous font toucher du doigt la gravité extrême et la grâce qu'est cette présence en ce monde de ces petits, disciples de Jésus. Par eux, par la mission qu'ils ont reçue, ce monde est en balance, en équilibre, en bascule. Là se juge secrètement sa vérité cachée, par le Christ livré pour le salut de tous.

« Or, ils étaient en chemin, montant vers Jérusalem »

(Dimanche 3 octobre 1976.)

Pendant quatre dimanches, nous lisons le chapitre 10 de saint Marc. Nous avons rétabli les versets malencontreusement supprimés par le lectionnaire qui situent les quatre épisodes du récit de saint Marc et permettent d'en comprendre le sens en fonction de la Passion de Jésus. Le chant qui suit met en évidence cette situation par la phrase que l'assemblée chante comme refrain : « Or, ils étaient en chemin, montant vers Jérusalem. » Le chant est construit en deux volets qui comparent et opposent la réaction de stupeur des Apôtres et de ceux qui entourent Jésus à l'attitude croyante de l'aveugle de Jéricho. Pour alléger, nous ne reproduisons que les strophes 1 et 4 de ce chant.

Refrain : *Or, ils étaient en chemin, montant vers Jérusalem.*
Devant eux s'avançait Jésus : ils étaient stupéfaits.
Mais l'aveugle, au bord du chemin, criait :
« Fils de David, Jésus, pitié pour moi. » (Mc 10, 32; 47-48)

Strophe 1
Chorale : Maître, est-il permis à un mari de renvoyer sa femme? (10, 2)
Soliste : Ce que Dieu a uni, que l'homme ne le sépare pas. (10, 9)
Assemblée : Oh !...
Soliste : Mes enfants, qu'il est difficile aux riches d'entrer dans le Royaume de Dieu. (10, 24)
Assemblée : Oh !...
Soliste : Oui, c'est impossible aux hommes, mais non pas à Dieu, car tout est possible à Dieu. (10, 27)
Assemblée : Oh !...
Chorale : Oui, vraiment, à la coupe où je bois, vous aussi vous boirez; du baptême où je suis baptisé, vous serez baptisés. (10, 39)

Or, ils étaient en chemin, montant vers Jérusalem.
Devant eux s'avançait Jésus : ils étaient stupéfaits.
Mais l'aveugle, au bord du chemin, criait :
« Fils de David, Jésus, pitié pour moi. »

Strophe 4
Chorale : Et beaucoup de gens rabrouaient l'aveugle pour qu'il se taise. (10, 48)

Soliste : Appelez-le !
Chorale : Confiance, lève-toi, il t'appelle ! (10, 49)
Assemblée : Car tout est possible à Dieu !
Soliste : Que veux-tu que je fasse pour toi ?
Chorale : Rabbouni, que je voie ! (10, 51)
Assemblée : Car tout est possible à Dieu !
Soliste : Va, ta foi t'a sauvé !
Chorale : Car tout est possible à Dieu !
Assemblée : Car tout est possible à Dieu !
Chorale : Et voilà qu'aussitôt il retrouve la vue.
Et il suivait Jésus dans son chemin. (10, 52)

Or, ils étaient en chemin, montant vers Jérusalem.
Devant eux s'avançait Jésus : ils étaient stupéfaits.
Mais l'aveugle, au bord du chemin, criait :
« Fils de David, Jésus, pitié pour moi. »

« Que l'homme ne sépare pas ce que Dieu a uni »

Vingt-septième dimanche pendant l'année B (3 octobre 1976.)

Isaïe 54, 1-10.

Crie de joie, stérile, toi qui n'as pas enfanté;
pousse des cris de joie, des clameurs, toi qui
n'a pas mis au monde,
car plus nombreux sont les fils de la délaissée
que les fils de l'épouse, dit le Seigneur.
Élargis l'espace de la tente,
déploie sans lésiner les toiles qui t'abritent,
allonge tes cordages, renforce tes piquets,
car à droite et à gauche tu vas éclater,
ta race va déposséder des nations
et repeupler les villes abandonnées.
N'aie pas peur, tu n'éprouveras plus de honte,
ne sois pas confondue, tu n'auras plus à rougir;
car tu vas oublier la honte de ta jeunesse,
tu ne te souviendras plus de l'infamie de ton veuvage.
Ton créateur est ton époux,
le Seigneur Sabaot est son nom,
le Saint d'Israël est ton rédempteur,
on l'appelle le Dieu de toute la terre.
Oui, comme une femme délaissée et accablée,
le Seigneur t'a appelée,
comme la femme de sa jeunesse qui aurait été répudiée,
dit ton Dieu.
Un court instant je t'avais délaissée,
ému d'une immense pitié, je vais t'unir à moi.
Débordant de fureur, un instant,
je t'avais caché ma face.
Dans un amour éternel, j'ai eu pitié de toi,
dit le Seigneur, ton rédempteur.
Ce sera pour moi comme au temps de Noé,
quand j'ai juré que les eaux de Noé
ne se répandraient plus sur la terre.
Je jure de même de ne plus m'irriter contre toi,
de ne plus te menacer.
Car les montagnes peuvent s'écarter
et les collines chanceler,
mon amour ne s'écartera pas de toi,
mon alliance de paix ne chancellera pas,
dit le Seigneur qui te console.

Lettre aux Hébreux 2, 9-11.

Évangile selon saint Marc 10, 1-16.

Partant de là, Jésus vient dans le territoire de la Judée et au-delà du Jourdain, et de nouveau les foules se rassemblent auprès de lui et, selon sa coutume, de nouveau il les enseignait. S'approchant, des Pharisiens lui demandaient : « Est-il permis à un mari de répudier sa femme ? » C'était pour le mettre à l'épreuve. Il leur répondit : « Qu'est-ce que Moïse vous a prescrit ? » — « Moïse, dirent-ils, a permis de rédiger un acte de divorce et de répudier. » Alors Jésus leur dit : « C'est en raison de votre dureté de cœur qu'il a écrit pour vous cette prescription. Mais dès l'origine de la création il les fit homme et femme. Ainsi donc l'homme quittera son père et sa mère, et les deux ne feront qu'une seule chair. Ainsi ils ne sont plus deux, mais une seule chair. Eh bien ! ce que Dieu a uni, l'homme ne doit point le séparer. » Rentrés à la maison, les disciples l'interrogeaient de nouveau sur ce point. Et il leur dit : « Quiconque répudie sa femme et en épouse une autre, commet un adultère à son égard ; et si une femme répudie son mari et en épouse un autre, elle commet un adultère. »

On lui présentait des petits enfants pour qu'il les touchât, mais les disciples les rabrouèrent. Ce que voyant, Jésus se fâcha et leur dit : « Laissez les petits enfants venir à moi ; ne les empêchez pas, car c'est à leurs pareils qu'appartient le Royaume de Dieu. En vérité je vous le dis : quiconque n'accueille pas le Royaume de Dieu en petit enfant, n'y entrera pas. » Puis il les embrassa et les bénit en leur imposant les mains.

Si Moïse a donné la permission de délivrer un certificat de répudiation, c'est en raison de la dureté de cœur des anciens, dit Jésus. Nous serions tentés de penser que Jésus nous surestime. Et les peuples dits chrétiens souhaiteraient bien, fût-ce au bénéfice de la dureté de leur propre cœur, obtenir de Dieu une pareille tolérance.

Jésus déclare cependant que nous sommes entrés dans un autre temps où cette dureté du cœur serait enlevée. Eh bien ! cela ne nous est pas très apparent.

Ce passage de l'Évangile que je viens de lire est profondément irritant. Il nous prend à contre-pied, nous heurte, nous choque et secoue les inquiétudes ou les certitudes que nous pouvons nous donner. Comment le comprendre et comment le rendre praticable, cela semble nous échapper.

Il faut d'abord revenir aux phrases de l'Évangile que nous avons chantées au début de cette célébration : « Or, ils étaient en chemin, montant vers Jérusalem. Devant eux s'avançait

Jésus : ils étaient stupéfaits. Mais l'aveugle, au bord du chemin, criait : "Fils de David, Jésus, pitié pour moi !" » (Marc 10, 32 ; 47-48.) Ce refrain nous met dans la situation qui convient. Bien sûr, nous ne pouvons pas comprendre en dix minutes des phrases de ce genre, bien qu'elles soient simples. Les propositions s'enchaînent; un enfant de cinq ans les expliquerait. Mais accepter cette parole qui nous tombe dessus et qui nous juge, ne pas fuir, ne pas s'en défendre, y trouver une miséricorde, y recevoir le sens de sa vie, cela demande une vie entière et peut-être plus qu'une vie. Peut-être la vie d'un homme jusqu'en sa mort ne suffit-elle pas à épuiser une parole aussi riche, exigeante, déconcertante.

Nous devons repousser l'état d'esprit de l'auditeur pressé qui dit : « Allez ! Expliquez-vous et qu'on en termine ! » Nous devons accepter la situation du disciple qui se met en chemin derrière Jésus. Et quand les disciples le suivent (nous l'avons chanté tout à l'heure), ils sont stupéfaits de peur et d'incompréhension en découvrant le destin de Jésus et le leur. Jésus part du lieu du baptême au Jourdain, monte à Jérusalem pour entrer, comme il dira lui-même, dans « son » baptême. Ce sont les phrases de la première strophe : « Oui, vraiment, à la coupe où je bois, vous aussi vous boirez. Du baptême où je suis baptisé, vous serez baptisés. » Il parle là de sa propre Passion et du sort des disciples. Il parle du sacrement que nous recevons et que nous célébrons, et qui fait de nous des chrétiens.

Ne nous étonnons pas si ces paroles suscitent en nous la même stupéfaction que chez les disciples, si elles vont provoquer en nous des remous, heurter comme de front les domaines les plus fondamentaux de l'existence. C'est bien ce que nous allons voir surgir devant le Christ quand il trace son chemin au milieu de notre foule pour aller vers son baptême, quand il invite ceux qui sont autour de lui à le suivre en son baptême.

L'homme qui nous est proposé en modèle, ce n'est aucun des Apôtres : c'est le mendiant au bord du chemin, rejeté de tous, l'aveugle. Dans toute cette foule, c'est le seul qui soit clairvoyant. C'est le seul qui prie alors qu'on l'empêche de crier. Et c'est le seul dont l'évangéliste nous dise qu'il suit Jésus sur son chemin, alors que tous les autres sont peut-être derrière, mais contraints et forcés.

Notre propre embarras, notre propre peine, notre propre stupeur devant des exigences qui peuvent nous sembler dépasser la mesure, les Apôtres eux-mêmes les vivent. Si cela nous est rapporté, ce n'est pas pour nous en excuser sous prétexte qu'eux non plus ne comprenaient pas.

Ces paroles de Jésus provoquent en nous un déchirement, un combat. Elles soulèvent des obstacles auxquels nous ne pensions pas. Elles vont nous remuer jusqu'au fond de nous-mêmes. Ce chemin du Christ en nous et parmi nous, c'est cela son œuvre en notre temps. Nous ne réglerons pas ces problèmes-là en quatre semaines : c'est l'œuvre de toute notre vie.

Il se trouve que spirituellement et sacramentellement cette parole de l'Évangile nous est dite dans cette assemblée chrétienne pour nous montrer quel chemin nous avons à accomplir dans toute notre existence. Gardons-nous donc, sous prétexte d'être gentils les uns pour les autres, d'amenuiser la parole, de la raboter, de l'arrondir jusqu'à ce qu'elle ne puisse plus rien dire du tout et ne gêne plus personne. Il faut, bien au contraire, que nous acceptions de ne pas la « comprendre ». Il faut que cette parole nous habite, que nous la portions en nous des semaines, des mois, des années. S'il plaît à Dieu, il faut que lui-même nous débarrasse de cette incompréhension et nous fasse découvrir quel est ce chemin. Il faut que nous arrivions à saisir pourquoi c'est difficile. Car, après tout, le Christ ne pose pas de pareilles questions pour nous embarrasser et nous rendre la vie impossible.

Voilà donc dans quelle attitude nous devons accueillir cette parole : nous mettre en chemin, écouter Jésus et lui demander d'ouvrir notre cœur à la compréhension de ce qu'il fait.

Cela pourrait suffire pour ce dimanche. J'ajoute quelques réflexions pour nous aider à avancer un peu, sachant toutefois que rien ne dispense de reprendre ces paroles de l'Évangile, de les méditer, de les remâcher jour après jour et semaine après semaine. Au moins dans ce temps privilégié où nous lisons saint Marc, pendant ce mois où nous méditons ce chapitre 10, prenez la peine, chez vous, d'ouvrir l'Évangile, de le relire. Essayez de réfléchir et de prier en demandant à Dieu de vous éclairer.

Quelle est la portée de ce débat sur le mariage? Une explication, d'abord, que vous trouverez dans les notes de votre Bible. L'enjeu social, à l'époque biblique, est la protection de la femme. Le législateur — Moïse — essaie de protéger la femme en mettant des conditions pour empêcher qu'elle ne soit arbitrairement répudiée. Car c'est son sort économique, sa survie qui est en jeu puisqu'elle n'a pas d'autonomie économique et financière. Vous voyez donc comment on peut entendre ces discussions juridiques : le législateur veut limiter le nombre de cas où l'on peut renvoyer une femme.

Mais, vous vous en rendez bien compte, cette explication ne nous a permis d'aller au fond ni du problème ni du sens de ces paroles.

Jésus, dans les explications qu'il donne à ses disciplines, rend la répudiation absolument symétrique : il ne s'agit plus seulement de protéger la femme contre un renvoi arbitraire par le mari, seul maître qui puisse économiquement soutenir une famille. Mais Jésus envisage le cas de la femme qui, elle aussi, pourrait renvoyer son mari. Ce qui est étrange dans le contexte. Il déborde donc complètement le cas juridique tel qu'il se présentait à cette époque. Il vise donc un autre niveau de la réalité. Quel est ce niveau? Isaïe, au chapitre 54, nous le fait percevoir. Ces paroles du prophète sont constamment présentes à la conscience de Jésus et de ses auditeurs. La relation de l'époux et de la femme, le mariage, ils ne l'envisagent pas d'abord comme un problème social ou un problème des droits de l'homme ou de la femme. Pour eux, la fidélité, c'est d'abord un problème mystique et spirituel qui trace les rapports de Dieu et de son peuple. C'est la relation à Dieu qui y est engagée fondamentalement. Et c'est la relation à Dieu de tout un peuple et, donc, des disciples de Jésus, qui va engager la manière de se comporter entre mari et femme.

Pour comprendre ce que Jésus dit au sujet du mariage et de la fidélité, nous ne devons pas partir du point de vue de l'expérience sociale. De ce point de vue, vous le savez fort bien, dans les pays ou les périodes où le législateur a imposé un mariage indissoluble, l'expérience prouve et l'histoire montre qu'à côté d'avantages certains il y a aussi des inconvénients. Ni les maris ni les femmes ne sont moins infidèles, et les souffrances ne sont pas nécessairement moins grandes. Sans parler de l'hypocrisie. A l'inverse, si le législateur devient tolérant, ce n'est pas pour autant que les relations sont plus humaines, meilleures, et que les êtres humains se font moins souffrir.

De ce point de vue-là, il y a probablement, dans une situation historique donnée, un plus ou moins grand bien ou un mal plus ou moins tolérable. On ne peut pas obliger les hommes et les femmes, par contraintes policières ou légales, à aimer. Le maintien de l'ordre n'a jamais suffi à rendre les gens vertueux; il faut pourtant qu'il y ait maintien de l'ordre.

Jésus se place à un autre point de vue, celui où se place Isaïe : il nous projette dans le mystère de la grâce divine, de l'amour tel que Dieu le propose à son peuple. Il invite hommes et femmes qui obéissent à la loi, à l'Alliance, à rendre leur union semblable à celle que Dieu, Époux, a conclue avec Israël, son Épouse, et à en faire le sacrement, en ce monde, de la réalité divine de l'Amour indéfectible manifesté aux hommes pour le salut de tous.

Il s'agit donc, dans ce cas auquel répond Jésus, d'entrer dans la compréhension d'un mystère. Dieu, Époux, va-t-il rompre son alliance et renvoyer son peuple parce qu'il n'a pas été totalement fidèle à l'amour proposé par Dieu? L'Épouse — Israël — va-t-elle répudier son Époux — Dieu — en servant d'autres maîtres, d'autres dieux? De la même façon, Jésus dira, parlant de ses contemporains, c'est-à-dire de nous : « Génération adultère, jusqu'à quand aurai-je à vous supporter? » Une génération adultère, c'est une génération qui se prostitue aux idoles. Et Dieu, lui, pardonne à l'épouse adultère, son amour est sans limites et son alliance irrévocable.

C'est donc un mystère de fidélité, de pardon, de miséricorde qui permet de comprendre ce qui était à l'origine. Et Jésus, dans ce problème social, dévoile ce qui est à l'origine : la fidélité absolue de Dieu qui crée l'homme à son image et propose à l'homme et à la femme de faire de leur union le sacrement et la manifestation de l'amour indéfectible de Dieu. Ce qui est une manière proprement divine de vivre. Ce qui est impossible à l'homme sans la force de Dieu. Non pas en ce sens que Dieu viendrait aider l'homme à réaliser un but que celui-ci se serait donné à lui-même. La vocation de l'homme est divine. Ceux-là sont appelés à réaliser ainsi dès à présent cette vocation en sa plénitude, qui, tels des enfants, accueillent le Royaume de Dieu, acceptent de naître à nouveau de la grâce divine. Accueillant ainsi le royaume comme une grâce, ils peuvent y entrer.

Une telle exigence au sujet du mariage ne peut être comprise que dans ce climat. Bien sûr, devant chaque cas singulier, devant l'histoire malheureuse de tel couple, nous ne pouvons les uns et les autres que prier Dieu et en appeler à sa miséricorde. Comme fait Jésus, ainsi que le rapporte l'Évangile de Jean, lorsqu'il se trouve devant la femme adultère. Selon la loi, elle devrait être lapidée. Jésus, en silence, la délivre de toute accusation : « Femme, où sont-ils ceux qui t'accusaient ? » C'est un mystère de miséricorde en même temps qu'un appel à la sainteté : « Va, désormais ne pèche plus. » Telle est l'alliance nouvelle que l'Époux scelle avec l'Épouse.

Mais ce mystère de miséricorde ne se comprend que parce que l'amour est livré aux hommes. Il nous est partagé dans ce sacrement du Christ, dans cette présence parmi nous de l'alliance. Ici, la fidélité divine est renouvelée. Ici, le peuple chrétien, malgré son incompréhension, ses faiblesses et son péché, est appelé à cette vocation divine de mettre en ce monde, en dépit de ses fautes, la présence du sacrement de l'amour et de l'alliance indéfectible. Ici, nous célébrons le festin des noces de l'Époux et de l'Épouse pardonnée.

« La coupe que je vais boire, vous la boirez »

Vingt-neuvième dimanche pendant l'année B (17 octobre 1976.)

Isaïe 53, 10-11.

Lettre aux Hébreux 4, 14-16.

Évangile selon saint Marc 10, 32-45.

Ils étaient en route, montant à Jérusalem; et Jésus marchait devant eux, et ils étaient dans la stupeur, et ceux qui suivaient étaient effrayés. Prenant de nouveau les Douze avec lui, il se mit à leur dire ce qui allait lui arriver : « Voici que nous montons à Jérusalem, et le Fils de l'homme sera livré aux grands prêtres et aux scribes; ils le condamneront à mort et le livreront aux païens, ils le bafoueront, cracheront sur lui, le flagelleront et le tueront, et après trois jours il ressuscitera. »

Jacques et Jean, les fils de Zébédée, avancent vers lui et lui disent : « Maître, nous voulons que tu fasses pour nous ce que nous allons te demander. » Il leur dit : « Que voulez-vous que je fasse pour vous ? » — « Accorde-nous, lui dirent-ils, de siéger, l'un à ta droite et l'autre à ta gauche, dans ta gloire. » Jésus leur dit : « Vous ne savez pas ce que vous demandez. Pouvez-vous boire la coupe que je vais boire et être baptisés du baptême dont je vais être baptisé ? » Ils lui dirent : « Nous le pouvons. » Jésus leur dit : « La coupe que je vais boire, vous la boirez, et le baptême dont je vais être baptisé, vous en serez baptisés; quant à siéger à ma droite ou à ma gauche, il ne m'appartient pas de l'accorder, mais c'est pour ceux à qui cela a été destiné. »

Les dix autres, qui avaient entendu, se mirent à s'indigner contre Jacques et Jean. Les ayant appelés près de lui, Jésus leur dit : « Vous savez que ceux qu'on regarde comme les chefs des nations dominent sur elles en maîtres et que les grands leur font sentir leur pouvoir. Il ne doit pas en être ainsi parmi vous : au contraire, celui qui voudra devenir grand parmi vous, sera votre serviteur, et celui qui voudra être le premier parmi vous, sera l'esclave de tous. Aussi bien, le Fils de l'homme lui-même n'est pas venu pour être servi, mais pour servir et donner sa vie en rançon pour une multitude. »

Ceux qui entourent Jésus sont stupéfaits, ceux qui le suivent ont peur. Ceux qu'il a chargés d'être à la fois les témoins et les acteurs de son œuvre sont dans l'incompréhension.

Cette incompréhension est-elle due aux circonstances passées de l'histoire de Jésus ? Existe-t-elle de même façon aujourd'hui pour le lecteur de l'Évangile ?

Il n'y a qu'un seul moyen de comprendre aussi bien pour ses disciples d'autrefois que pour le lecteur d'aujourd'hui, et le voici : c'est d'accomplir la parole de Jésus. Il annonce à ses disciples ce qui va advenir de lui : « Voici que nous montons à Jérusalem, et le Fils de l'homme sera livré. » Il leur dit ensuite qu'ils doivent, eux aussi, être livrés les uns aux autres, que le premier doit être le dernier et l'esclave de tous, et donc avoir un sort semblable au sien. Car « le Fils de l'homme lui-même n'est pas venu pour être servi, mais pour servir et donner sa vie en rançon pour la multitude ». Cela inscrit le sort des disciples, leur vocation, exactement dans le même chemin, dans le même destin que le sien propre. C'est cela que les disciples ne veulent pas entendre, pas plus que nous ne le voulons. C'est cela, cependant, le sort normal de l'Église et le seul moyen de comprendre le Christ.

Mais il nous faut d'abord revenir, pour essayer de le suivre, au sens de cette parole : « Voici que nous montons à Jérusalem, et le Fils de l'homme sera livré aux grands prêtres et aux scribes. »

Il sera livré par qui ? « Par Judas. » C'est la réponse la plus évidente, mais Marc ne dit pas cela. Si l'on a une vision un peu plus large, on va dire : « Il sera livré *par* les grands prêtres et les scribes. » Le texte dit l'inverse : « Il sera livré *aux* grands prêtres et aux scribes. » On dira alors : « Il sera livré *par* les Juifs qui le crucifieront. » Mais l'on sait peut-être que c'est là une calomnie meurtrière. Et si l'on sent que ce n'est pas encore cela, on dira : « Il va être livré par les disciples. » Quelques-uns essaieront de penser : « Il sera livré par nous. » Mais sans bien voir comment.

Ce n'est pourtant pas ce que nous dit le Christ. Il dit : « Voici que le Fils de l'homme va être livré. » Cette tournure-là, une action décrite au passif, est habituelle dans la Bible et dans la langue juive de l'époque de Jésus. Elle signifie que c'est Dieu qui le livre. Vous avez bien entendu : c'est Dieu qui livre le Christ aux scribes et aux anciens, aux grands prêtres, qui eux-mêmes le livreront aux païens qui eux-mêmes livreront son corps et sa vie à la mort. Le Christ est donc livré par Dieu.

A qui? A tous, pour qu'ils fassent de lui ce qu'ils veulent. « Ils », ce sont ces personnages, nos représentants, ceux de l'élection et ceux des païens. « Ils » sont la multitude des hommes. Ce « qu'ils » veulent, c'est la mort : voilà ce « qu'ils » veulent. « Ils » veulent sa mort. Et celui qui le livre ainsi à la volonté homicide de l'homme, c'est Dieu lui-même.

Dieu n'impose pas la mort du Christ, mais se soumet à la volonté homicide de l'homme. Il livre son Fils qui s'offre lui-même librement au vouloir des hommes.

Il est trop facile de nous décharger de nos fantasmes et de nos culpabilités en prêtant à Dieu de vouloir la mort de l'homme, d'exiger du sang pour faire justice. On a souvent expliqué la Rédemption de cette manière-là. Parce que nous portons en nous un tyran caché, nous peignons un Dieu tyrannique qui justifie les hommes d'être de petits tyrans. Quelle horreur! En fait, c'est l'homme qui est homicide. Non seulement il est homicide, mais il dit : « Je suis innocent et j'ai raison de faire ce que je fais. » Voilà ce que dit l'homme.

L'amour de Dieu se manifeste en ceci que Dieu se livre, devenu passif, comme victime à la volonté de l'homme. Ainsi, l'homme regardant celui qu'il a crucifié verra ce qu'il a lui-même dans le cœur : une volonté homicide. Il verra en même temps ce que Dieu a dans le cœur : la volonté de pardon de celui qui se livre entre nos mains.

A quoi cela sert-il, en effet, que Dieu livre le Fils de l'homme? A rien de ce que nous pouvons imaginer.

Il nous est facile de récupérer la mort du Christ de telle sorte qu'elle justifie nos propres choix. On dira que Jésus a pris parti de façon héroïque, qu'il a eu le courage d'aller jusqu'au bout. Or, la mort du Christ n'est en rien un risque calculé en vue de faire triompher une cause. C'était vraiment une erreur absurde de monter à Jérusalem. Ainsi pensent ses disciples, ses amis, ses partisans. Ce n'est même pas un geste de provocation dans une cause désespérée. Jésus n'est pas reconnu par tous comme victime innocente qui dévoile la tyrannie du tyran. Sa cause n'est même pas pure aux yeux de tous. En fait, la mort du Christ ne sert humainement de rien.

Elle n'est même pas récupérable dans un calcul théologique, comme si Dieu voulait « avoir la peau » d'un innocent pour pardonner aux coupables. Le Christ n'est pas un otage.

Dieu n'a pas fait un détournement d'humanité pour nous libérer contre une rançon. Si Jésus emploie l'image du rachat, il faut bien comprendre qu'il parle de la libération gratuite de l'esclave, et non d'un règlement de comptes ou d'un chantage entre Dieu et l'homme.

Pourquoi le Père livre-t-il le Fils aux mains des hommes? Jésus nous le dit : « Le troisième jour il se relèvera. » Nous traduisons : « Il ressuscitera. » Incompréhensible promesse, objet de foi, d'espérance et d'amour qui nous annonce qu'en le livrant à la volonté homicide des hommes, Dieu vivant, et qui aime la vie, lui fera franchir ce gouffre et ce néant incompréhensible de la mort. Dieu se manifeste le Dieu juste, bon, source de la vie quand il livre son Fils aux hommes qui le tuent. Quand, l'ayant livré à la mort, il fait surgir de la mort une vie autre, non une vie de plus, mais une vie autre, une vie divine donnée à l'homme là où l'homme fait de sa vie un gouffre de mort. Cet abandon entre nos mains de celui qui est la source de la vie et qui en échappe, non pas comme un prisonnier qui brise ses barreaux, mais comme la puissance de vie qui fait surgir la vie de Dieu dans l'humanité morte, cela c'est la révélation de l'Amour, et c'est la révélation de Dieu.

Comprendre Dieu, c'est donc contempler inlassablement en notre vie cette figure du Crucifié, c'est recevoir ce don qu'il nous fait et c'est découvrir peu à peu l'énigme qu'est l'Amour plus fort que tous nos refus, que toutes nos incompréhensions et que toutes nos volontés homicides. Et, en même temps, en recevoir le pardon. Car, dévoilant ce que nous sommes à travers ce que nous lui faisons, Dieu dévoile qui il est en nous supportant, en nous portant et en nous faisant vivre...

Quand Jésus nous dit : « Vous boirez la coupe que je vais boire, vous serez baptisés du baptême dont je vais être baptisé », il évoque précisément ce mystère d'abandon et de don. Et quand il ajoute : « Quant à siéger à ma droite ou à ma gauche, il ne m'appartient pas de l'accorder, mais c'est pour ceux à qui cela a été destiné », il évoque l'œuvre du Père et la fin de l'histoire, le jugement ultime. C'est le Père qui donne cela à la fin des temps.

Il faut aussi, frères, que nous nous rappelions, dans la méditation de cette parole de Jésus, une dernière chose : c'est qu'en dévoilant ainsi le mystère de Dieu par sa propre vie, Jésus nous ouvre notre propre chemin. Et il donne de l'Église un visage très déterminé. Mais ce visage, nous le refusons tout autant que les Apôtres refusent la parole de Jésus lui-même.

Quelle est donc cette parole de Jésus sur l'Église, sur nous ? Il oppose le groupe des disciples aux nations païennes. Il dit : Dans les nations païennes, il y a un certain système de fonctionnement social ; les princes commandent et les serviteurs obéissent. Relisez le texte : « Il ne doit pas en être ainsi parmi vous. » Et, à trois reprises, le mot « parmi vous » revient. Et il donne du fonctionnement, de la relation mutuelle des disciples de Jésus entre eux, un modèle totalement impossible, socialement absurde, inapplicable, un modèle qui renverse complètement les rôles puisqu'il demande à chacun de ses disciples de prendre la dernière place et de se livrer aux autres, comme l'esclave et le serviteur. Ce qui, nous le savons bien, est impossible à notre égoïsme et, d'autre part, est chimérique comme modèle d'organisation sociale.

Le groupe des chrétiens, dans la mesure où il veut exister en ce monde, est donc appelé à avoir une frontière extrêmement nette, tracée entre lui et le reste des nations, des païens. Et le propre du groupe des chrétiens, c'est d'instaurer entre eux, sur la parole de Jésus, un mode de fonctionnement parfaitement chimérique et idéaliste qui reproduise, dans cette vie-ci, les uns à l'égard des autres, l'attitude de Jésus à l'égard de tous les hommes. Nous ne sommes donc pas compétitifs avec les grandes organisations de ce monde. Et quand on a comparé l'organisation de l'Église à une organisation politique ou économique quelconque de même ampleur, et que la comparaison s'est établie à son profit, cela prouve que nous étions « tombés dans le panneau » dans lequel sont tombés les Apôtres : « Maître, accorde-nous de siéger l'un à ta droite, l'autre à ta gauche », et les dix autres s'indignent. C'est que nous avons appliqué à nos relations mutuelles le modèle normal des rapports sociaux.

Ce qui nous est proposé, c'est quelque chose d'impossible aux hommes. Ce que nous devons être les uns à l'égard des autres, dans la frontière intérieure de l'Église, ce à quoi nous sommes appelés pour le salut du monde, c'est de devenir les porteurs, le signe et le sacrement de l'œuvre de Jésus livré pour le salut de la multitude.

Frères, tout cela est inscrit dans l'Évangile. Il vaut mieux pour nous qu'au moins nous l'entrevoyions et que nous puissions dire : « Nous ne le faisons pas » ; ou bien : « Cela nous paraît insupportable » ; ou bien : « Nous sommes de mauvais disciples, des pécheurs » ; ou bien : « Nous ne pouvons pas accepter de pareilles perspectives. »

Il vaut mieux, pour nous, mesurer nos refus, nos dérobades, notre scandale plutôt que de nous arranger avec la parole du Christ en l'accommodant selon notre désir.

Il vaut mieux que nous nous battions aujourd'hui avec l'appel du Christ plutôt que d'être jugés, au terme de l'histoire, comme des menteurs qui ont fait mentir la Parole de Dieu.

Il vaut mieux que nous mesurions notre impuissance et notre aveuglement. Car alors, comme l'aveugle qui crie au bord du chemin, nous pourrons peut-être recevoir la grâce de la puissance de Dieu et de la lumière qu'il donne.

« Confiance ! lève-toi, il t'appelle »

Trentième dimanche pendant l'année B (24 octobre 1976.)

Au cours de cette messe, plusieurs enfants reçoivent le baptême.

Jérémie 31, 7-9.

Lettre aux Hébreux 5, 1-6.

Évangile selon saint Marc 10, 46-52.

> Comme Jésus sortait de Jéricho avec ses disciples et une foule considérable, le fils de Timée (Bartimée), un mendiant aveugle, était assis au bord du chemin. Quand il apprit que c'était Jésus le Nazarénien, il se mit à crier : « Fils de David, Jésus, aie pitié de moi ! » Et beaucoup le rabrouaient pour lui imposer silence, mais lui criait de plus belle : « Fils de David, aie pitié de moi ! » Jésus s'arrêta et dit : « Appelez-le. » On appelle l'aveugle en lui disant : « Aie confiance ! lève-toi, il t'appelle. » Et lui, rejetant son manteau, bondit et vint à Jésus. Alors Jésus lui adressa la parole : « Que veux-tu que je fasse pour toi ? » L'aveugle lui répondit : « Rabbouni, que je recouvre la vue ! » Jésus lui dit : « Va, ta foi t'a sauvé. » Et aussitôt il recouvra la vue et il cheminait à sa suite.

La leçon est forte, violente même. Jésus se dirige vers Jérusalem. Il prend la tête d'une marche que personne ne comprend. Même pas ceux qui l'entourent, ses amis, ceux qui lui sont favorables. Ils sont très inquiets de ce qu'ils considèrent comme une folie. Monter à Jérusalem, c'est, inutilement, aller se mettre dans un piège. Et pour quoi faire ? Derrière lui, les gens qui le suivent ont peur. Simplement peur.

L'évangéliste écrit ce récit pour nous, pour nous dire ce que nous sommes en train de faire. Ceux qui suivent Jésus, ceux qui ne comprennent pas, ceux qui ont peur, ce sont tous ceux qui, aujourd'hui, accueillent cet Évangile et sa question, vivent cet événement en disciples de Jésus, ou comme des gens au bord de la route. L'évangéliste commente ce qui vous arrive. Il s'adresse à vous par la voix de l'Église pour vous faire toucher du doigt ce qui se passe pour vous.

Quand Jésus ainsi s'avance vers Jérusalem, vers sa mort, les hommes lui posent des questions comme autant d'objections et de protestations.

L'évangéliste nous en a présenté trois :

La première concerne l'engagement de l'amour de Dieu, le sort de l'époux et de l'épouse. Jésus répond : « Que l'homme ne sépare pas ce que Dieu a uni. » La deuxième, celle de l'accomplissement des commandements : que faut-il faire pour obtenir la vie éternelle ? Jésus répond : « Obéis aux commandements. Tu les connais. Puis va, vends tous tes biens ; donne-les aux pauvres, tu auras un trésor dans le ciel ; et puis suis-moi. » La troisième, celle des Apôtres qui se disputent le pouvoir. Jésus répond : « Celui qui veut être le premier, qu'il se fasse le dernier. »

Chaque fois Jésus donne une réponse qui exige l'impossible. Et c'est bien ce que nous pensons nous aussi. Pouvons-nous réellement vendre tout ce que nous avons, le donner aux pauvres et suivre le Christ ? Avouons-le, cette parole de Jésus nous apparaît incompréhensible, inacceptable. De même, quand Jésus dit qu'il faut se faire l'esclave de tous. Cela peut même nous paraître suspect.

Tous autant que nous sommes, mis devant ces paroles dans leur netteté, nous sommes prêts à dire : « Vous n'allez pas croire cela aujourd'hui. Ce n'est pas pour nous. Rendez-nous possible cette parole inacceptable. Ou bien nous partons. » C'est ce qui se passe aujourd'hui comme au temps de Jésus. Et ceux qui restent sont tellement déconcertés qu'ils ne savent pas quoi dire.

C'est pourquoi, méditant tout à l'heure ce texte, le musicien nous a fait chanter : « Ô... », un cri qui exprime ce que les mots sont impuissants à dire.

Voilà donc tous ces gens qui posent des questions, qui veulent comprendre, qui discutent avec le Christ. Finalement, ils sont écrasés dans l'incompréhension.

Mais voici l'aveugle qui nous montre comment Dieu agit. Cet aveugle a renoncé à toute prétention devant Dieu. C'est un mendiant, un exclu. On lui dit que Jésus de Nazareth est sur le chemin et qu'il va passer. Il ne le voit pas ; il ne le connaît pas. Il se met à crier d'une façon insupportable. Ceux qui entourent Jésus, le service d'ordre, disent : « Faites-le taire. » Jésus dit : « Faites-le venir. » Et la foule comprend et change d'avis : « Aie confiance ! lève-toi, il t'appelle. »

Jésus demande : « Que veux-tu que je fasse pour toi ? » Vous vous souvenez de la question que je vous ai posée tout à l'heure au nom de l'Église : « Que voulez-vous pour votre enfant en le présentant à l'Église ? » Vous la reconnaissez, c'est la question que Jésus pose à l'aveugle. Et l'aveugle répond : « Maître, fais que je voie. » C'est ce que n'importe quel malheureux demande pour sortir de son malheur. Un affamé dira : « Donne-moi à manger. » Un malade dira : « Guéris-moi. » Mais Jésus lui répond bien davantage : « Va, ta foi t'a sauvé. » Il lui parle de foi et de salut. Des mots que l'aveugle n'a pas prononcés, quelque chose qu'il n'a pas demandé.

Et voilà qu'il se passe un événement tout à fait inattendu et unique dans cet Évangile. Alors que tous les autres étaient en train de quitter le Christ, de marcher à reculons en disant : « Il est fou. Il va à Jérusalem, c'est pour la mort », l'aveugle, lui, suit Jésus. Et Jésus ne l'en empêche pas. Ce que nous avons commenté en chantant cette phrase de Jésus : « Car tout est possible à Dieu. »

Telle est donc la lumière à laquelle nous devons reconnaître la situation dans laquelle nous sommes. Comme l'aveugle, nous avons à accepter d'être vus par Dieu tels que nous sommes, et non pas avec nos faux-semblants ; à accepter de nous en remettre à lui, à accepter qu'il accomplisse ce qui nous paraît impossible.

Peut-être vous paraît-il impossible, si votre vie vous semble médiocre, qu'elle puisse changer. Peut-être vous paraît-il impossible, si vous êtes enferrés dans des histoires sans issue, que vous puissiez en sortir. Peut-être vous paraît-il impossible, si vous n'avez pas la foi, d'oser croire à ce que vous ne faites qu'entrevoir. Peut-être vous paraît-il impossible que ce qu'il y a de meilleur en vous apparaisse et agisse à la place de l'amertume, du dépit, de la haine. Peut-être vous paraît-il impossible que ce qui a pu être une nostalgie, une ambition ou un rêve et qui correspondait au meilleur de l'homme, puisse trouver sa place en ce monde-ci. Peut-être vous paraît-il impossible de faire autre chose dans votre vie que de lutter pour votre place au soleil. Peut-être vous paraît-il impossible d'être heureux ou de rendre quelqu'un heureux. Personne au monde n'oserait vous dire que vous avez certainement tort. Personne au monde ne peut vous dire que c'est possible, que cela vous est possible.

Mais peut-être avez-vous un pas à franchir, comme l'aveugle. Peut-être, dans votre cécité, est-ce l'Église qui vous dit aujourd'hui : « Aie confiance ! lève-toi, il t'appelle. » Peut-être l'Église vous dit-elle aussi : « Car tout est possible à Dieu. » Si vous ne croyez pas cela, quelle espérance pouvez-vous transmettre à vos enfants ? Quelle espérance pouvez-vous transmettre qui ne soit pas un mensonge ? Notre conviction, c'est non pas que le monde est bien fait, mais que, dans la découverte de notre faiblesse, un plus puissant que nous met dans nos bouches le rire et la joie quand l'expérience de la vie et l'épreuve nous amèneraient plutôt au contraire.

C'est cette espérance-là que nous attestons et dans laquelle nous présentons ces enfants à la puissance de l'Esprit pour qu'ils soient baptisés dans l'amour du Christ.

« Écoute »

Trente-et-unième dimanche pendant l'année B (30 octobre 1976.)

(Célébration du samedi soir.)

Ézéchiel 36, 24-28.

Lettre aux Hébreux 7, 23-28.

Évangile selon saint Marc 12, 28-34.

Un scribe qui avait entendu les Sadducéens discuter avec Jésus, voyant qu'il leur avait bien répondu, s'avança et lui demanda : « Quel est le premier de tous les commandements ? » Jésus répondit : « Le premier c'est : "Écoute, Israël, le Seigneur notre Dieu est l'unique Seigneur, et tu aimeras le Seigneur ton Dieu de tout ton cœur, de toute ton âme, de tout ton esprit et de toute ta force". Voici le second : "Tu aimeras ton prochain comme toi-même". Il n'y a pas de commandement plus grand que ceux-là. »

Le scribe lui dit : « Fort bien, Maître, tu as eu raison de dire qu'il est unique et qu'il n'y en a pas d'autre que Lui : l'aimer de tout son cœur, de toute son intelligence et de toute sa force, et aimer le prochain comme soi-même, vaut mieux que tous les holocaustes et tous les sacrifices. » Jésus, voyant qu'il avait fait une remarque pleine de sens, lui dit : « Tu n'es pas loin du Royaume de Dieu. » Et nul n'osait plus l'interroger.

Ce passage de l'Évangile nous fait entrer de la façon la plus intime dans la prière de Jésus, dans sa propre relation à son Père. Car, en ce moment très important et décisif, dans le Temple à Jérusalem, avant son arrestation et sa Passion, Jésus ne va pas simplement faire une réponse habile pour se tirer d'un mauvais pas. Il répond ce qu'il pense vraiment. C'est vraiment, pour lui, le premier des commandements auquel il rattache le second. Ils forment le cœur de sa relation à Dieu, de sa prière. Là est le centre de la religion de Jésus lui-même; non seulement celle qu'il nous enseigne, mais celle qu'il pratique; non seulement celle qu'il nous destine, mais celle qu'il accomplit.

Que signifient les premiers mots : « Écoute, Israël, le Seigneur notre Dieu est l'unique Seigneur. » En quoi cela est-il un commandement? Car c'est bien un commandement, tout autant que la phrase qui suit : « Tu aimeras le Seigneur ton Dieu de tout ton cœur, de toute ton âme, de tout ton esprit et de toute ta force. »

Cette formule de l'Écriture peut nous sembler très belle et poétique, mais ne pas faire droit à une question préalable, urgente pour nous : Dieu existe-t-il, oui ou non? Nous serions tentés de penser que ce commandement-là n'a de sens que pour des croyants. Un croyant, c'est quelqu'un qui a une certaine idée de Dieu, voire une définition, et qui, d'une manière ou d'une autre, a acquis la certitude, bien fondée ou non, que ce Dieu existe. S'il n'avait pas en lui-même cette certitude, comment pourrait-il ensuite servir Dieu, l'aimer ou lui obéir?

Il nous semble donc que la foi est un préalable. Et un préalable qui échappe aux commandements. Car, pensons-nous, si quelqu'un dit : « Moi, je ne crois plus », il n'est plus responsable par rapport à Dieu. Nous sommes passés dans l'ordre de la discussion, de la conviction, du doute, de l'incertitude. Et le seul remède qui pourrait se présenter serait de réfléchir ou de discuter. Du moins, c'est comme cela que nous concevons les choses.

Pourtant, le commandement dit : « Écoute, Israël; le Seigneur notre Dieu est l'unique Seigneur. » Il n'est donc pas demandé à l'homme de se faire d'abord une idée de Dieu, puis d'acquérir la certitude que cette idée est cohérente, pas même que Dieu existe. Le premier commandement est cette voix impérative : « Écoute », qui vient d'un ailleurs de l'homme. Cette voix vient de Celui que l'homme ne peut pas nommer de lui-même. Ce n'est pas l'homme qui donne un nom à Dieu, c'est Dieu qui révèle son nom à l'homme.

C'est donc un appel qui devance toute question de l'homme pour l'appeler et ouvrir son oreille. Nous ne pouvons reconnaître celui qui nous parle que si, d'abord, nous acceptons de l'écouter. L'identité de celui qui nous parle est un don fait à l'homme qui, d'abord, écoute la Parole. Car celui qui parle fait découvrir à Israël qui il est : le Seigneur notre Dieu et l'unique Seigneur. C'est donc un commandement. Et la foi se situe d'abord dans l'accomplissement de ce premier commandement. Car, écouter, cela voudra dire : « Au sein de l'obscurité où se trouve l'homme... »; peut-être : « Au sein de l'incompréhension où il est enfermé, une Voix l'appelle... » Et quand il écoutera, il pourra aller jusqu'à dire : « Au sein du péché où je suis enfermé, voici que j'entends celui que je ne connaissais pas et qui m'appelle. En me parlant et en me pardonnant, il se fait reconnaître comme l'Unique. Non pas comme le dieu dont, d'abord, j'ai l'idée et qu'ensuite je vérifie, et qu'après tout je reconnais, et auquel je finis par obéir. Mais Celui qui m'arrache à moi-même et me donne l'existence au moment même où je reçois son commandement et sa parole vivante. »

Et écouter le Seigneur, l'Unique pour le reconnaître comme l'Unique, c'est cela la racine de la foi. Car écouter, à ce moment-là, implique nécessairement la conversion. Quand bien même nous serions assurés par notre raison, notre culture, notre expérience, nos convictions, nos habitudes que Dieu existe, serions-nous pour autant dispensés de ce premier commandement : « Écoute. » Celui qui nous parle, c'est le Vivant devant qui l'homme doit se taire pour l'entendre. Et le reconnaître pour l'Unique, c'est découvrir et faire l'aveu qu'il n'était pas l'Unique pour nous. Car tout homme, quel qu'il soit, se donne toujours quelques dieux : tout homme, quel qu'il soit, place de quelque façon l'absolu de sa vie quelque part, fût-ce dans l'idée qu'il se fait de Dieu. Ce peut être aussi la puissance, l'argent, la vanité, l'ambition, l'amour, sa propre vie. Mais Celui qui parle nous arrache nécessairement à nos dieux pour nous demander, comme un commandement qui nous délivre, de le reconnaître, lui, pour l'Unique. Lui, ce seul Dieu que l'homme ne peut pas se donner, le seul que l'homme ne se fabrique pas, le seul qui soit inaccessible si ce n'est quand il parle et se livre. Le seul qui, venant jusqu'à nous, nous délivre de tout autre dieu qui n'est pas Dieu. Et le seul qui, pour être reconnu, demande donc que notre cœur soit délivré et libéré de ce qui le rend prisonnier. Le seul qui, au moment où il nous dit : « Écoute », nous fait mesurer que nous n'entendions pas. Le seul qui nous demande de croire, c'est-à-dire de remettre notre propre existence et sa totalité entre ses mains.

Et le reconnaître, lui, comme l'Unique, il en découle cet autre aspect du commandement : « Tu aimeras le Seigneur ton Dieu. » L'aimer n'est pas un ordre arbitraire et insupportable, car cette voix inconnue au cœur de l'homme, qui se révèle comme l'unique Seigneur, c'est aussi l'amour sans limites de notre créateur, de notre Père, de la source de la vie. L'aimer de tout son cœur, de toute son âme, de toutes ses forces, de toutes ses ressources, de toute sa vie, c'est le premier des commandements, celui qui nous fait vivre.

Reconnaître que le prochain que Dieu nous donne doit être aimé du même amour, c'est là l'œuvre de grâce que l'Esprit peut accomplir en nous.

Cette parole, Jésus la dit pour lui-même et nous la dit comme celui qui nous parle. Il prononce la parole comme celui qui la porte. Il dit lui-même : « Écoute, Israël ; le Seigneur notre Dieu est l'Unique Seigneur. Tu aimeras le Seigneur ton Dieu. »

Le Christ, en ce moment de sa vie, nous laisse entrevoir que l'accomplissement de ce commandement, inaccessible à l'homme en raison même de son péché, l'accomplissement de ce commandement devient possible par la venue du règne de Dieu dont cet homme n'est pas loin. Car cet homme a remarqué qu'en Jésus qui lui donne cette réponse, le Royaume de Dieu, le règne de Dieu est proche. L'accomplissement du commandement central de l'amour de Dieu est rendu possible par la bouche de Jésus et la personne de Jésus. Et cela, en ce temps, vaut mieux que tous les sacrifices et toutes les offrandes. En ce Christ qui s'approche de lui et dont il s'approche, la grâce est donnée de l'accomplissement, de l'obéissance dans l'Esprit.

Le premier de tous les commandements

Trente-et-unième dimanche pendant l'année B (31 octobre 1976.)

Ézéchiel 36, 24-28.

Lettre aux Hébreux 7, 23-28.

Évangile selon saint Marc 12, 28-34.
(Vous trouverez ce texte déjà reproduit page 182.)

Jésus ne donne pas une réponse ingénieuse pour se tirer d'un mauvais pas. Il répond vraiment à la question centrale de la vie humaine. Non seulement de la vie humaine en général, mais de la vocation propre et de Jésus et d'Israël, et aussi de la nôtre.

C'est le premier point sur lequel je veux attirer votre attention : Jésus ne fait pas une pirouette pour se tirer d'une question embarrassante, comme tel « Zorro » de l'actualité religieuse le fait devant un micro. Ce n'est pas un débat sur les oripeaux de la religion et ce qu'en pensent les bonnes gens. Il n'y a pas de télévision, il n'y a pas de micro. Ce n'est pas un jeu du spectacle. Jésus est dans le Temple. Il risque sa vie, et non seulement son image de marque ou ses droits d'auteur. Jésus ne va pas publier un livre, mais livrer sa vie. Ce que Jésus dit, c'est ce qui l'engage lui-même au plus profond. Ce qu'il dit, c'est ce qui, à ses yeux, est le centre de sa propre attitude religieuse. Il nous fait connaître la manière dont lui-même vit sa propre fidélité de Fils et accomplit les commandements de Dieu, et, par conséquent, il va nous inviter à les vivre et à les accomplir.

Une seconde chose à laquelle il faut que nous prêtions attention, c'est la notion même de commandement. Spontanément, nous penserions qu'un commandement, c'est un principe de conduite, quelque chose qu'il faut faire, l'énoncé d'une règle générale à laquelle il faut se conformer.

Et puisqu'il s'agit de la religion de Jésus, ce commandement est revêtu de l'autorité de Jésus ou de l'autorité de Dieu le Père.

Il n'en demeure pas moins vrai cependant que n'importe quel homme ouvert et généreux dans n'importe quelle religion pourrait dire : « Il y a un principe de l'univers auquel l'homme doit se soumettre : il faut être humain avec les hommes. Il faut nous comporter comme des frères pour ceux qui appartiennent à notre espèce, pour nos compagnons. »

Si tel était le sens du mot commandement, nous pourrions entendre la question posée à Jésus de la façon suivante : quels sont les principes qu'il faut observer pour se comporter en homme honnête, en homme digne de ce nom ?

Or, un commandement de Dieu, le premier de tous les commandements de Dieu, ce n'est pas du tout cela. Car les commandements de Dieu, tels que Jésus les reçoit, tels qu'il essaie de les hiérarchiser, ne sont pas des principes généraux accessibles à tout homme et proposés à la conscience de tout homme. Ils expriment la volonté de Quelqu'un à un certain groupe d'hommes. C'est la volonté amoureuse de Dieu communiquée à certains hommes, et cette volonté s'exprime dans une histoire, à un moment déterminé.

C'est important, et vous allez voir pourquoi. Prenons le premier commandement : « Voici le premier commandement, dit Jésus : "Écoute, Israël". » Ces mots : « Écoute, Israël », font-ils partie du commandement ? Ou bien ne pourrions-nous pas alléger le texte en rayant cette phrase puisque ces mots ne nous concernent plus ? C'est d'ailleurs ce qu'ont fait beaucoup de catéchismes...

Si nous rayons ces deux mots, si nous nous contentons de prendre la suite, nous énonçons alors un principe général sur Dieu. Nous n'accueillons plus un commandement donné par Dieu.

Et la suite ? Comment pourrions-nous dire : « Le Seigneur notre Dieu est l'Unique Seigneur. » Quelle étrange formulation. Pourquoi « notre Dieu » ? Pourquoi « notre » ? Ne pourrait-on pas dire : « Dieu est le seul Dieu. » Ou encore : « Il n'y a qu'un seul Principe suprême de l'histoire et de l'univers. » Pourquoi dire « *notre* Dieu » ? N'est-ce pas la trace d'un particularisme ethnique ou historique, insupportable à une époque où l'homme sait que le monde est vaste et qu'il y a toutes sortes d'histoires dans le monde, aussi légitimes les unes que les autres? Après tout, les peuples d'Asie ne sont pas forcés d'adopter les dieux des peuples d'Occident. Et ainsi de suite... Là aussi, ne faudrait-il pas gommer ce mot « notre » ?

Et que signifie : « Tu aimeras le Seigneur *ton* Dieu. » Pourquoi à nouveau ce possessif : « *ton* Dieu » ?

Ces interrogations ne sont pas purement grammaticales. Ces mots expriment une situation. Une situation qu'il nous faut reconnaître, comprendre, accepter. Faute de quoi, la question posée à Jésus et la réponse qu'il donne n'ont plus de sens ou sombrent dans l'insignifiance. Tellement insignifiantes qu'on peut s'en passer. Et c'est ce qui arrive aujourd'hui aux cultures chrétiennes d'Occident.

Si le premier commandement, c'est : « Écoute, Israël », cela signifie que nous sommes placés devant l'impératif d'une parole qui nous est adressée : « Écoute. » Celui qui nous parle, c'est précisément celui dont nous voulons dire, dont nous disons qu'il est Dieu. Mais nous ne l'avons pas d'abord posé devant nous et ajusté à nos désirs ou nos besoins avant qu'il ne nous parle. C'est lui qui nous appelle avant que nous ne le connaissions. C'est reconnaître que cette Parole qui nous convoque a une priorité absolue dans notre histoire.

Le premier commandement, c'est de le percevoir, non pas dans une subjectivité, dans l'intime de sa conscience en disant : « J'ai des visions » ou : « J'ai des auditions. » C'est d'écouter cette parole telle qu'elle se présente. Qui est celui qui nous dit : « Écoute » ?

Et de quel droit nous dit-il : « Écoute » ?

Est-ce là seulement un mot pour attirer l'attention, comme on dit : « Hé! là-bas! Faites attention! Réveillez-vous! » Est-ce juste un mot d'accrochage? Ou bien ce mot à lui tout seul signifie-t-il quelque chose de fondamental?

N'est-ce pas le mot qui signifie que dans la vie de l'histoire humaine, dans l'insignifiance, dans le néant où il n'y a pas de dieu, sinon des dieux que l'homme se forge, éclate une voix inconnue à l'homme, dépassant l'homme, qui va chercher l'homme dont il fait un auditeur.

Celui qu'il appelle, à qui il parle, il le nomme. Il le nomme : « Israël. » C'est dire que cette parole, qui se révèle, qui se livre quand elle parle, nous crée comme auditeurs et décrit notre vocation, nous inscrit dans l'histoire.

Elle est donc un commandement en ce sens qu'elle est un appel dont nous découvrirons qu'il est rempli d'amour, de sainteté et de plénitude. Un appel qui nous fait surgir en vis-à-vis de Dieu dans une vocation déterminée. Et vocation qui est celle d'un peuple. Car ce nom est celui de l'ancêtre Jacob Israël. C'est celui du peuple, et c'est celui de Jésus.

C'est donc un commandement qui crée une histoire et un appel. Nous ne sommes pas devant ce commandement comme celui qui se demanderait, par exemple : « L'idée de Dieu est-elle plausible ? » Pas comme celui qui se demanderait : « Est-ce que j'ai la foi ? », au sens : « Est-ce que je peux croire qu'il y a un principe premier de toute chose qui s'appelle Dieu, et qu'en fonction de ce principe, je dois agir raisonnablement de telle ou telle façon ? »

L'homme à qui cette parole est adressée, qu'il soit ici ou qu'il soit plus loin, qu'il soit enveloppé dans le doute, prisonnier de ses propres ténèbres, incertain de reconnaître Dieu, qu'il soit prisonnier de son propre péché, conscient de sa faiblesse, révolté, amer, qu'il soit dans l'illusion ou dans le bonheur, ce qui commande sa relation à Dieu n'est pas l'idée qu'il se fait de Dieu et la certitude qu'il a en lui-même, mais le fait que cette voix surgit et l'appelle, et qu'il accepte d'entendre, d'écouter, même s'il a mille raisons de douter, même s'il est lui-même enveloppé d'incertitude et de faiblesse. Et il doit écouter non en raison d'un ordre arbitraire et tyrannique, mais parce que cette voix qui surgit dans notre néant est la source de la vie. Elle le fait vivre.

Cet « Écoute, Israël » est donc un commandement. Obéir à ce commandement, c'est-à-dire écouter, c'est cela la foi. Car écouter, c'est mesurer du même coup l'impuissance où nous sommes d'entendre cette voix, de lui obéir et de l'aimer. Et c'est en même temps nous reconnaître nous-mêmes dans cette histoire que cette voix et cet appel inaugurent. C'est nous reconnaître comme créés et liés par le Seigneur notre Dieu qui est l'unique Seigneur et devant qui tous les dieux que nous nous sommes fabriqués, tous les absolus dans lesquels nous avons investi notre vie n'apparaissent plus que comme des usurpations. Même s'ils semblent avoir plus de légitimité que la voix qui nous parle et que nous ne connaissions pas. Même s'il nous semble que les dieux que nous fabriquons sont plus satisfaisants que Celui qui veut se faire connaître. Même s'il nous semble que la voix qui nous appelle va être tellement exigeante que nous refusons de l'entendre. Même si cette voix qui retentit et qui est pour nous la source de la vie éveille en nous toutes nos peurs et la crainte de mourir. Même si, devant cette voix qui nous appelle et qui nous fait vivre, nous avons envie de nous cacher et de nous terrer.

Et le commandement, c'est de le reconnaître, lui, l'unique Seigneur, et de l'aimer de tout notre être. Car cette voix qui surgit nous appelle à vivre et à aimer, nous donne la grâce de l'aimer et d'accomplir l'autre précepte qui est d'aimer le prochain du même amour dont lui nous aime.

L'homme, alors même qu'il se reconnaît comme créé pour cet appel dans l'histoire, mesure qu'il ne peut accomplir le commandement. Car au moment même où nous acceptons que cette parole nous soit dite à nous et que nous soyons pris dans cette histoire, que nous soyons appelés Israël et qu'il nous soit dit « Écoute », et qu'il nous soit dit « Tu aimeras », nous mesurons que nous ne savons pas aimer et que nous ne pouvons pas aimer. Et, pourtant, cette voix, nous voudrions lui obéir et nous voudrions l'aimer.

Jésus se présente comme celui qui s'inscrit dans cet appel, dans cette vocation et qui y répond. Celui qui dit pour nous et celui en qui nous disons : « Seigneur, me voici pour accomplir ta volonté. » Il est celui qui écoute et accomplit la Parole du Père, celui qui aime le Seigneur pardessus toutes choses, de toute son existence, et son prochain comme lui-même, et qui accomplit le culte en plénitude, le culte en Esprit et en Vérité annoncé par les prophètes. Et, ainsi, il fait venir jusqu'à nous l'espérance du royaume.

Puissions-nous, dans cette espérance, faire nôtre la parole de Jésus. Puissions-nous aussi, tout à l'heure, ayant reçu le sacrement du corps du Christ, chanter comme une action de grâces le psaume 50. En Jésus, nous saurons que « Dieu crée en nous un cœur pur, qu'il met en nous son Esprit Saint », qu'il nous rend la joie de son salut, qu'il ouvre nos lèvres. Nous saurons que, dans le Christ, nous pouvons publier sa louange, car ce qui plaît à Dieu, ce n'est nul autre sacrifice et nul autre holocauste que le cœur brisé, le cœur ouvert, le cœur que Dieu seul peut créer et qui observe sa loi, son commandement, qui obéit à son appel.

« Dès maintenant nous sommes enfants de Dieu »

Fête de Tous les Saints, année B (1er novembre 1976.)

Apocalypse 7, 2-4; 9-14.

Première lettre de saint Jean 3, 1-3.

Évangile selon saint Matthieu 5, 1-12.

Voyant les foules, Jésus gravit la montagne, et quand il fut assis, ses disciples s'approchèrent de lui. Et prenant la parole, il les enseignait en disant :
« Heureux ceux qui ont une âme de pauvre,
car le Royaume des cieux est à eux.
Heureux les doux,
car ils posséderont la terre.
Heureux les affligés,
car ils seront consolés.
Heureux les affamés et assoiffés de la justice,
car ils seront rassasiés.
Heureux les miséricordieux,
car ils obtiendront miséricorde.
Heureux les cœurs purs,
car ils verront Dieu.
Heureux les artisans de paix,
car ils seront appelés fils de Dieu.
Heureux les persécutés pour la justice,
car le Royaume des cieux est à eux.

Heureux êtes-vous quand on vous insultera, qu'on vous persécutera, et qu'on dira faussement contre vous toute sorte d'infamie à cause de moi.

Soyez dans la joie et l'allégresse, car votre récompense sera grande dans les cieux : c'est bien ainsi qu'on a persécuté les prophètes, vos devanciers. »

Je vous propose, en cette fête de tous les Saints, de découvrir quelle ampleur de l'amour de Dieu et quelle grandeur de l'espérance nous est ouverte si nous osons croire. Nous avons de la sainteté une idée tout humaine, à la mesure de nos propres jugements. Nous sommes, en général, très sévères les uns pour les autres, peut-être à juste raison. La plupart des gens que nous connaissons, pour ne pas dire tous, nous n'accepterions pas de penser qu'ils sont des saints : nous connaissons leurs défauts, nous sommes témoins de leurs faiblesses. Et quand chacun songe à soi-même, il oserait encore moins se ranger parmi les saints.

Nous le savons, quand l'Église veut proposer un modèle de sainteté, elle entame des procédures extrêmement difficiles, une sorte d'examen de passage, à Rome, devant des tribunaux exceptionnels où le défunt est sommé d'apporter des preuves. Et l'on va faire une chasse aux témoignages, digne d'une enquête policière, passer au crible tout ce qu'il a dit, fait, écrit ; interroger tous les gens qui l'ont connu pour essayer de voir si l'on réussira à éliminer le moindre soupçon de faiblesse.

Alors, comme cette vision nous semble très sévère, une fois par an nous nous accordons une fête de rattrapage et nous disons : « Tous les morts sont sûrement au Paradis, puisque Dieu est bon... » Et voilà comment nous passons d'un coup d'une vision héroïque, exceptionnelle et impraticable de la sainteté à une indulgence universelle et souveraine. D'où nous concluons finalement qu'il n'y a pas à s'en faire.

L'autre aspect qu'évoque pour nous la Toussaint, c'est une vision d'avenir ou d'au-delà. Mais il faut dire que peu de gens y pensent de nos jours. Peut-être ceux dont la foi est la plus simple, la plus droite — la plus éprouvée aussi —, osent-ils penser qu'il y a un au-delà de cette vie-ci, un au-delà de ce qu'ils peuvent voir et souffrir ou subir, un au-delà en bonheur promis par Dieu et qui peut être une espérance véritable. Mais elle se murmure dans le secret des consciences plus qu'elle n'est proclamée collectivement comme une espérance.

Et, après tout, ceux qui parmi vous ont le plus voyagé ou discuté avec des gens divers savent bien que l'espérance d'un paradis est le propre de toutes les religions. La Toussaint ne serait-elle pas la transposition chrétienne des différents paradis auxquels les morts sont destinés et que les vivants peuvent espérer ?

Voilà donc notre vision coutumière : indulgence pour la multitude des défunts, vision démesurée et exemplaire de la sainteté, espérance vague pour un avenir qui n'a guère de consistance. Voilà ce qui explique l'hésitation ou l'incertitude dans laquelle cette fête nous trouve.

Et, pourtant, elle désigne un lieu très précis dans l'histoire des hommes où nous devons nous situer. Cette fête indique l'endroit où les chrétiens doivent se tenir et ce qu'ils doivent faire. Réfléchissons, en effet, aux textes que nous avons lus et entendus.

Les Béatitudes d'abord. Ces phrases de Jésus ne sont pas prononcées pour la fin des temps. Ce n'est pas le jugement dernier. Ce sont des phrases dites pour ceux qui les entendent. Donc pour les gens qui étaient là à écouter Jésus, et aussi pour nous qui les entendons aujourd'hui. Ce sont des phrases qui, tantôt au présent, tantôt au futur, annoncent une certaine vision et du bonheur et du jugement de Dieu.

Il y a par ailleurs cette phrase de l'Apôtre Jean à laquelle, peut-être, vous avez prêté attention : elle est mise en exergue sur la feuille que vous avez en main : « Ce que nous serons ne paraît pas encore. » Pour introduire cette phrase, l'Apôtre écrit : « Bien-aimés, dès maintenant nous sommes enfants de Dieu. » Il désigne un état présent des disciples de Jésus ; ils sont enfants de Dieu, mais de façon encore cachée et voilée.

Ces deux textes ne nous renvoient donc pas seulement à une nostalgie du passé, à une vision inconsistante vers un avenir sans date, mais nous obligent à accepter de voir aujourd'hui ce qui ne se voit pas, ce qui n'est pas vu par les autres hommes. Ils sont une Parole de Dieu aux hommes rassemblés par sa grâce afin qu'ils vivent comme témoin d'un monde autre et d'une espérance qui, peut-être, serait absente de ce monde si eux n'en vivaient pas.

Car cette foule innombrable des saints qu'évoque l'Apocalypse, c'est tous ceux que Dieu rassemble dans l'amour de son Fils depuis la création du monde.

Oserons-nous dire que ce sont les chrétiens anonymes qui ont échappé aux procédures de canonisation, comme les soldats inconnus de la religion ? Il est bien clair que cette foule innombrable, c'est la foule des hommes de toutes langues, de toutes races, de tous temps qui sont pris dans la miséricorde de Dieu.

Cette foule que décrit l'Apôtre est celle de l'humanité entière, accueillie dans la Rédemption du Christ. Et en quoi sont-ils saints ? Est-ce parce que leur vie a été exemplaire ? Nous n'en savons rien. L'espérance de Jean, le voyant, c'est qu'à l'égard de la multitude des hommes s'exerce la miséricorde de Dieu. Car la sainteté, ce n'est pas un examen de passage difficile, même tenu par l'autorité de l'Église. C'est une grâce de Dieu qui libère l'homme de son péché et le fait entrer dans la communion de Dieu.

La sainteté, c'est que le Christ, témoin et source de tout pardon et de toute paix, prend comme un frère ce pauvre homme pécheur, blessé, pantelant et, le délivrant de sa servitude, prononce ces paroles incompréhensibles : « Bienheureux ceux qui pleurent, ils seront consolés. » C'est la vérité de Dieu prononcée sur l'obscurité de l'homme. L'espérance de la sainteté, c'est l'espérance de la communion en Dieu, par la puissance de Dieu à l'égard des hommes que Dieu aime. Heureusement, Dieu n'est pas à l'image de notre étroitesse et de notre dureté de cœur. Heureusement, la puissance d'espérance et de pardon que recèle sa miséricorde est plus grande que tout ce que nous pouvons imaginer.

Ce qui est donc proposé à nos yeux, c'est une vision inimaginable de l'humanité où le pardon de Dieu déborde de toutes parts, comme la présence de Dieu. De telle sorte que le péché soit comme dénoué et que le jugement s'exerce sur la vérité des vies à jamais dissimulées aux hommes. A Dieu seul appartient le jugement et aux croyants l'espérance de la grâce.

Mais une telle vision n'est pas une vision d'indulgence débonnaire et irresponsable qui consiste à dire : « Oh ! ce que nous faisons n'a pas d'importance ! Puisque Dieu est bon. » Car cette même parole nous est dite à nous, les croyants, pour que dès à présent, en ce monde-ci, même de façon cachée, obscure, incompréhensible pour ceux qui nous voient — oui, incompréhensible pour ceux qui nous voient —, nous soyons témoins de ce mystère de grâce.

Pauvres gens que nous sommes, pécheurs, maladroits, lâches, menteurs, irresponsables, indulgents pour nous-mêmes, sévères pour les autres, à peine croyants, il faut que ce qui est objet d'espérance pour toute l'humanité, nous le vivions maintenant comme une grâce ! Et c'est cela la sainteté qui nous transfigure et dont Dieu fait notre mission.

Les Béatitudes sont à recevoir aujourd'hui par ceux qui constituent l'Église — par nous — pour qu'elles soient une espérance pour toute l'humanité. Sinon, elles n'ont pas de sens ; elles ne sont qu'un rêve, une utopie qui tient l'homme aliéné de lui-même. Elles ne sont réelles et fortes d'amour et de paix que si, dans le secret de leur vie, des hommes sont capables de les vivre maintenant. Ce qui veut dire que la sainteté est un don qui nous est fait, et que vivre ces Béatitudes, cela nous est possible.

Il ne suffit pas de le dire pour oser le penser et encore moins oser s'y livrer. L'objection de nos lâchetés demeure la même. Mais que signifie que le Christ est notre Seigneur, notre Maître, celui qui nous sauve, si nous ne pouvons pas espérer un tel amour, un tel pardon et aussi la force divine donnée à des hommes de pardonner et d'aimer dans le Christ ?

Messe pour les victimes de toutes les guerres

(11 novembre 1976.)

Les uns et les autres, nous avons des expériences fort différentes de ces cataclysmes qui s'abattirent sur nous comme une épreuve spirituelle épouvantable. En raison de nos âges, de nos professions, de nos situations, notre place n'a pas été la même. Et il est difficile de faire la somme des pensées contradictoires qui peuvent naître en nous, aujourd'hui.

Pourtant, une parole chrétienne doit être dite, et cette parole chrétienne, c'est elle qui doit chercher à exorciser le scandale.

Le scandale, qu'est-ce que cela veut dire? Je le prends au sens de l'Évangile : c'est ce qui fait trébucher dans la foi. C'est quand, voulant croire, on ne peut plus croire. Le scandale, c'est quand on tombe aux Enfers. C'est quand, affronté au mal dans ce qu'il y a de plus révoltant, on dit : « Il n'y a plus de Dieu... Comment Dieu peut-il être et tolérer cela? » C'est cela, le scandale.

Et vous connaissez la phrase de Jésus : « Malheur à ceux qui font trébucher dans la foi l'un de ces petits qui croient en moi : il vaudrait mieux pour eux qu'on leur attache une pierre au cou et qu'on les jette dans la mer. »

Or, ce que nous avons fait, peuples d'Occident, quelles qu'en soient les causes et les excuses, a eu de quoi faire blasphémer contre le ciel de façon abominable la foule des victimes. Certains peuvent le raconter qui en furent les témoins. Que diront ceux qui ont provoqué ou accepté le massacre des innocents et le scandale des petits?

C'est donc un mal abominable. C'est même celui où l'homme retourne la création contre lui-même et se fait l'envers de Dieu, puisque, comme le disent Jésus et l'Apôtre Jean : « Celui qui est homicide est le Diable. » Dieu, lui, est le Père et la source de la vie.

Que faire si ce n'est, en pensant à ces victimes que chacun dans son cœur ou sa mémoire porte aujourd'hui, d'oser regarder Celui qui s'est fait lui-même victime pour que soit pardonné et délivré de ce piège l'homme pris au piège de sa propre volonté meurtrière ? Que faire si ce n'est de confier au Christ vivant, lui le Crucifié, les innocents innombrables qui souvent n'ont pas pu le reconnaître ? Quelle autre parole de consolation, si ce n'est celle de l'espérance chrétienne qui donne, en cet ignoble et mortel gâchis, un surcroît d'espérance, la force de pardonner, de vivre et d'aimer.

Et que le Christ, l'Esprit Saint nous donnent le courage d'être fidèles de façon intransigeante pour le présent et pour l'avenir à la foi chrétienne qui est d'abord faite de pardon et d'amour.

« Ma royauté n'est pas de ce monde »

Fête du Christ, Roi de l'univers, année B (21 novembre 1976.)

Livre de Daniel 7, 13-14.

Apocalypse de saint Jean 1, 5-8.

Évangile selon saint Jean 18, 33-37.

Alors Pilate entra de nouveau dans le prétoire; il appela Jésus et dit : « Tu es le roi des Juifs ? »

Jésus répondit : « Dis-tu cela de toi-même ou d'autres te l'ont-ils dit de moi ? » Pilate répondit : « Est-ce que je suis juif, moi ? Ta nation et les grands prêtres t'ont livré à moi. Qu'as-tu fait ? »

Jésus répondit :

« Mon royaume n'est pas de ce monde.
Si mon royaume était de ce monde,
mes gens auraient combattu
pour que je ne sois pas livré aux Juifs.
Mais mon royaume n'est pas d'ici. »

Pilate lui dit : « Donc tu es roi ?« Jésus répondit : « Tu le dis : je suis roi.
Je ne suis né,
et je ne suis venu dans le monde,
que pour rendre témoignage à la vérité.
Quiconque est de la vérité écoute ma voix. »

Je vais vous dire pourquoi ce texte d'Évangile est difficile. Parce qu'il nous met dans une situation de face-à-face, comme devant un jeu de miroirs, et nous ne savons pas qui est celui qui juge et qui est celui qui est jugé. Elle est inépuisable la vérité du face-à-face entre Pilate, ce fonctionnaire sceptique, ce lâche, et Jésus, l'Innocent. Et il n'y a là pour nous aucun espace libre si ce n'est de nous reconnaître nous-mêmes dans le miroir, soit dans la face de Jésus, soit dans le visage de Pilate. Il n'y a pour nous aucune autre place dans ce dialogue si ce n'est de voir que nous y sommes et d'ouvrir les yeux. Et de ne pas les fermer de stupeur quand, le regardant, lui, Jésus, nous nous voyons nous-mêmes, et nous voyant en lui, nous découvrons un Autre que nous-mêmes.

Il n'y a donc guère de moyens de comprendre ce texte, sinon d'accepter qu'il ne soit pas expliqué par une vérité qui lui serait extérieure. Il faut que lui, il nous explique ce que ce face-à-face dévoile.

« Tout homme qui appartient à la vérité écoute ma voix. » Mais s'il était vrai que nous n'écoutons pas sa voix, cela voudrait dire, puisqu'il est venu pour rendre témoignage à la vérité, qu'en dépit de ce que nous prétendons, nous n'appartenons pas à la vérité, que nous sommes dans le mensonge. La pirouette glorieuse de Pilate : « Qu'est-ce que la vérité ? », ne peut pas nous délivrer de ce jugement. Ou bien nous avouons que c'est nous qui rompons le dialogue.

Quels sont ces deux visages où nous pouvons nous reconnaître ? Eh bien, d'un côté, il y a ce que nous appelons, nous « le roi ». Et le roi, c'est la forme d'espérance, que les hommes traînent avec eux, d'une justice de ce monde en ce monde.

Les rois, nous nous en donnons constamment. Ils ont pu s'appeler Mao, Staline ou Hitler... Mais le roi, c'est aussi toute figure de la société où l'homme met son espoir dans l'homme. Le roi, c'est cette figure qui nous arrache au-delà de nous-mêmes vers le groupe à venir et qui fait que la vie humaine trouve dans la société une cohérence et un but : l'espoir que demain le monde sera bien fait.

Le roi, c'est ce pour quoi les hommes sont prêts à se battre et à s'entre-tuer, parce qu'on se tue les uns les autres pour conquérir la paix. On condamne pour assurer la justice. On assassine pour dire le droit. On dénonce pour dire la vérité. On vole pour assurer l'équité. On ment pour ne pas faire de peine.

Et la vérité royale construite par l'homme a toujours à son service la raison d'État. Il y a toujours des vérités qui ne sont pas bonnes à dire. Et il y a toujours des bavures — vous savez les bavures ? Par hasard, les bavures... Au fond, c'était plutôt un innocent : c'était le lampiste...

Mais il y a des millions de lampistes dans l'histoire, des dizaines de millions de lampistes, des centaines de millions de lampistes, des milliards de lampistes ! Il n'y a que des lampistes. « Parce qu'un roi mort, ça ne vaut pas un chien vivant. » (C'est un proverbe de l'Écriture.) Et quand le roi est mort, il devient visible qu'il n'était, lui aussi, qu'un lampiste.

Il est dérisoire, le roi mort, malgré son tombeau. Nous ne cessons pourtant de fabriquer des rois en les parant de toute justice, en mettant en eux toute notre espérance de justice.

Israël connaît cela depuis longtemps, au moment où s'instaure le face-à-face entre Pilate, le représentant de Rome, et Jésus revêtu des insignes royaux de son peuple. Israël, depuis longtemps, sait bien que le seul roi possible de l'homme, c'est Dieu. Et Jésus, quand il parle de « son » royaume, parle du royaume de « son » Père. Il dit : « Ma royauté ne provient pas de ce monde. » Sa royauté tire sa force, sa puissance et sa réalité, ici-bas et maintenant, non de la complicité des hommes, mais du seul Seigneur, du seul roi du monde, de Dieu, l'Unique. Jésus est investi d'une puissance divine comme Fils pour qu'advienne par lui cet unique règne de Dieu dont l'accomplissement est son obéissance.

Il s'agit donc bien de Dieu, le seul roi qu'Israël reconnaisse. Lui seul est capable de faire que l'homme retrouve, trouve enfin son dû quand il est mis face à son Créateur et son roi. Car Israël sait que ce qui lui est dû, c'est ce que Dieu a promis. Ce qui lui est dû, c'est d'oser compter, comme un serviteur inutile, sur l'amour gratuit que Dieu donne. Ce qui est dû au croyant, c'est d'oser prendre Dieu au mot, de lui rappeler sa promesse. Ce qui lui est dû, à lui qui est sans droit devant le Tout-Puissant, c'est d'oser exiger de l'Unique qu'il manifeste sa gloire et son règne de telle sorte qu'il tienne sa propre parole. De telle sorte qu'il révèle son amour en donnant en partage sa vie. Et que l'homme exulte en recevant sa vie de Dieu. Et que les péchés soient pardonnés. Et que l'Esprit Saint nous soit donné. Et que l'homme puisse vivre selon la justice de Dieu, en aimant, en bénissant et en reconnaissant en ce monde la splendeur de Dieu. Et qu'il reconnaisse que la mort ne vient pas de Dieu. Et que des frères soient donnés pour effacer le meurtre de Caïn et la ruine de Babel. Et que l'amour soit possible, que le pardon existe et que la vie surgisse, bénie, parce qu'elle vient de lui. Et que le monde n'apparaisse plus comme un obscur miroir, un gouffre vertigineux, mais que l'univers où Dieu place celui qu'il aime, l'homme crée à son image et à sa ressemblance, que le monde lui-même, prie dans les mains de l'homme, loue le Créateur de toutes choses et le Père de Jésus-Christ.

Le règne de Dieu, c'est enfin que l'amour dont Dieu aime

l'homme soit mis dans le cœur de l'homme et que l'homme bénisse Dieu. C'est que l'homme devienne fils de Dieu.

Voilà donc se faisant face le prince de ce monde, les princes de ce monde et l'Envoyé de Dieu, le Messie, le Fils de Dieu par qui vient en ce monde le règne de Dieu. Le titre de roi va être décerné à Jésus par Israël et par les païens. Il va être acclamé comme roi d'Israël par ses disciples et par le peuple, puis désigné comme roi des Juifs par les païens. Double prophétie, mais aussi double malentendu.

C'est Jésus, dans ce dialogue — vous le remarquerez en le lisant de près — qui fait dire à Pilate qu'il est le roi des Juifs. Et c'est Pilate qui va rédiger l'écriteau. Mais tous les interlocuteurs de Jésus ont fait quelque chose qu'ils ne voulaient pas : les grands prêtres qui avaient porté l'accusation viennent dire à Pilate : « Tu n'aurais pas dû écrire cela; tu aurais dû dire : "Il s'est dit le roi des Juifs." » Pilate répond : « Ce que j'ai écrit est écrit », mais en écrivant cela, il s'est presque mis dans un mauvais cas. Et ainsi tous les hommes désignent ce Jésus, dans ce procès dérisoire, symboliquement comme le roi des Juifs. Et tous les hommes, et spécialement les païens qui vont le tuer, l'enferment dans la dérision : ils jouent la comédie de la couronne, du sceptre, du trône, des honneurs. Mais de quoi se moquent-ils quand ils font cela? Qui est crucifié? C'est eux-mêmes et leur mensonge, car Jésus a accepté d'être leur propre miroir. Ils croient se moquer de lui : ils se moquent d'eux-mêmes. Ils le croient dérisoire : ils ont sous les yeux leur propre règne dans sa dérision tragique. Leur règne, c'est le règne de l'Innocent condamné. Leur règne, c'est le règne de l'innocence bafouée. Leur règne, c'est cette comédie, et ils ne le voient pas. Mais lui accepte de porter les oripeaux de leur comédie, de notre comédie. Il joue notre jeu, non pour nous y enfermer, non pour nous dire : « Voyez! Vous montrez enfin ce que vous êtes », mais pour nous délivrer. Parce que ce règne de Dieu, c'est le règne invisible de l'Innocent qui fait surgir en ce monde la figure du pardon. Et le pardon pour tous, y compris pour les païens qui brillent par leur lâcheté, car ils s'en lavent les mains.

Il est le Messie, le Fils de Dieu qui, revêtant la figure de l'homme humilié, dévoile aux hommes, à tous les hommes, la figure du pardon et leur donne d'espérer Celui qui viendra sur les nuées et que tous verront, même ceux qui l'ont transpercé.

Quel règne ? Est-ce celui vers quoi vont notre cœur et notre goût ? Nous sommes tous partagés entre ces deux figures royales. Nous sommes tous tentés, l'Église entière est souvent tentée, de faire de Jésus un roi de ce monde et d'assurer son empire comme ceux des rois de ce monde ; elle est parfois tentée aussi de faire un dieu ou un fils de Dieu d'un roi de ce monde, d'un empereur. Mais à jamais ce roi de dérision dévoile leur mensonge. Et à jamais Dieu rit devant la vanité dévoilée. Dans la paix donnée à tous ceux que Dieu aime, que l'Esprit Saint nous fasse la grâce de reconnaître le roi, l'Unique, par Jésus, le Fils en qui vient le règne.

« Redressez-vous et relevez la tête »

Premier dimanche de l'Avent, année C (28 novembre 1976.)

Jérémie 33, 14-16.

Première lettre de saint Paul aux Thessaloniciens 3, 12. 4, 2.

Évangile selon saint Luc 21, 25-38.

Jésus parlait à ses disciples de sa venue :

« Et il y aura des signes dans le soleil, la lune et les étoiles. Sur la terre, les nations seront dans l'angoisse, inquiètes du fracas de la mer et des flots; des hommes défailleront de frayeur, dans l'attente de ce qui menace le monde habité, car les puissances des cieux seront ébranlées. Et alors on verra le Fils de l'homme venant dans une nuée avec puissance et grande gloire. Quand cela commencera d'arriver, redressez-vous et relevez la tête, parce que votre délivrance est proche. »

Et il leur dit une parabole : « Voyez le figuier et les autres arbres. Dès qu'ils bourgeonnent, vous comprenez de vous-mêmes, en les regardant, que désormais l'été est proche. Ainsi vous, lorsque vous verrez cela arriver, comprenez que le Royaume de Dieu est proche. En vérité, je vous le dis, cette génération ne passera pas que tout ne soit arrivé. Le ciel et la terre passeront, mais mes paroles ne passeront point.

Tenez-vous sur vos gardes, de peur que vos cœurs ne s'appesantissent dans la débauche, l'ivrognerie, les soucis de la vie, et que ce Jour-là ne fonde soudain sur vous comme un filet; car il s'abattra sur tous ceux qui habitent la surface de toute la terre. Veillez donc et priez en tout temps, afin d'avoir la force d'échapper à tout ce qui doit arriver, et de vous tenir debout devant le Fils de l'homme. »

Pendant le jour, il était dans le Temple à enseigner; mais la nuit, il s'en allait la passer en plein air sur le mont dit des Oliviers. Et, dès l'aurore, tout le peuple venait à lui dans le Temple pour l'écouter.

La question de l'Apocalypse, du sens ultime de l'histoire et de la « fin du monde », est une question constante, au moins dans la civilisation issue du judaïsme et du christianisme.

Hier au soir, tard, à la télévision, dans l'un de ses derniers entretiens, Malraux décrivait très clairement une Apocalypse : celle de l'Occident sceptique, agnostique, s'interrogeant sur lui-même. Ce sentiment, cette maladie d'appartenir à un monde incapable de se donner à soi-même un sens ; le constat que si la technique se poursuit, les civilisations, elles, meurent ; ces visions globales où la cohérence d'un monde semble échapper ; cette tentative perpétuelle d'anticiper un avenir possible sans avoir aucune assurance de ce qui se passera après ; cette lucidité sans espoir qui s'épuise à constater l'écroulement et ne sait plus que se tourner avec nostalgie vers l'intelligence des mondes passés ; tout cela, c'est une manière très raffinée et séduisante pour nous de poser cette interrogation fondamentale et constante à laquelle répond le discours d'Apocalypse et qui est bien notre question.

Le discours du Christ ne parle donc pas de choses absurdes dont nous pourrions faire l'économie en fermant pieusement ces pages de l'Évangile, puisqu'il n'y a pas de discours sensé à leur propos. L'homme ne cesse pas de se fabriquer ses propres « apocalypses » imaginaires ou hélas ! réelles. Celles des bandes dessinées. Celles des folies sanglantes et absurdes dans lesquelles il essaie, dans la vie urbaine, dans la brutalité de l'Occident rationnel, d'oublier ou, au contraire, d'anticiper un avenir, quitte à déclarer qu'il n'y a, finalement, pas de sens. En fait, la question du sens global de l'histoire et de la vie est une question que nous posons au Christ. Lui nous répond, mais sans accepter exactement les termes de notre question.

Ce qu'il nous dévoile, c'est une image de notre propre vocation dans le destin collectif de l'humanité. Il faut accepter que cette image donnée par la puissance de la Parole de Dieu provoque un choc obscur, une remise en cause et un jugement qui ébranlent toutes les cohérences de notre vie en nous plaçant devant le Vivant. Il faut accepter que, devant lui, nous soyons sans cesse partagés de sentiments contradictoires, d'obscurité et de lumière, de découverte de notre péché et d'action de grâces, de joie et de peur. Il faut accepter que nous ne puissions pas tirer au clair ces textes comme on résout un calcul avec une bonne machine.

Nous devons d'abord entendre une phrase qui se trouve au centre du discours du Christ : « En vérité, je vous le déclare, cette génération ne passera pas que tout n'arrive. Le ciel et la terre passeront, mes paroles ne passeront pas. »

Saint Luc rapporte ces propos de Jésus à une date plus tardive que celle des autres évangélistes, probablement après la ruine de Jérusalem. S'il les rapporte, c'est que ces propos ont un sens. Signifient-ils que la génération, les contemporains stricts de Jésus ne mourront pas sans que les étoiles tombent ? Manifestement ce n'est pas arrivé, même au temps de saint Luc. Ils veulent donc dire autre chose.

Déjà, dans le monde juif contemporain du Christ, même quand l'attente du jugement de Dieu se faisait imminente, même quand l'attente eschatologique provoquait des fuites au désert soudaines et brutales, même quand il y avait des flambées d'espérance de prise du pouvoir prochaine par un messie, l'expérience religieuse savait bien qu'une « génération » ou « des temps », c'est un temps de l'histoire, un temps de l'humanité dont la clôture n'appartient pas à l'homme.

« Cette génération-ci », c'est la nôtre, non pas prise au sens étroit de l'arrière-grand-mère et du petit-fils, mais prise au sens où, de fait, Jésus ouvre et ferme l'histoire. C'est ce temps-ci de l'histoire, cette génération issue de Noé, ce temps-ci de l'histoire auquel nous avons à faire face. Et « les paroles » de Jésus « qui ne passeront pas » — de même que celles de la loi ne passeront pas alors que le ciel et la terre passent — sont destinées à nous permettre de tenir bon en ce temps-ci de l'histoire, en cette génération, et de remplir le rôle qui est le nôtre comme disciples de Jésus.

Du moins tel est le sens dans lequel nous sommes bien contraints d'entrer, faute de quoi nous devons déclarer que ces paroles de Jésus n'ont aucun sens. Or, il est clair qu'elles décrivent aussi la manière dont nous nous situons dans notre monde.

Je veux dire ceci : nous passons notre vie à construire comme un accord secret entre nos propres vies et les hommes qui nous entourent, entre le ciel et la terre, en espérant et en demandant que cet univers soit sûr et solide. Nous passons notre temps à nous découvrir en ce monde-ci comme en un temps, en un univers, où nous voudrions que les puissances d'En Haut soient bénéfiques et qu'en ce monde qui devrait être bien fait, le bonheur nous soit donné et la vie assurée. Et nous passons notre temps à succomber à la frayeur de voir que ce monde qui, selon nous, devrait être sûr, solide et rempli de bonté, est pourtant fissuré et déchiré par la présence de la mort. Chacun de nous fait l'expérience que les puissances du ciel sont ébranlées.

Cela est vrai de tout homme quand s'écroule son univers et qu'il découvre qu'il est seul face à son propre passé. Cela est vrai de tout homme, de toute femme, quand ils découvrent qu'il n'y a plus de référence au moment où la mort, celle des autres, de ceux qu'ils aiment, et la menace de leur mort propre, déchire la sécurité d'un monde qui devrait être immortel et immuable. Le ciel et la terre et les puissances des cieux sont ébranlés chaque fois que s'accomplit l'irréversible d'une vie — gâchée ou réussie, qu'importe — car, en tout cas, c'est une page qui se tourne.

Car ce monde cohérent en sa divinité, c'est le fantasme que l'homme projette sur ce monde, c'est la manière imaginaire dont l'homme divinise son existence, appelle à son propre secours le ciel et la terre, et dont il voudrait subjuguer à son propre service la totalité de l'univers. Et quand il constate que ce monde s'ébranle, il a peur et il crie. Il dit que ce monde s'en va, que les temps sont finis, qu'il va y avoir la guerre, que ce monde n'est pas juste, qu'il faut le casser. Il dit que si Dieu existait, il ne serait pas permis que les choses se passent ainsi; qu'on ne peut plus croire à rien, qu'il y avait un âge d'or, mais qu'il n'y a plus d'âge d'or. Et les hommes sèchent de frayeur ou s'enferment dans le scepticisme.

Jésus nous dit : « N'ayez pas peur. Redressez-vous. Relevez la tête, votre délivrance est proche. » Il traverse cette fantasmagorie d'une fausse sécurité et des frayeurs païennes, pour nous donner non pas une autre vision qui se substituerait à celle-là, mais une attitude de foi : traverser cette espérance illusoire et ces craintes fantastiques comme des disciples qui osent se relever debout devant Dieu, dans l'espérance de voir venir le Fils de l'homme.

Et vous, veillez, car vous savez qu'en ce temps-ci est proche le règne de Dieu, votre délivrance, l'été de Dieu. Vous êtes, en ce monde-ci et ses frayeurs, les témoins d'une autre liberté et d'un autre été qui germe et qui vient.

Et vous, vous qui « savez », votre tentation, si vous échappez à la peur, ce serait de vous endormir dans l'insignifiance de la vie, dans la noyade des beuveries, dans la vanité des richesses, dans le sommeil du désespoir.

Vous qui devez attendre, ne cessez pas d'attendre.

Vous qui devez non pas avoir peur mais veiller, priez en tout temps, la prière étant l'acte de foi qui exorcise ces fantômes et ces fantasmes, et permet à l'homme de rester debout en ce monde, porteur de l'espérance de la venue du Fils de l'homme sur les nuées du ciel.

« Toute chair verra le salut de Dieu »

Deuxième dimanche de l'Avent, année C (5 décembre 1976.)

Baruch 5, 1-9.

Lettre de saint Paul aux Philippiens 1, 4-11.

Évangile selon saint Luc 3, 1-6.

> L'an quinze du principat de Tibère César, Ponce Pilate étant gouverneur de Judée, Hérode tétrarque de Galilée, Philippe son frère tétrarque du pays d'Iturée et de Trachonitide, Lysanias tétrarque d'Abilène, sous le pontificat d'Anne et Caïphe, la parole de Dieu fut adressée à Jean, fils de Zacharie, dans le désert. Et il vint dans toute la région du Jourdain, proclamant un baptême de repentir pour la rémission des péchés, comme il est écrit au livre des paroles d'Isaïe le prophète :
> « Voix de celui qui crie dans le désert :
> Préparez le chemin du Seigneur,
> rendez droits ses sentiers;
> tout ravin sera comblé,
> et toute montagne ou colline sera abaissée;
> les passages tortueux deviendront droits
> et les chemins raboteux seront nivelés.
> Et toute chair verra le salut de Dieu. »

Pourquoi parle-t-on de Jean-Baptiste dans le temps de l'Avent? Eh bien, c'est évident! Comme nous le dit Isaïe : pour « préparer les chemins du Seigneur »! Jean-Baptiste serait donc quelqu'un qui va en avant pour déblayer le terrain. Voilà comment nous comprenons les choses.

Il y a ici beaucoup d'enfants qui se joignent aujourd'hui à cette messe. Ils ont appris à lire les Évangiles. Si je posais la question : « Qu'est-ce que Jean-Baptiste prépare? », je ne serais pas surpris que tous, jeunes et adultes, répondent : la venue de Jésus-Christ.

Et qu'est-ce que la venue de Jésus-Christ? Peut-être (je réponds à leur place, c'est plus sûr) les plus nombreux diraient-ils : « La venue de Jésus, c'est la Nativité, c'est Noël. » Et les enfants qui ont lu l'Évangile répondraient-ils :

« La venue de Jésus, c'est l'arrivée de Jésus au Jourdain pour se faire baptiser par Jean-Baptiste et annoncer le Royaume de Dieu. »

Et c'est bien vrai ! Le véritable avènement du Christ tel que l'évangéliste nous le présente, ce n'est pas la nativité, c'est l'irruption du Royaume de Dieu par la parole de Jésus après son baptême.

Et, pour preuve, voyez l'évangéliste Luc qui écrit à des destinataires païens, c'est-à-dire non juifs. Il place la généalogie de Jésus après son baptême qui marque le véritable commencement de la Bonne Nouvelle. Il nous raconte bien, dans les deux premiers chapitres, l'origine cachée et l'enfance de Jésus. Mais il se fait alors le confident de la mémoire de la Mère de Jésus. Ce secret intime et familial est un prologue à la manifestation publique du Christ.

Il y a donc là comme un premier indice — et un indice important — pour nous permettre de savoir comment comprendre la prédication de Jean-Baptiste et comment prendre notre place par rapport à cette annonce.

Car si nous répondons que la venue de Jean-Baptiste ne fait qu'annoncer la naissance de Jésus, nous annulons complètement la prédication de Jean-Baptiste; nous ne l'entendons même pas. Parce que nous nous sommes mis à la place de la Vierge Marie.

Prétendant attendre l'Enfant-Jésus qui va naître, nous avons prétendu nous mettre dans ce secret intime, dans la mémoire de la Mère de Dieu. Nous prétendons accueillir le Christ comme une nativité. Mais il faudrait pour cela que nous ayons en nous-mêmes cette puissance maternelle que l'Écriture et la tradition attribuent à la Vierge Marie. Il faudrait pour cela que nous puissions pleinement nous identifier à la fille de Sion : qu'il nous soit dit : « Tu es bénie et remplie de grâce » et que nous soyons capables de dire : « Qu'il me soit fait selon ta Parole. » Il faudrait pour cela que nous puissions entrer d'emblée, par une espèce de bond spirituel invraisemblable, au cœur de l'attitude mariale et au cœur de l'attitude croyante de la fille de Sion.

Si nous le pouvons, c'est que nous n'avons pas besoin de nous convertir; c'est qu'il n'y a pas d'histoire, et donc que nous sommes en présence d'un mythe : le mythe annuel et saisonnier de l'apparition de l'Enfant au solstice d'hiver.

Mythe connu, ancien et durable. Du coup, Jean-Baptiste et sa prédication n'ont plus aucun rôle actuel, si ce n'est de tressaillir de joie comme par avance dans le ventre de sa mère.

Il y a une tentation d'annuler la prédication du Baptiste. Et, du coup, on ne peut plus rien comprendre à la prédication du Christ. Je vois un petit indice de cette tentation dans la manière dont l'Occident chrétien a placé l'origine de sa chronologie, dans la manière dont nous comptons les années. Nous disons : « Nous sommes en 1976 », cela veut dire la mille neuf cent soixante-seizième année après la naissance de Jésus. Ce calcul a été fait au VIe siècle de notre ère par un certain moine, Denis le Petit.

Mais, avant, comment comptait-on le temps? On comptait le temps comme saint Luc nous le dit. Il compte le temps selon plusieurs chronologies, celle de l'histoire civile de Rome. Et il donne au début de cet Évangile des repères qu'il met soigneusement et solennellement en évidence. Et puis, celle de l'histoire du peuple d'Israël, avec son pontificat, les grands prêtres étant Anne et Caïphe.

Mais quand nous, nous avons placé l'origine du temps à la naissance de Jésus, c'est que nous nous sommes placés dans cette position innocente et maternelle de la Vierge Marie. Et c'était dire, d'une certaine façon, que notre temps n'était pas le temps où la conversion était encore une nécessité, où l'appel à la conversion nous était adressé à nous. C'était, d'une certaine façon, annuler le temps et masquer notre condition de pécheurs. C'était nous remettre tous à l'origine mariale, à la place de celle que l'Église a reconnue comme l'Immaculée — mais la seule Immaculée.

Or, cette figure mariale, cette figure originelle qui engendre le Christ, elle nous est bien proposée comme notre propre figure, mais à la fin des temps, dans l'Apocalypse : « Je vis descendre du ciel l'Épouse parée pour son Époux. » La Jérusalem d'En Haut, c'est la figure de l'Église. C'est aussi la figure mariale. C'est la nôtre, mais à la fin des temps.

En fait, nous ne pouvons pas faire l'économie de ce présent ni de l'histoire. Et s'il y a cette espèce de masque, cette espèce de subtilité pour nous défaire de cette attente, c'est qu'au fond il nous paraît beaucoup plus amusant, heureux et simple, d'attendre l'Enfant-Jésus — ce qui est inoffensif parce que l'Enfant-Jésus est silence, il ne dit rien. Ne l'accueillent que quelques pauvres croyants, choisis par Dieu comme témoins anticipés. Nous préférons peut-être ainsi faire semblant d'attendre l'Enfant-Jésus pour éviter le présent de notre vie où, aujourd'hui, retentit l'appel de Jean-Baptiste, et donc l'appel du Christ.

Nous avons, nous, à entendre cette Parole de Dieu qui saisit cet homme dans le désert, à comprendre quel est ce temps. Nous avons à comprendre quelle espérance attend la manifestation de Dieu, quel est ce chemin tracé où Dieu vient.

Si vous reprenez le chapitre 35 d'Isaïe que tout à l'heure nous chanterons à la communion, vous pourrez, en emportant les feuilles chez vous, le relire et le méditer. Si vous prenez aussi ce texte du prophète Baruch, que nous avons lu au début de la célébration et ce psaume 84, peut-être serez-vous touchés, émus, par la joie lyrique qui habite ces paroles.

Mais comment pouvons-nous partager cette joie ? N'entendons-nous pas, là aussi, dans ces phrases, uniquement la fin de nos malheurs, un peu de répit et de paix apportés à l'homme qui se considère lui-même comme une victime ou qui souhaite le réconfort, l'amour et la justice ?

Telle est bien probablement la manière dont nous entendons ces textes et dont nous nous laissons attendrir par eux. Ils sont même tellement beaux que d'aucuns peuvent s'en méfier parce qu'ils risquent de ne voir dans leur beauté qu'un piège subtil tendu à leur sensibilité qui, finalement, ne leur donnerait que l'image trompeuse de l'accomplissement de leur propre désir. Comme si ce n'était qu'un rêve. Et chacun sait que la vie n'est pas un rêve et qu'il est dangereux de rêver.

Mais relisez ces textes : est-ce bien cela qu'ils nous disent ? Là encore, nous avons le même chemin à faire, et pour entrer dans cette joie, il faut faire le même chemin qui a suscité cette joie. Ce chemin, c'est le chemin de la fidélité et de l'infidélité d'Israël qui cherche à recevoir de Dieu la présence de Dieu, de Dieu la sainteté et l'amour. Car nous convertir comme le Baptiste nous y invite en vue de la rémission des péchés, c'est nous retourner pour accueillir Dieu.

(La transcription reste inachevée, en raison d'une interruption accidentelle de l'enregistrement.)

Fête de l'Immaculée Conception (mercredi 8 décembre 1976.)

Liturgie de la réconciliation

Peut-être vous paraît-il étrange de joindre, comme nous le faisons ce soir, la célébration de l'Immaculée Conception, qui est l'expression de l'innocence dans ce qu'elle a de plus inimaginable, de plus absolu, de plus radical — c'est-à-dire à la racine —, à la reconnaissance de notre péché et à la contrition.

Peut-être le contraste que peut représenter pour nous ce rapprochement de deux gestes sacramentels (la messe de l'Immaculée Conception et une liturgie de pénitence) et de deux formes de la prière tient-il au fait que nous avons une idée insuffisante de l'innocence, et une idée trop pauvre du péché.

Je vous propose un fil conducteur ténu qui joint les lectures de cette liturgie de la fête de l'Immaculée Conception. Il pourra nous mener au moment où — si nous le voulons ou si nous le pouvons — nous confesserons nos péchés pour en demander à Dieu miséricorde.

Genèse 3, 9-20.

Le Seigneur Dieu appela l'homme : « Où es-tu ? » dit-il. « J'ai entendu ton pas dans le jardin, répondit l'homme; j'ai eu peur parce que je suis nu et je me suis caché. » Il reprit : « Et qui t'a appris que tu étais nu ? Tu as donc mangé de l'arbre dont je t'avais défendu de manger ! » L'homme répondit : « C'est la femme que tu as mise auprès de moi qui m'a donné de l'arbre, et j'ai mangé ! » Le seigneur Dieu dit à la femme : « Qu'as-tu fait là ? » et la femme répondit : « C'est le serpent qui m'a séduite, et j'ai mangé. »

Alors le Seigneur Dieu dit au serpent : « Parce que tu as fait cela, maudit sois-tu entre tous les bestiaux et toutes les bêtes sauvages. Tu marcheras sur ton ventre et tu mangeras de la terre tous les jours de ta vie.
Je mettrai une hostilité entre toi et la femme,

entre ton lignage et le sien.
Il t'écrasera la tête et tu l'atteindras au talon. »
A la femme, il dit :
« Je multiplierai les peines de tes grossesses,
dans la peine tu enfanteras des fils.
Ta convoitise te poussera vers ton mari
et lui dominera sur toi. »
A l'homme, il dit : « Parce que tu as écouté la voix de ta femme et que tu as mangé de l'arbre dont je t'avais interdit de manger,
maudit soit le sol à cause de toi !
A force de peines tu en tireras subsistance tous les jours de ta vie.
Il produira pour toi épines et chardons et tu mangeras l'herbe des champs.
A la sueur de ton visage tu mangeras ton pain,
jusqu'à ce que tu retournes au sol, puisque tu en fus tiré.
Car tu es glaise et tu retourneras à la glaise. »

L'homme appela sa femme « Ève », parce qu'elle fut la mère de tous les vivants.

La première lecture est prise dans la Genèse, dans le deuxième récit de la création. Ce récit relate le péché de l'homme et de la femme.

Ce soir, c'est peut-être le texte le plus fondamental. Il nous décrit, dans un langage hautement symbolique, une histoire qui échappe à nos prises. Ce qui est fait là est irréversible et marque la condition humaine. Nous nous trouvons devant une situation emprisonnée dans l'éloignement de Dieu et la mort, devant une blessure apparemment irréparable. Nous savons bien que nous trouver ainsi soumis à la mort et au péché, ce n'est pas quelque chose dont nous sommes personnellement responsables.

Nous serions prêts à dire : « Je veux bien rendre compte à Dieu des actes dont je me reconnais vraiment responsable, et c'est bien ainsi que nous devons juger quand nous examinons notre conduite. Si vous parlez à un prêtre d'un problème difficile, il vous dira, comme l'Église l'a toujours enseigné : « Là où votre liberté n'est pas vraiment engagée, il n'y a pas de péché. » Car il n'y a de faute que là où il y a une responsabilité humaine.

Or, cette page extraordinaire de la Genèse nous met en face de ce sur quoi nous n'avons pas de prise personnelle, ce dont nous ne pouvons pas nous juger responsables et qui, pourtant, conditionne abominablement la vie humaine. Car, dans une vie médiocre et banale, qu'est-ce que la petitesse apparente des lâchetés à côté des cataclysmes ou des maux qui se produisent comme malgré l'homme et qui écrasent l'homme? Chaque fois qu'il y a des injustices massives, des péchés éclatants contre Dieu ou les hommes, vous savez bien qu'on ne trouve jamais les responsables ni les coupables. Et quand on veut en épingler un, c'est toujours un bouc émissaire. Car le mal, dans ce qu'il a de plus absolu parce qu'il est irréparable, nous paraît sans proportions avec notre petit geste, notre petite faute qui l'a déclenché. La plupart du temps, nous disons : « Je ne l'ai pas voulu. Je ne l'ai pas fait exprès. Ce n'est pas ma faute. Je ne pensais pas que cela irait si loin. » Ou : « En tout cas, moi, je n'ai fait que ça. Je n'ai pas voulu provoquer le désespoir d'un innocent. » Que sais-je? Vous connaissez toutes les cascades de mots qui nous échappent pour nous justifier.

Si je me suis étendu longuement sur cette description, c'est pour nous inviter à avoir une idée moins étroite du salut qu'opère le Christ. Car, confesser nos péchés, c'est non seulement reconnaître la part dont nous sommes responsables et dans la mesure où nous en avons conscience, mais c'est aussi constater notre impuissance à entrer dans la volonté de Dieu et à prendre sur nous l'acte libérateur d'amour. C'est reconnaître l'impuissance dans laquelle se trouve l'homme à sortir de sa prison et même à voir sa propre responsabilité ou sa propre faiblesse dans le mal dont il est solidaire et victime à la fois.

Parler, comme le fait l'Église catholique, de l'Immaculée Conception de la Vierge, c'est dire, en remontant dans la génération du Christ, que le salut donné par Dieu va toucher cette racine du mal où ce qui était la mort irresponsable devient une résurrection. C'est aller dans l'en deçà de nous-mêmes, là où nous ne voyons même pas comment nous pourrions nous en sortir pour nous ouvrir le chemin du salut et de l'espérance.

Évangile selon saint Luc 1, 26-38.

Le sixième mois, l'ange Gabriel fut envoyé par Dieu dans une ville de Galilée, du nom de Nazareth, à une vierge fiancée à un homme du nom de Joseph, de la maison de David; et le nom de la vierge était Marie. Il entra et lui dit : « Réjouis-toi, comblée de grâce, le Seigneur est avec toi. »

A cette parole elle fut toute troublée, et elle se demandait ce que signifiait cette salutation. Et l'ange lui dit : « Sois sans crainte, Marie; car tu as trouvé grâce auprès de Dieu. Voici que tu concevras dans ton sein et enfanteras un fils, et tu l'appelleras du nom de Jésus. Il sera grand, et sera appelé Fils du Très-Haut. Le Seigneur Dieu lui donnera le trône de David, son père; il régnera sur la maison de Jacob pour les siècles et son règne n'aura pas de fin. » Mais Marie dit à l'ange : « Comment cela sera-t-il, puisque je ne connais pas d'homme? » L'ange lui répondit : « L'Esprit Saint viendra sur toi, et la puissance du Très-Haut te prendra sous son ombre : c'est pourquoi l'être saint qui naîtra sera appelé Fils de Dieu. Et voici qu'Élisabeth, ta parente, vient, elle aussi, de concevoir un fils dans sa vieillesse, et elle en est à son sixième mois, elle qu'on appelait la stérile; *car rien n'est impossible à Dieu.* » Marie dit alors : « Je suis la servante du Seigneur; qu'il m'advienne selon ta parole! » Et l'ange la quitta.

Par le rapprochement de ces deux lectures, Marie nous est proposée comme nouvelle Ève vivante et nouvelle Mère de tous les vivants par Jésus le Fils. En même temps, elle nous est proposée comme figure de l'Église et comme anticipant ce que doit être notre attitude.

Il nous faut donc accepter la Bonne Nouvelle : le pardon que nous recevons n'est pas simplement un acquittement de notre part de responsabilité, mais il est une nouvelle création, une résurrection des morts, un nouvel enfantement qui va nous chercher même là où nous désespérons, là où nous mesurons notre impuissance et là où, nous semble-t-il, nous ne sommes même pas capables de dire ce qui nous enchaîne.

Il faut donc accepter de reconnaître dans le baptême par lequel nous sommes entrés dans l'Alliance nouvelle et éternelle du Fils et dans lequel nous naissons comme enfants de Dieu à la vie nouvelle, et dans le sacrement du pardon que nous allons recevoir, il faut accepter d'y reconnaître cette œuvre merveilleuse de Dieu qui nous délivre et nous crée.

En mesurant notre péché, acceptons de pouvoir mesurer aussi combien l'acte de foi le plus fondamental nous apparaît impossible. Alors seulement, priant avec la Mère des vivants, nous pourrons demander d'entendre avec elle cette parole. « Tout est possible à Dieu. »

« Il vient, Celui qui est plus fort » (1)

Troisième dimanche de l'Avent, année C (messe dominicale anticipée du samedi 11 décembre 1976.)

Sophonie 3, 14-18.

Lettre de saint Paul aux Philippiens 4, 4-7.

Évangile selon saint Luc 3, 7-18.

Jean-Baptiste disait donc aux foules qui s'en venaient se faire baptiser par lui : « Engeance de vipères, qui vous a suggéré d'échapper à la Colère prochaine ?

Produisez donc des fruits dignes du repentir, et n'allez pas dire en vous-mêmes : "Nous avons pour père Abraham." Car je vous dis que Dieu peut, des pierres que voici, faire surgir des enfants à Abraham. Déjà même la cognée se trouve à la racine des arbres ; tout arbre donc qui ne produit pas de bon fruit va être coupé et jeté au feu. »

Et les foules l'interrogeaient, en disant : « Que nous faut-il donc faire ? » Il leur répondait : « Que celui qui a deux tuniques partage avec celui qui n'en a pas, et que celui qui a de quoi manger fasse de même. » Des publicains aussi vinrent se faire baptiser et lui dirent : « Maître, que nous faut-il faire ? » Il leur dit : « N'exigez rien au-delà de ce qui vous est prescrit. » Des soldats aussi l'interrogeaient, en disant : « Et nous, que nous faut-il faire ? » Il leur dit : « Ne molestez personne, n'extorquez rien, et contentez-vous de votre solde. »

Comme le peuple était dans l'attente et que tous se demandaient en leur cœur, au sujet de Jean, s'il n'était pas le Christ, Jean prit la parole et leur dit à tous : « Pour moi, je vous baptise avec de l'eau, mais vient le plus fort que moi, et je ne suis pas digne de délier la courroie de ses sandales ; lui vous baptisera dans l'Esprit Saint et le feu. Il tient en sa main la pelle à vanner pour nettoyer son aire et recueillir le blé dans son grenier ; quant aux balles, il les consumera au feu qui ne s'éteint pas. »

Et par bien d'autres exhortations encore il annonçait au peuple la Bonne Nouvelle.

Jésus n'est pas né dans la nuit du 24 au 25 décembre. Noël n'est pas un anniversaire. La date est celle d'une fête païenne : le solstice d'hiver. Au moment où les chrétiens sont devenus majoritaires dans une société qui était païenne, ils ont « christianisé » cette fête en fixant à cette date le récit de la nativité du Christ. Mais, dans le calendrier liturgique ancien, comme aujourd'hui, les grandes festivités de ce début d'année, ce sont les fêtes de l'Épiphanie. Et l'Épiphanie, ce n'est pas seulement l'histoire des mages, c'est aussi le baptême du Christ, où Jésus est manifesté comme Fils, et les noces de Cana.

La prédication de Jean-Baptiste dans le temps de l'Avent annonce directement l'Épiphanie du Christ, son dévoilement, son baptême, les cieux déchirés et l'invitation à la conversion. La nativité n'est là que comme une parenthèse, une confidence à voix basse. La confidence que l'Église reçoit de Marie, et reçoit de la contemplation croyante sur l'enfance de Jésus et sur la naissance de Jésus. Vous savez d'ailleurs que deux évangélistes sur quatre nous parlent de cette enfance de Jésus et de sa naissance. Ce serait donc ne pas comprendre du tout les lectures d'aujourd'hui que de penser qu'elles nous préparent à la naissance de Jésus. Ces textes sont un rappel de la conversion permanente à laquelle nous sommes affrontés. Et c'est lorsque nous sommes entrés dans le mystère du Christ, le mystère de son corps tel que l'eucharistie nous le livre, que nous pouvons par grâce, dans une prière silencieuse et contemplative, remonter jusqu'au mystère de sa naissance en partageant l'adoration et la contemplation de la Vierge Marie et des pauvres d'Israël qui se souviennent.

Dans l'Évangile, ces chapitres préliminaires nous sont donnés sous une forme très délicate. Comme par avance, ils préfigurent toute l'œuvre du Christ dans l'enfant donné dans la mangeoire pour qu'il soit mangé, dans l'enfant perdu et retrouvé, signe de contradiction et vivant. C'est comme, dès l'enfance, la préfiguration prophétique du sort du Christ. Mais qui peut comprendre ces paroles prophétiques dans leur sens caché si ce n'est ceux qui, d'avance, croient et se fient humblement à Dieu ?

Nous qui sommes des pécheurs, nous qui ne sommes pas capables de nous placer dans l'attitude parfaite de foi de Marie, fille de Sion, nous qui ne sommes pas « remplis de la grâce », nous ne pouvons pas accueillir la nativité comme Marie l'accueille. Car accueillir la nativité, pour nous, ce sera accepter de naître d'En Haut, de nous convertir et d'être arrachés à notre péché. C'est pourquoi l'Église ne nous invite pas à faire joujou avec l'Enfant-Jésus, mais place cette prédication rude de Jean-Baptiste comme préambule à Noël. Car c'est là où, pour nous, se joue l'enjeu véritable.

Comment comprendre le contraste que le rapprochement des textes nous fait subir ? L'oracle de Sophonie est un acte d'espérance et de joie adressé à la fille de Sion. C'est le renouvellement de l'amour, de l'alliance, promis par Dieu à Israël. Avec un lyrisme incroyable, Dieu est représenté dansant de joie pour Sion à qui lui-même annonce le salut. Comment concilier cet oracle, comment concilier aussi l'exhortation de Paul à veiller dans la joie, dans la paix et dans la prière incessante, « car le Seigneur est proche », avec la menace prophétique de Jean-Baptiste ?

C'est là pour nous comme un chaud et froid, comme un choc difficilement supportable, exprimant des sentiments contradictoires que nous n'arrivons pas à harmoniser. Je pense qu'il n'y a pas à chercher à les concilier. Nous devons plutôt accueillir la Parole de Dieu dans sa contradiction. Si nous voulions la supprimer, nous n'entendrions plus la Parole de Dieu. Ce serait plus simple en effet et plus logique de dire : « Aujourd'hui, c'est le troisième dimanche de l'Avent, bientôt c'est Noël, mes frères. Réjouissons-nous. Faisons la paix. » Oui, bien sûr, cela nous est dit dans l'Écriture. Mais il nous est dit également : « Engeance de vipères, qui vous a appris à fuir la colère qui vient ? » Et nous devons bien répondre : « Personne. » Nous ne pouvons pas entendre cette annonce de joie sans entendre l'autre. Et inversement.

Je ne vous invite pas ainsi à vous résigner à l'incompréhensible, mais à entrer dans une cohérence qui est celle de l'amour de Dieu. Elle heurte en nous des pans entiers de notre existence de façon, pour nous, contradictoire. Car il est vrai que le lyrisme de ces textes éveille en nous une espérance sans nom. Et nous n'avons pas le droit de la refuser. Surtout si nous avons la grâce de la fonder non pas sur nos bons sentiments ou notre optimisme personnel, mais sur la joie que Dieu donne. Peut-être la lecture du texte de Sophonie vous a-t-elle donné cette grâce de partager l'exultation de Marie, fille de Sion, devant Dieu qui vient se faire notre serviteur et nous donner sa sainteté ? Pourquoi refuser cette joie que Dieu donne, même si nous sommes pécheurs, ou même si nous sentons combien ce don de Dieu nous déborde de toutes parts et nous dépasse ?

Mais, en même temps, comment ne pas mesurer l'annonce de Jean-Baptiste qui nous dit que l'événement ultime est là, à nos portes ? L'événement ultime, c'est la venue de Dieu. Elle est un feu brûlant. Elle est le jugement de ce monde parce qu'apparaît en ce monde la vérité qui fait craquer les faux-semblants. Ce ne sont pas les règlements de comptes comme nous les entendons. Ce n'est pas payer l'addition, au sens où nous, nous sommes prêts à solder une affaire. Mais c'est l'épreuve de vérité.

Et ce temps-ci est entré dans son épreuve de vérité parce que la Vérité entre dans le monde. L'épreuve de vérité, cette épreuve gigantesque que nous n'arrivons pas à mesurer, où la Vérité elle-même est éprouvée et crucifiée et où l'homme est éprouvé par la Vérité, brûlé par elle. Cette colère de Dieu, colère de son amour, colère sur le Christ qui se livre à la colère, portant le péché de l'homme, colère sur le péché lui-même, colère de Dieu, cette colère qui vient, ce jugement et ce feu, c'est bien l'épreuve de notre temps où, encore une fois, la Vérité subit la passion que l'homme s'inflige et lui inflige. La Vérité va mourir pour que l'homme vive. Et cette colère qui vient, l'engeance de vipères que nous sommes n'a aucun moyen d'y échapper, si ce n'est de faire des fruits dignes de la conversion.

Les gens vont demander à Jean-Baptiste ce qu'il faut faire devant cet événement imminent. Il répondra : « Faites des œuvres justes. » Et sur cette réponse, il n'y a pas de commentaires à faire. Lisez-la en essayant de la transposer à votre propre situation. Ce qu'elle vous demande vous semble trop facile ? Eh bien, essayez ! Vous verrez... Et vous verrez que c'est presque impossible. Parce que chacun possède toujours encore une moitié de quelque chose qu'il faut donner. Si nous devons donner chaque jour la moitié de la moitié, qui sait jusqu'où cela ira. Il y a de quoi en mourir. Impossible de vivre ainsi. Cela paraît simple, mais c'est d'une exigence telle qu'elle mesure que nous ne sommes pas capables d'être convertis. La justice que nous réclamons et que Dieu réclame de nous se présente devant nous comme une espèce de mur contre lequel nous butons. Cet appel, ce baptême que nous propose Jean-Baptiste nous révèle comme une colère de Dieu. Pourtant, le peuple saint qui est là assemblé dans l'attente reçoit de la part de Jean-Baptiste une parole de grâce : le plus fort vient, Jésus. Et ce plus fort baptisera dans l'Esprit Saint et le feu.

Cela ne nous délivre pas de l'épreuve dans laquelle nous sommes. Ce n'est pas une fin heureuse qui nous délivrerait de l'exigence. Mais c'est une grâce qu'il faut accueillir et qui peut nous permettre d'affronter l'exigence : « Ainsi, et avec bien d'autres exhortations encore, il annonçait au peuple la Bonne Nouvelle. »

« Il vient, Celui qui est plus fort » (2)

Troisième dimanche de l'Avent, année C (12 décembre 1976.)

(Les textes sont les mêmes que pour la messe dominicale anticipée de la veille au soir.)

Sophonie 3, 14-18.

Lettre de saint Paul aux Philippiens 4, 4-7.

Évangile selon saint Luc 3, 7-18 (reproduit ci-dessus, page 218.)

Le contraste entre ces textes peut sembler étrange.

Sophonie, le prophète, nous dit : « Pousse des cris de joie, fille de Jérusalem » et saint Paul, dans un petit passage de la lettre aux habitants de Philippe, nous invite à être dans la joie et dans la sérénité en raison de la proximité de la venue du Seigneur.

Quel rapport avec l'apostrophe de Jean-Baptiste : « Engeance de vipères, qui vous a suggéré d'échapper à la Colère prochaine ? »

Aujourd'hui donc, la Parole de Dieu souffle le chaud et le froid.

Nous réagissons ainsi en fonction des sentiments que nous éprouvons, et non en fonction de ce que Dieu fait. Nous ressemblons à quelqu'un qui, devant un spectacle, ne penserait qu'à lui-même et au plaisir qu'il en ressent. Alors qu'il pourrait non plus regarder, mais prendre part à l'action, non plus penser à lui-même et à la variété de ses sentiments, mais à entrer en communion avec ceux qui agissent.

Le premier pas de la conversion consiste non pas à tenter de voir la logique et la cohérence de ces sentiments à partir de nous-mêmes, mais à nous laisser dérouter par une logique que nous ne comprenons pas. Parce qu'elle nous force à sortir de notre fermeture sur nous-mêmes et à accepter qu'elle vienne d'un Autre. Après tout, est-il inscrit quelque part que nous devions sommer Dieu de s'expliquer, de telle sorte que nous puissions comprendre, nous ?

Comment donc nous représenter ces sentiments contradictoires ? Et comment essayer d'entrer dans la pensée de Dieu ? Eh bien ! pour y entrer, l'Église, en ces semaines où nous préparons l'avènement du Christ, nous propose deux attitudes qui sont présentes devant nous dans ces deux séries de textes.

Il y a l'attitude de la fille de Sion, Marie, et l'attitude de Jean-Baptiste et du peuple saint assemblé par lui.

Ces deux attitudes accueillent la Bonne Nouvelle : « Et par bien d'autres exhortations encore, [Jean-Baptiste] annonçait au peuple la Bonne Nouvelle. » La Bonne Nouvelle qu'il annonce va s'inaugurer par la venue de Jésus vers Jean-Baptiste pour se faire baptiser dans le Jourdain. Ce Jésus qui baptisera à son tour, mais « dans l'Esprit Saint et le feu », et par qui s'accomplira le jugement de Dieu. Et, au cours de la nuit de Noël, nous lirons dans saint Luc le récit de la nativité. Nous entendrons cette phrase dite par l'ange aux bergers : « Voici que je viens vous annoncer une Bonne Nouvelle, une grande joie pour tout le peuple. Aujourd'hui, vous est né un Sauveur... »

Ce que nous préparons en ce moment, notre attente, ce n'est pas seulement l'attente d'une naissance, d'un petit bébé, avec la Vierge Marie. Elle est aussi l'attente du peuple que la voix du prophète Jean-Baptiste rassemble pour qu'il se convertisse de ses péchés, affronte l'avènement de Dieu et soit « baptisé dans l'Esprit Saint et le feu ». Car, pour oser dire que nous attendons un petit bébé qui serait le Christ, il faudrait que nous soyons entrés dans le secret et la foi de la fille de Sion, et que nous soyons capables de dire dans l'obscurité de la foi et dans l'intimité de Dieu : « Qu'il me soit fait selon ta Parole », et que nous soyons capables de garder toutes ces choses dans notre cœur.

Or, quand la naissance de l'Enfant sert de musique de fond dans tous les supermarchés, ce n'est pas là, exactement, l'attitude spirituelle de foi, la remise totale de soi-même à Dieu et le secret maternel de la fille de Sion. Ce secret ne se chante pas sur un air de berceuse. C'est un secret dangereux, tellement dangereux qu'il provoque le massacre des Innocents. C'est le secret de la naissance du Messie qui est lui-même un rescapé et un exilé. Ce n'est donc pas un motif publicitaire, la naissance du Messie. Elle ne peut pas s'annoncer sur la place avec des farandoles ni provoquer des réjouissances publiques.

Quand le Messie arrive pour rassembler la foule afin qu'elle devienne un peuple, c'est la prédication de Jean-Baptiste qui l'y prépare : « Race de vipères, qui vous a appris à fuir la colère qui vient? Faites donc des fruits dignes de la pénitence; produisez du fruit. » Ce que le Baptiste nous annonce, c'est l'événement ultime de l'histoire des hommes : la Vérité qui est Dieu vient faire l'épreuve de l'homme. La Vérité se laisse éprouver par l'homme. C'est l'épreuve de vérité, et la Vérité éprouvée, broyée, manifestée. Elle est assez forte pour subir cette épreuve et rendre l'homme vrai.

Elle est donc un événement qui juge le monde et dévoile de fond en comble ce qui apparaît encore comme masqué et secret. Elle introduit dès à présent non pas un avant et un après, mais elle introduit comme un tranchant permanent. Et nos ténèbres, désormais, sont traversées par la lumière de Dieu. Et, désormais, cette lumière de Dieu, à la fois illumination, amour, pardon et vie, détruit les faux-semblants et se fait colère contre ce qui est refus et haine.

Désormais, est entrée en ce monde la puissance de Dieu éprouvée par l'homme et éprouvante pour l'homme.

Désormais, s'inaugure de façon radicale, définitive, acquise une fois pour toutes, ce conflit où l'Amour lui-même se fait victime pour vaincre, où la Parole, après avoir été enfouie dans le silence d'un enfant, entrera dans le silence de la mort causée par l'homme pour resurgir vivante par l'Esprit Saint.

Désormais, l'épreuve de Vérité est commencée, et notre attente c'est, comme le dit très précisément saint Luc, de nous joindre à la foule qui vient vers Jean pour se faire baptiser en un geste de conversion, d'entrée dans l'Alliance divine. Car personne ne peut échapper à la venue de cet événement : « Ne dites pas : "Nous avons pour père Abraham", car des pierres que voici, Dieu peut susciter des fils à Abraham. »

Tous les privilèges de la grâce et de l'élection sont ramenés à rien devant l'absolu de Dieu, car tous les privilèges de la grâce et de l'élection ne faisaient qu'annoncer la venue de Dieu.

Ne dites pas : « Nous sommes baptisés », ou : « Nous sommes chrétiens », car des pierres que voici, Dieu peut susciter des disciples au Christ. Notre privilège, c'est d'entendre cette Parole et, devant elle, de nous mesurer comme impuissants à l'affronter.

Devant l'imminence de cet événement, nous ne pouvons que nous faire suppliants, car il nous dépossède de tout moyen d'action.

Mais que nous faut-il donc faire? La réponse du Baptiste est là, précise, qui nous dit que faire en attendant. Faites des œuvres justes. Agissez selon la sainteté de Dieu. Apparemment, Jean ne touche pas à grand-chose : il n'empêche pas les militaires d'être militaires ni les publicains d'être publicains. Mais, devant l'imminence de la venue du Christ, reprenez cette réponse d'attente, et essayez de voir concrètement ce qu'elle nous engage à faire. Si vous trouvez que c'est facile, je vous réponds : « Chiche ! Faites-le !... » Il y a toujours une autre moitié de ses biens qu'il faut donner à d'autres pauvres... Reconnaissant notre impuissance à agir selon la sainteté de Dieu, nous ne pouvons fuir la colère qui vient. La Vierge Marie, elle, accueille avec exultation le Fils de Dieu qui apporte le jugement. Se remettant à Dieu, elle en reçoit une joie sans limites. Nous devons accepter cette contradiction. Car cette attente dans laquelle nous entrons, elle est celle qui nous rend disponibles pour accueillir le baptême de grâce, notre nouvelle naissance dans le Christ, « baptême dans l'Esprit Saint et dans le feu ».

« La joie »

Quatrième dimanche de l'Avent, année C (19 décembre 1976.)

Michée 5, 1-4.

Lettre aux Hébreux 10, 5-10.

Évangile selon saint Luc 1, 39-45.

> En ces jours-là, Marie partit et se rendit en hâte vers la région montagneuse, dans une ville de Juda. Elle entra chez Zacharie et salua Élisabeth. Et il advint, dès qu'Élisabeth eut entendu la salutation de Marie, que l'enfant tressaillit dans son sein et Élisabeth fut remplie d'Esprit Saint.
>
> Alors elle poussa un grand cri et dit : « Bénie es-tu entre les femmes, et béni le fruit de ton sein !
>
> Et comment m'est-il donné que vienne à moi la mère de mon Seigneur ? Car, vois-tu, dès l'instant où ta salutation a frappé mes oreilles, l'enfant a tressailli d'allégresse en mon sein. Oui, bienheureuse celle qui a cru en l'accomplissement de ce qui lui a été dit de la part du Seigneur ! »

Toute la joie paraît s'être condensée dans ces premiers chapitres de l'Évangile de Luc. Elle ne nous sera à nouveau annoncée en une phrase que lorsque les disciples invités à toucher le corps du Christ ressuscité, ayant été convaincus de leur peu de foi, se retrouveront « remplis d'Esprit Saint, tout le jour à louer et bénir Dieu dans le Temple, pleins de joie ». Mais entre le moment du baptême de Jésus et le moment où il surgit ressuscité dans l'incrédulité des disciples, la joie est fugace, elle est à peine suggérée. Elle ne peut pour ainsi dire pas s'exprimer.

L'œuvre du Christ nous est donnée d'une façon dramatique ; non pas dans une dramatisation extérieure et spectaculaire, mais dans le drame de notre condition déchirée et sans cesse contradictoire. Sans cesse, en effet, nous sommes pris entre notre propre faiblesse et la force de Dieu. Entre notre péché et le pardon qui nous enveloppe.

Entre l'espérance qui nous habite et les forces de reniement qui ne cessent de nous saisir. Entre la promesse de la vie et la mort qui sans cesse nous étreint. Entre un don qui nous est fait et un royaume qui semble sans cesse inaccessible. Entre une présence de Dieu dont nous savons bien qu'elle est le cœur de notre existence et un silence de Dieu dans un monde qui paraît vide.

Or, en ce début, avant que Jésus ne commence à proclamer l'Évangile, la condition chrétienne apparaît donnée sans contradiction, offerte ingénument : l'exultation se trouve au début.

Nous devons comprendre par-là que ce que nous estimons être un début est probablement un achèvement. Ces deux premiers chapitres de saint Luc nous font entrer dans un secret presque incommunicable. Ils veulent nous faire entendre ce que nous trouverons au terme. Remonter ainsi à la source de la joie, c'est, pour nous, savoir où va ce fleuve et où se trouve la mer immense de la joie de Dieu à laquelle nous sommes destinés.

Car, ces événements, si nous voulons les saisir et les prendre comme des événements de notre vie à nous, les mesurer au poids de l'existence que j'appelais dramatique telle que nous la vivons, ces événements sont inconsistants. Quoi de plus ténu, quoi de plus secret, quoi de plus impossible à dire que l'exultation de ces deux femmes, et plus encore que ce mystère caché d'enfants pas encore nés qui, dans le secret du sein de la mère, sont reconnus comme imperceptiblement les messagers de la voix de Dieu ?

Comment oser identifier la joie la plus profonde du monde dans ce secret ténu d'enfants qui bougent dans le sein de leur mère ? Et nous ne pouvons pas donner d'explication ou de justification. Car une telle réalité n'est purement perceptible qu'à l'intérieur de la conscience croyante. La joie est plénitude, mais plénitude secrète, enfouie au plus inaccessible. Inaccessible si ce n'est à ceux qui partagent ce secret et qui entrent dans la foi de Marie, fille de Sion, celle qui doit enfanter. Si ce n'est à ceux qui entrent dans ce silence pour en recevoir la plénitude et la paix. Vous voyez donc comment ces premiers mots livrent la joie secrète qui habite les disciples du Christ. Eux qui ont reçu cette confidence de Dieu que les temps sont accomplis.

Quelle est cette joie de Dieu qui nous est ainsi proposée dans le secret de l'Église ? Cette joie de Dieu est à l'opposé de notre propre désir. Je veux dire : si nous prenons les phrases du Magnificat, cette joie est tout entière donnée comme une joie de Dieu. C'est l'exultation du croyant qui sait recevoir sa joie dans la venue de Dieu. C'est une joie qui consiste en ceci que l'être humain se reconnaît entièrement dans Celui qui vient au-devant de lui et qui accomplit sa promesse. L'homme trouve sa plénitude d'exultation et sa plénitude de vie en reconnaissant que vient jusqu'à lui la puissance du Vivant.

C'est une joie qui n'est faite que d'oubli. Non pas l'oubli mortel de l'homme qui se laisse comme couler dans son propre néant. Non pas l'oubli abominable de l'homme qui essaie de se perdre en deçà de lui-même. Mais l'oubli amoureux de l'homme qui devant son Créateur reçoit sa vie uniquement du Vivant. L'oubli qui faisait danser David devant l'arche, car sa joie c'était la gloire de Dieu devant lui. L'oubli qui fait dire aux prophètes : « Voici, ô Dieu, je viens faire ta volonté. » Ma joie est de faire ta volonté. L'oubli qui est plénitude de vie parce qu'il est plénitude d'attention. L'oubli de soi pour recevoir tout de Dieu et se recevoir de lui. L'oubli qui est l'entrée dans la conscience de Dieu.

L'oubli par lequel l'homme reçoit la mémoire de Dieu. Où les larmes de l'homme sont effacées, l'ancien monde s'en va. Où ce qui fait vivre l'homme, c'est la puissance de l'Esprit Saint qui lui donne sa propre mémoire et qui fait que Marie, fille de Sion, ne se souvient que dans la joie de Dieu de la promesse et de son accomplissement. Où la mémoire qui lui est donnée n'est faite que d'exultation de voir l'accomplissement donné par Dieu. Où elle peut comme revenir aux racines de la vie de l'homme dans le secret de Dieu pour retrouver la Parole ancienne et son accomplissement d'aujourd'hui.

C'est une joie qui est donc faite de l'obéissance et de la soumission, c'est une joie qui est donc faite de l'exultation de ce que vient Celui qui a dit qu'il viendrait, et de recevoir de lui toute paix et tout pardon. C'est donc une joie secrète, car vous vous doutez bien et vous mesurez bien qu'il est impossible de se la donner à soi-même.

C'est une joie tellement secrète qu'il nous semble que nous ne pourrons jamais l'éprouver. Pour l'éprouver, il faudrait que nous soyons beaucoup plus purs que nous ne le sommes. Il faudrait que nous soyons capables de cesser de gémir sur nous-mêmes, de cesser de nous plaindre nous-mêmes, de cesser d'être divisés et déchirés par mille désirs contradictoires, de cesser d'être heurtés par le scandale de ce monde pour être seulement fascinés par la plénitude de vie qui vient habiter en ce monde. Pour l'éprouver, il faudrait que nous ayons en nous la plénitude de grâce de Marie à qui il est dit qu'en elle va reposer la gloire de Dieu.

Mais rappelez-vous cette parole de Jésus à ses disciples au moment où il va s'enfoncer dans sa propre Passion, sa mort et sa résurrection, au moment où ils vont eux aussi vivre cette même Passion dans la lâcheté de leur abandon. Il la leur décrit de la façon suivante : « La femme, quand elle va accoucher, est dans la douleur. Mais une fois qu'elle a enfanté, elle est dans la joie d'avoir mis au monde un fils. » Et rappelez-vous que Jean, le voyant, dans l'Apocalypse, nous décrit l'Église dans la figure céleste de cette femme qui est dans les douleurs de l'enfantement et qui a la joie de mettre au monde le premier-né sur qui repose l'empire. Ce qui veut nous faire comprendre que cette joie du commencement, elle est aussi la joie de l'Église, et qu'il n'est pas insensé, qu'il n'est pas absurde d'oser demander à Dieu de nous faire entrer dans cette joie-là. Elle est pour nous, cette joie, puisque, de la bouche même du Christ et de l'Apôtre, la figure de la femme qui enfante et qui donne au monde ce Fils nous est appliquée à nous, Église du Christ, appelée à accomplir la figure du peuple aimé de Dieu pour que surgisse au monde le Sauveur des hommes.

Nous sommes donc comme poussés en avant devant ce mystère où la parole nous manque, car que dire devant ce tressaillement secret de la bénédiction et de la joie ? Nous sommes poussés en avant devant ce mystère où la parole nous manque pour oser entrer dans cette joie. Car peut-être recevons-nous dans le pardon la même grâce. Dans le même silence et dans le même secret de l'Église, le même corps nous est partagé, le même secret du corps livré et de la joie de Dieu nous est donné. Et peut-être devons-nous, nous aussi, recevoir comme un accomplissement silencieux ce qui n'est encore qu'un enfant sans parole. Recevoir comme une plénitude ce qui ne fait qu'annoncer la plénitude de la fin des temps.

« Un Sauveur vous est né »

Nativité du Sauveur, messe de la nuit (25 décembre 1976.)*

Évangile selon saint Luc 2, 1-14.

Or, il advint, en ces jours-là, que parut un édit de César Auguste, ordonnant le recensement de tout le monde habité. Ce recensement, le premier, eut lieu pendant que Quirinius était gouverneur de Syrie. Et tous allaient se faire recenser, chacun dans sa ville. Joseph aussi monta de Galilée, de la ville de Nazareth, en Judée, à la ville de David, qui s'appelle Bethléem — parce qu'il était de la maison et de la lignée de David —, afin de se faire recenser avec Marie, sa fiancée, qui était enceinte. Or il advint, comme ils étaient là, que les jours furent accomplis où elle devait enfanter.

Elle enfanta son fils premier-né, l'enveloppa de langes et le coucha dans une crèche, parce qu'ils manquaient de place dans la salle.

Il y avait dans la même région des bergers qui vivaient aux champs et gardaient leurs troupeaux durant les veilles de la nuit. L'Ange du Seigneur se tint près d'eux et la gloire du Seigneur les enveloppa de sa clarté; et ils furent saisis d'une grande crainte. Mais l'ange leur dit : « Soyez sans crainte, car voici que je vous annonce une grande joie, qui sera celle de tout le peuple : aujourd'hui vous est né un Sauveur, qui est le Christ Seigneur, dans la ville de David. Et ceci vous servira de signe : vous trouverez un nouveau-né enveloppé de langes et couché dans une crèche. » Et soudain se joignit à l'ange une troupe nombreuse de l'armée céleste, qui louait Dieu, en disant :

« Gloire à Dieu au plus haut des cieux et sur la terre paix aux hommes objets de sa complaisance ! »

Que s'est-il passé depuis un an ? Quelle différence entre ce Noël-ci et celui de l'année dernière ? Sommes-nous ramenés, d'année en année, de façon implacable, au même point immobile ? Cette fête et cette nuit annulent-elles le temps ? Devons-nous faire comme si rien ne s'était passé puisque nous revenons à l'origine, à cet instant même où tout est encore possible, où nous retrouverions pour un moment

* Cette homélie a été reproduite dans *Petites Paroles de nuit de Noël*, Éditions de Fallois, 1992, p. 33-37.

notre innocence ? Pouvons-nous réellement jouer comme si la vie ne s'était pas écoulée ? Depuis un an, ne s'est-il donc rien passé qui ne puisse être mesuré grâce à ce repère du temps et de l'histoire qu'est la nativité du Sauveur, l'apparition de cet Enfant muet dans le silence des hommes ?

Eh bien ! il s'est passé ce que nous ont montré ces images qui nous assaillent et nous assourdissent, ce que nous voyons tous les jours à travers les moyens qui nous informent, ce que nous lisons, ce que nous entendons dire et qui parfois nous obsède ou nous sature, dont nous ne savons pas bien que penser. Mais ce qui s'est passé dans le secret et l'intime de la vie des hommes, qui pourrait le dire et en faire la somme ? Qui saurait dire ce qu'a été cette année pour nous, son poids de bonheurs ou de malheurs, de vérités ou de mensonges, de lâchetés et de courage ? Qui saurait dire si nous avons vraiment vécu ou si nous avons été comme un dormeur ou un rêveur ?

Or, essayant cette nuit de mesurer ce temps qui s'écoule, notre vie qui se perd et s'échappe, voici que nous sommes ramenés par cette nuit de Noël à l'image d'une naissance à nouveau en train d'advenir. Quelle est donc la réalité qui nous est signifiée ainsi ? La voici. Dieu, lui que l'homme ne peut pas voir, lui dont le visage demeure caché et échappe au regard de l'homme, Dieu se livre vraiment lui-même dans cette figure muette d'un enfant qui nous est livré. Nous pouvons alors espérer que, nous aussi, avec cet enfant, nous sommes en train de naître. Ce que la mémoire de la naissance du fils de David nous permet de mesurer depuis un an, c'est notre propre naissance et notre propre engendrement. Non pas retourner à cet instant originel, non pas résorber notre propre vie dans la sécurité maternelle, chimère et faiblesse, fuite du réel. Mais pouvoir considérer notre existence dans sa réalité, comme l'engendrement que Dieu fait de notre vie par la puissance de l'Esprit Saint.

Nous sommes donc confrontés à deux regards sur notre existence pour savoir ce qui s'est passé depuis un an.

Tant de vies gaspillées, de temps perdu, d'horreurs accumulées dont personne ne peut faire la somme, tant de bonté et d'amour dispensés en vain. Tant d'irréparable et d'incompréhensible pour nous. Tant de vies qui coulent vers la mort...

Mais dans le secret où nous sommes introduits par cet Évangile, dans ce moment où aucune parole humaine n'est prononcée si ce n'est les paroles des envoyés de Dieu, les anges, il nous est donné de voir que ce temps-ci a été, a été vraiment le temps où Dieu nous a fait naître. Comme il fait naître sa Parole dans la chair.

Nous sommes confrontés au Fils qui nous est donné, à la Parole faite chair, à cette vie livrée dans une mangeoire, à ce mystère de Dieu qui devient aussi fragile et énigmatique qu'est le petit Enfant, à ce mystère incompréhensible qui se fait reconnaître dans cet événement insignifiant — insignifiant sauf pour ceux qui écoutent la Parole et qui la gardent dans leur cœur, sauf pour ceux qui savent que Dieu appelle, choisit et aime, sauf pour ceux qui croient que Dieu pardonne et veut sauver tous les hommes... Voici que cette Parole muette nous est donnée comme une fragilité et en même temps comme une espérance. C'est notre propre naissance dans l'Esprit qui nous est signifiée ainsi. Et que nous sommes, ainsi que le dit Paul, un corps pour cette Parole, un corps pour le Christ, une chair pour cet Esprit.

Que s'est-il passé depuis un an ? Nous avons été saisis par le Christ qui a fait de notre chair pécheresse sa chair transfigurée. Nous pouvons en témoigner : en dépit d'une époque dont nous avons peut-être honte, en dépit d'une vie qui ne nous rend pas fiers, en dépit de servitudes ou de contraintes qui nous semblent impossibles à faire bouger, cependant, là-même, une Parole puissante jaillie dans la nuit nous a donné de vivre de sa joie. Cela, nous devons l'attester.

Accueillons sans remords cette joie. Notre joie. Nous ne l'opposons pas à la tristesse des autres ni même à la nôtre. Nous acceptons le don que Dieu fait de lui-même dans la fragilité de cet Enfant. Nous acceptons de le recevoir comme tout à l'heure nous recevrons le corps eucharistique, livré pour être mangé, corps fragile dans la mangeoire. Parole muette qui doit nous faire parler. Parole vivante qui vient nous purifier, qui fait de nous un peuple saint, ardent à faire le bien, à rendre grâce et à bénir.

Cette espérance soutient le choc de toute contradiction. Mais il peut nous être difficile d'y entrer parce qu'il y a en nous trop d'obstacles, trop de refus ou d'incompréhension, trop d'objections multiples, trop d'impossibilités à oser croire à un tel don.

Il faut nous souvenir alors que le silence de cette nuit est un silence favorable. Car le silence auquel nous sommes conviés est le silence humble et secret de l'Église, un silence qui n'a pas grand-chose à voir avec le tumulte qui traverse nos rues et le bruit qui emplit nos fêtes. Ce silence est celui de ces hommes pauvres, de ceux qui ont cru et reçu cet Enfant, le silence de Marie, de Joseph, fils de David, des bergers convoqués, de ceux qui se trouvent là, de ceux qui se contentent d'accueillir et de recevoir. Ce silence est celui de l'Enfant lui-même...

Ce silence est propice, favorable, bénéfique. Car il ne nous est rien demandé de dire, même au fond de nous-mêmes. Il nous est permis de nous taire et d'espérer que dans le silence de l'homme et le silence de Dieu, le pardon jaillit cette nuit. La paix, c'est cela. C'est une bénédiction de Dieu qui vient jusqu'à nous, qui déborde l'homme de toutes parts et devant laquelle l'homme ne peut rien dire. Dans cette absence de notre parole, alors, vraiment, humblement, nous pouvons rendre grâce pour la Parole faite chair, encore muette.

« Dieu, personne ne l'a jamais vu »

Nativité du Sauveur, messe du jour (25 décembre 1976.)*

Isaïe 52, 7-10.

Lettre aux Hébreux 1, 1-6.

Évangile selon saint Jean 1, 1-18.

Au commencement était le Verbe
et le Verbe était avec Dieu
et le Verbe était Dieu.
Il était au commencement avec Dieu.
Tout fut par lui,
et sans lui rien ne fut.
Ce qui fut en lui était la vie,
et la vie était la lumière des hommes,
et la lumière luit dans les ténèbres
et les ténèbres ne l'ont pas saisie.
Il y eut un homme envoyé de Dieu,
son nom était Jean.
Il vint pour témoigner,
pour rendre témoignage à la lumière,
afin que tous crussent par lui.
Celui-là n'était pas la lumière,
mais il avait à rendre témoignage à la lumière.
Le Verbe était la lumière véritable,
qui éclaire tout homme:
il venait dans le monde.
Il était dans le monde,
et le monde fut par lui,
et le monde ne l'a pas reconnu.
Il est venu chez lui,
et les siens ne l'ont pas accueilli.
Mais à tous ceux qui l'ont accueilli,
il a donné pouvoir de devenir enfants de Dieu,
à ceux qui croient en son Nom,
lui qui ne fut engendré ni du sang,
ni d'un vouloir de chair,
ni d'un vouloir d'homme,
mais de Dieu.

---

* Cette homélie a été reproduite dans *Petites Paroles de nuit de Noël*, Éditions de Fallois, 1992, p. 83-88.

Et le Verbe s'est fait chair
et il a habité parmi nous,
et nous avons contemplé sa gloire,
gloire qu'il tient de son Père comme Fils unique,
plein de grâce et de vérité.
Jean lui rend témoignage et il clame :
« C'est de lui que j'ai dit :
celui qui vient derrière moi
le voilà passé devant moi,
parce qu'avant moi il était. »
Oui, de sa plénitude nous avons tous reçu,
et grâce pour grâce.
Car la Loi fut donnée par Moïse;
la grâce et la vérité sont venues par Jésus-Christ.
Nul n'a jamais vu Dieu;
le Fils unique,
qui est tourné vers le sein du Père,
lui, l'a fait connaître.

Ce dont nous avons besoin, c'est de sécurité. Si cette fête de Noël porte en elle-même une nostalgie et tant de tendresse, tant de sentiments qui nous émeuvent, c'est qu'elle nous remet devant les yeux la figure de l'enfance la plus fragile. En elle, nous voyons tout à la fois la beauté, l'innocence, la faiblesse de l'existence, la protection qu'elle réclame et l'amour qu'elle demande de nous tous.

En vérité, nous nous identifions à cette enfance et c'est sur nous-mêmes que nous nous apitoyons quand une telle figure de l'innocence nous est présentée. Comme si, secrètement, nous était rendue la sécurité de l'enfant enveloppé par l'amour du père et de la mère. Comme si nous pouvions nous donner un instant l'illusion d'être à nouveau des petits enfants dans la sécurité de l'amour originel.

Et si nous trouvons souvent que le monde est dur, c'est parce qu'il y a un trop grand contraste entre cette nostalgie qui nous habite et la réalité. Nous voudrions bien que le monde soit comme l'amour d'une mère pour un petit bébé. Nous voudrions bien être assurés que Dieu nous entoure, ainsi que le dit l'Écriture, comme un nourrisson est porté par ses parents. Voilà ce que nous voudrions.

Et nous nous étonnons que le monde ne soit pas cela. Et si une petite larme vient au jour de Noël, c'est d'avoir rêvé, l'espace d'une nuit ou d'une heure, que cela pourrait être ainsi. Alors qu'en fait le monde demeure dur, impitoyable, et que nous ne sommes plus des bébés. Et même les bébés cessent un jour de l'être, car, dans la vie, il faut bien un jour grandir... Devenir un grand ou une grande, cela veut dire accepter sa solitude, accepter que le monde ne soit pas bien fait et que nos rêves ne soient pas le réel de chaque jour. Et malgré cela vivre, vivre bien, vivre en sachant pour quoi l'on vit.

Mais est-ce bien un tel rêve enfantin qui nous est proposé par l'image de cet Enfant livré aux hommes ? Est-ce d'un rêve enfantin et d'une sécurité illusoire que Jean nous parle dans cet Évangile que nous venons d'entendre ?

Dire qu'en cet Enfant nous reconnaissons la Parole de Dieu qui vient habiter parmi nous, est-ce reconnaître en lui un instant de rêve et de fragilité ou est-ce, au contraire, être heurtés, affrontés à ce qui est le plus proprement incroyable : Dieu, que personne n'a jamais vu ?

Dieu dont nous devons accepter qu'il nous soit inconnaissable, dont nous ne pouvons rien dire qui soit digne de ce qu'il est. Au sujet duquel l'homme qui dit : « Je n'arrive pas à me faire une idée de Dieu, je n'arrive pas à en être sûr comme je suis sûr d'un théorème mathématique ou d'une vérité prouvée », dit vrai. Parce que Dieu, ce n'est pas le résultat d'une conviction intime et forte. Dieu ne se vérifie pas tous les matins comme on regarde sa montre ou comme on tourne le bouton de sa radio. Dieu n'est pas là quand on le siffle, Dieu ne se voit pas comme un bout de bois sculpté dans une église ou la photo de son grand-père sur la cheminée. Dieu, nous ne savons pas qui il est. Si nous le savions, il ne serait pas Dieu.

Car Dieu est plus grand que nous et plus grand que tout ce que nous pouvons concevoir, et nous ne pouvons parler de son existence comme de celle d'un être de ce monde. Dieu est comme un gouffre et un abîme au-delà de nous-mêmes. Et celui qui veut regarder ce mystère de Dieu frôle parfois des abîmes où l'incroyance et la foi, le doute le plus profond et la foi la plus livrée se côtoient et oscillent de l'un à l'autre.

Et cette épreuve d'être devant un gouffre où l'immensité de Dieu nous apparaît comme fascinante et inconcevable, ce n'est pas l'athéisme de celui qui refuse, de celui qui s'enferme, de celui qui prend pour Dieu sa propre force — celui-là est idolâtre et athée.

Mais l'homme qui, devant le mystère de Dieu, s'effraie et

est dérouté, c'est peut-être lui qui commence à croire. L'homme qui, devant le mystère de Dieu, immense, ne sait pas comment penser, recule, tremble peut-être et n'ose pas regarder de ses yeux, concevoir dans son propre cœur que l'Inconcevable puisse s'intéresser à lui et l'aimer, cet homme, peut-être, fait les premiers pas du croyant que l'Esprit de Dieu attire et pousse.

Or, celui qui est plus grand que nous, plus grand que toutes nos négations, plus grand que nos doutes, plus grand que nos espérances, plus grand que nos cris et nos blasphèmes, plus grand que toute idée que nous pouvons nous en faire, celui à qui nous pourrions reprocher d'exister parce que nos existences, après tout, ne nous apparaissent pas toujours comme un cadeau ni comme un beau cadeau, celui à qui nous pourrions dire : « Tu es loin et tu nous laisses seuls. Que fais-tu de l'homme que tu as créé ? », celui-là, Dieu, se livre à nous en prenant sur lui notre propre fragilité. Dieu se livre en devenant nous-mêmes. Mystère et don incompréhensible qui nous est accordé dans le secret, à nous les disciples du Christ.

Dire que Dieu devient accessible dans le mystère d'un petit enfant, c'est dire que Dieu devient combien plus invisible, combien plus incroyable, combien plus inconcevable. Car, vous qui avez tenu un petit bébé dans vos bras, vous savez que ce n'est encore presque rien. Dire que ce petit bébé — et on ne peut concevoir Jésus comme bébé, que comme tout autre bébé dans le monde —, oser croire que Dieu lui-même se livre dans cette figure humaine, dans cette existence fragile, c'est presque moins croyable, moins visible que toute autre idée de Dieu.

C'est au moment même où Dieu se donne à nous qu'il nous paraît encore plus incompréhensible qu'un tel don nous soit fait. C'est quand l'amour nous atteint que l'amour devient inconcevable. C'est quand il se fait proche, que nous aurions envie de reculer en disant : « Ce n'est pas vrai. »

Cela veut peut-être dire que nous ne pouvons approcher un tel mystère déroutant notre esprit, bouleversant notre existence, qu'à condition d'être nous-mêmes changés. Si Dieu se livre ainsi entre nos mains, tel un enfant passif entre les bras de ses parents — et cette phrase n'est pas blasphématoire —, cela veut dire que Dieu, l'Inconcevable, non seulement est pour nous comme un vis-à-vis, mais que Celui qui est au-dessus de nous se livre à nous dans la figure du frère. Et notre frère nous ne pouvons le découvrir qu'en devenant, nous, son frère. Nous ne découvrons que quelqu'un nous aime que lorsque nous consentons à l'aimer. Nous ne pouvons reconnaître le mystère de Dieu qui se cache dans cet enfant livré que si nous, nous acceptons de nous livrer à lui.

Nous sommes ici devant la question la plus fondamentale de notre vie, devant le secret le plus difficile et le plus simple, la joie la plus grande et la plus profonde, mais qui demeure comme fragile, cachée au centre de notre existence et qui, sans cesse, nous appelle à naître et à nous ouvrir à lui.

Ce n'est donc pas l'instant de rêve où nous redevenons comme un bébé, mais c'est au contraire l'instant le plus profond et le plus réel de toute vie. De même que l'Enfant naît de Marie, de même nous aussi il nous faut naître d'En Haut, être mis au monde par l'amour de Dieu, nous recevoir de lui et le recevoir, lui. Être comme engendrés, reçus et nés de la puissance d'En Haut.

« Le Verbe était la véritable lumière qui éclaire tout homme [...]. Il est venu chez lui, et les siens ne l'ont pas accueilli. Mais à tous ceux qui l'ont accueilli, ceux qui croient en son Nom, il a donné pouvoir de devenir enfants de Dieu. » Ils ne sont pas nés de la chair ni du sang, ni d'une volonté charnelle, ni d'une volonté d'homme, ils sont nés de Dieu. « Et le Verbe s'est fait chair et il a habité parmi nous et nous avons contemplé sa gloire, gloire qu'il tient de son Père comme Fils unique, plein de grâce et de vérité. »

« Où est le roi des Juifs ? »

Épiphanie, année C (dimanche 2 janvier 1977.)*

Isaïe 60, 1-6.

Lettre de saint Paul aux Éphésiens 3, 2-3 ; 5-6.

Évangile selon saint Matthieu 2, 1-18.

Jésus étant né à Bethléem de Judée, au temps du roi Hérode, voici que des mages venus d'Orient arrivèrent à Jérusalem en disant : « Où est le roi des Juifs qui vient de naître ? Nous avons vu, en effet, son astre à son lever et sommes venus lui rendre hommage. » L'ayant appris, le roi Hérode s'émut, et tout Jérusalem avec lui. Il assembla tous les grands prêtres avec les scribes du peuple, et il s'enquérait auprès d'eux du lieu où devait naître le Christ. « A Bethléem de Judée, lui dirent-ils ; ainsi, en effet, est-il écrit par le prophète :

"Et toi, Bethléem, terre de Juda,
tu n'es nullement le moindre des clans de Juda ;
car de toi sortira un chef
qui sera pasteur de mon peuple Israël." »

Alors Hérode manda secrètement les mages, se fit préciser par eux le temps de l'apparition de l'astre, et les envoya à Bethléem en disant : « Allez vous renseigner exactement sur l'enfant ; et quand vous l'aurez trouvé, avisez-moi, afin que j'aille, moi aussi, lui rendre hommage. » Sur ces paroles du roi, ils se mirent en route ; et voici que l'astre, qu'ils avaient vu à son lever, les précédait jusqu'à ce qu'il vint s'arrêter au-dessus de l'endroit où était l'enfant. A la vue de l'astre ils se réjouirent d'une très grande joie. Entrant alors dans le logis, ils virent l'enfant avec Marie sa mère, et, se prosternant, ils lui rendirent hommage ; puis, ouvrant leurs cassettes, ils lui offrirent en présents de l'or, de l'encens et de la myrrhe. Après quoi, avertis en songe de ne point retourner chez Hérode, ils prirent une autre route pour rentrer dans leur pays.

Après leur départ, voici que l'Ange du Seigneur apparaît en songe à Joseph et lui dit : « Lève-toi, prends avec toi l'enfant et sa mère, et fuis en Égypte ; et restes-y jusqu'à ce que je te dise. Car Hérode va rechercher l'enfant pour le faire périr. » Il se leva, prit avec lui l'enfant et sa mère, de nuit, et se retira en Égypte ; et il resta là jusqu'à la mort d'Hérode ; pour que s'accomplît cet oracle prophétique du Seigneur : « D'Égypte j'ai appelé mon fils. »

---

* Cette homélie a été reproduite dans *Petites Paroles de nuit de Noël*, Éditions de Fallois, 1992, p. 119-122.

Alors Hérode, voyant qu'il avait été joué par les mages, fut pris d'une violente fureur et envoya mettre à mort, dans Bethléem et tout son territoire, tous les enfants de moins de deux ans, d'après le temps qu'il s'était fait préciser par les mages.

Alors s'accomplit l'oracle du prophète Jérémie : « Une voix dans Rama s'est fait entendre,
pleur et longue plainte :
c'est Rachel pleurant ses enfants;
et elle ne veut pas qu'on la console,
car ils ne sont plus. »

Les mages cherchent le roi des Juifs. Dire que Jésus est roi, c'est susciter un conflit total, mortel, impitoyable avec un autre roi, Hérode. Un conflit sans pitié, sanglant.

Cette histoire est déconcertante. Hérode se présente comme roi du peuple consacré à Dieu, roi héritier de David. Il est celui qui reconstruit le Temple. Et c'est un usurpateur, c'est un païen, c'est un Iduméen. Il prétend récupérer les prophéties : « Dites-moi donc... Allez m'expliquer où il est né et ce que disent les Écritures pour que moi aussi j'aille l'adorer. » Et il ment. Il est hypocrite et c'est un tueur. Car son pouvoir usurpé sur le peuple de Dieu, il le maintient par le massacre et par le sang. Au regard de la chronique historique, ce massacre des Innocents n'est qu'une vétille. Hérode était un personnage barbare et sanguinaire. Le meurtre de quelques petits enfants à Bethléem n'est rien à côté des meurtres dont il a parsemé sa vie.

Mais l'évangéliste ne nous fait pas une biographie d'Hérode. Il nous présente, en une fresque très contrastée, deux règnes : le règne d'Hérode qui symbolise tous les règnes de ce monde, oui, tous les règnes de ce monde. Et le règne du Christ qui est livré dans l'innocence d'un Enfant.

Nous devons nous arrêter sur ce point, méditer sur la nature du conflit, réfléchir aux pouvoirs qui se heurtent et se combattent, pour découvrir quel royaume ils se disputent et à quel roi nous appartenons.

Que se passe-t-il quand apparaît le Berger promis, celui qui doit accomplir la promesse? Dès le moment où seulement l'annonce est faite que Dieu vient parmi nous comme un roi pacifique, dès qu'apparaît cet Innocent qui est la promesse de Dieu, dès qu'apparaît la certitude, même encore obscure et cachée, même voilée dans le secret, que Dieu va accomplir sa

Parole, que son règne va venir sur cette terre et, par conséquent, que la justice et le droit, la paix et la vérité, l'amour et le pardon vont exister en ce monde, la simple annonce qui en est faite par des hommes inconnus, eux-mêmes incertains de ce qu'ils cherchent, la simple annonce d'une telle possibilité en un petit Enfant impuissant déchaîne les forces de mort.

Car s'il est vrai que la Vérité surgit en ce monde, c'est une menace mortelle pour le mensonge. Et s'il est vrai que surgit en ce monde le pardon, alors les royaumes de ce monde sont obligés de dévoiler ce qu'ils sont : des assassins et des menteurs. Je dis bien assassins. J'exagère ? Souvenez-vous de cette phrase de saint Jean : « Tout homme qui hait son frère est un homicide. » Vous m'entendez ? C'est dans la première épître de saint Jean. De même que tout homme qui ne reconnaît pas son propre péché et qui ne reconnaît pas le pardon dont Dieu l'enveloppe est un menteur...

Quand apparaît donc ce roi véritable, la réalité des règnes de ce monde apparaît dans sa cruauté nue, meurtrière, mensongère, diabolique. Car le Diable, c'est cela. Et les règnes de ce monde se défendent immédiatement en tuant. Jésus est un rescapé. Rescapé temporaire, il appartient au groupe des Innocents massacrés par Hérode ; ce n'est que partie remise. Et l'écriteau « Roi des Juifs » se trouvera au rendez-vous de la croix, écrit et cloué sur l'ordre du païen Pilate. Ce sera ce même Innocent qui prophétisera l'avènement du règne. Par son innocence même, il ouvrira l'accès de ce royaume à tous les hommes dans la plénitude de l'amour donné par Dieu.

Ces hommes inconnus, ces païens — ces mages — qui viennent pour adorer le roi des Juifs représentent tous les païens qui, par la grâce de Dieu, ont droit « au même héritage » qu'Israël, entrent dans la même grâce — pour reprendre les expressions de saint Paul.

Ce conflit, dans lequel est jetée l'innocence venue de Dieu, sans cesse bafouée, sans cesse pourchassée, sans cesse démentie par les faits, c'est précisément le combat dans lequel nous sommes plongés, nous, en ce temps-ci. Ce n'est pas là avoir une vision pessimiste des choses. C'est, au contraire, une vision réaliste et sereine. Car le règne du Christ, ce n'est pas que l'Enfant-Jésus, un jour, succède à Hérode, comme Hérode le craint et comme nous, nous le voudrions bien.

Mais c'est que dans ce temps-ci, qui est le temps d'Hérode, il y ait la présence, parmi les massacrés, de l'Innocence sainte, filiale, divine, qui justifie le monde.

Nous n'avons pas à choisir ce rôle. Nous n'avons pas à dire théâtralement : « Nous allons être les innocents. » Les innocents de Bethléem n'ont rien choisi. Mais par cet Innocent qu'est Jésus, leur meurtre absurde devient une source de paix et de pardon.

Nous avons, nous, en ce temps-ci, temps de la cruauté, à montrer, ne faisant qu'un avec le Christ, fût-ce au prix de notre vie, quel amour est donné aux hommes, avec quelle générosité Dieu ouvre toutes les prisons des hommes.

Nous avons à montrer que la mort est vaincue — la mort, c'est le pouvoir d'Hérode. Nous nous opposons à lui, non pas avec un courage stoïque, mais avec le tremblement de ceux qui, appelés à mourir avec le Christ, reçoivent le don de sa vie.

Table des matières

Achevé d'imprimer en France
Par Dupli-Print à Domont (95)

35-28-9564-2-03
Dépôt légal : septembre 2007
N° d'édition : 94012
N° d'impression : 86185